民用核安全设备
监督管理条例释义

主 编／张 弢 李干杰

中国法制出版社

CHINA LEGAL PUBLISHING HOUSE

《民用核安全设备监督
管理条例》释义

编　委　会

主　编：

张　穹（国务院法制办副主任）

李干杰（国家环境保护总局副局长、国家核安全局
　　　　局长）

副主编：

王振江（国务院法制办农业资源环保法制司司长）

杨朝飞（国家环境保护总局政策法规司司长）

刘　华（国家环境保护总局核安全司司长）

本书撰稿人员：

刘时山、王宛生、李云若、田超奇、阮晏子、
王夙理、别 涛、温英民、燕 娥、李文强、
王 俊、李天舒、刘 璐、张树军、严天文、
焦殿辉、李治国、马静娴、张 劲、孟 蕾、
马 力、杜爱玲、陈 戈、刘振领

目　　录

第一部分　释　　义

第二部分　相关法律、法规

第一部分

释义

民用核安全设备监督管理条例

中华人民共和国国务院令

第 500 号

《民用核安全设备监督管理条例》已经 2007 年 7 月 4 日国务院第 183 次常务会议通过，现予公布，自 2008 年 1 月 1 日起施行。

总　理　温家宝

二〇〇七年七月十一日

民用核安全设备监督管理条例

第一章 总 则

第一条 为了加强对民用核安全设备的监督管理，保证民用核设施的安全运行，预防核事故，保障工作人员和公众的健康，保护环境，促进核能事业的顺利发展，制定本条例。

第二条 本条例所称民用核安全设备，是指在民用核设施中使用的执行核安全功能的设备，包括核安全机械设备和核安全电气设备。

民用核安全设备目录由国务院核安全监管部门商国务院有关部门制定并发布。

第三条 民用核安全设备设计、制造、安装和无损检验活动适用本条例。

民用核安全设备运离民用核设施现场进行的维修活动，适用民用核安全设备制造活动的有关规定。

第四条 国务院核安全监管部门对民用核安全设备设计、制造、安装和无损检验活动实施监督管理。

国务院核行业主管部门和其他有关部门依照本条例和国务院规定的职责分工负责有关工作。

第五条 民用核安全设备设计、制造、安装和无损检验单位，应当建立健全责任制度，加强质量管理，并对其所从事的民用核安全设备设计、制造、安装和无损检验活动承担全面责任。

民用核设施营运单位，应当对在役的民用核安全设备进行检查、试验、检验和维修，并对民用核安全设备的使用和运行安全承担全面责任。

第六条　民用核安全设备设计、制造、安装和无损检验活动应当符合国家有关产业政策。

国家鼓励民用核安全设备设计、制造、安装和无损检验的科学技术研究，提高安全水平。

第七条　任何单位和个人对违反本条例规定的行为，有权向国务院核安全监管部门举报。国务院核安全监管部门接到举报，应当及时调查处理，并为举报人保密。

第二章　标　准

第八条　民用核安全设备标准是从事民用核安全设备设计、制造、安装和无损检验活动的技术依据。

第九条　国家建立健全民用核安全设备标准体系。制定民用核安全设备标准，应当充分考虑民用核安全设备的技术发展和使用要求，结合我国的工业基础和技术水平，做到安全可靠、技术成熟、经济合理。

民用核安全设备标准包括国家标准、行业标准和企业标准。

第十条　涉及核安全基本原则和技术要求的民用核安全设备国家标准，由国务院核安全监管部门组织拟定，由国务院标准化主管部门和国务院核安全监管部门联合发布；其他的民用核安全设备国家标准，由国务院核行业主管部门组织拟定，经国务院核安全监管部门认可，由国务院标准化主管部门发布。

民用核安全设备行业标准，由国务院核行业主管部门组织拟定，经国务院核安全监管部门认可，由国务院核行业主管部门发布，并报国务院标准化主管部门备案。

制定民用核安全设备国家标准和行业标准，应当充分听取有关部门和专家的意见。

第十一条　尚未制定相应国家标准和行业标准的，民用核安全设备设计、制造、安装和无损检验单位应当采用经国务院核安全监管部门认可的标准。

第三章　许　　可

第十二条　民用核安全设备设计、制造、安装和无损检验单位应当依照本条例规定申请领取许可证。

第十三条　申请领取民用核安全设备设计、制造、安装或者无损检验许可证的单位，应当具备下列条件：

（一）具有法人资格；

（二）有与拟从事活动相关或者相近的工作业绩，并且满5年以上；

（三）有与拟从事活动相适应的、经考核合格的专业技术人员，其中从事民用核安全设备焊接和无损检验活动的专业技术人员应当取得相应的资格证书；

（四）有与拟从事活动相适应的工作场所、设施和装备；

（五）有健全的管理制度和完善的质量保证体系，以及符合核安全监督管理规定的质量保证大纲。

申请领取民用核安全设备制造许可证或者安装许可证的单位，还应当制作有代表性的模拟件。

第十四条　申请领取民用核安全设备设计、制造、安装或者无损检验许可证的单位，应当向国务院核安全监管部门提出书面申请，并提交符合本条例第十三条规定条件的证明材料。

第十五条　国务院核安全监管部门应当自受理申请之日起45个工作日内完成审查，并对符合条件的颁发许可证，予以公告；对不符合条件的，书面通知申请单位并说明理由。

国务院核安全监管部门在审查过程中，应当组织专家进行技术评审，并征求国务院核行业主管部门和其他有关部门的意见。技术评审所需时间不计算在前款规定的期限内。

第十六条　民用核安全设备设计、制造、安装和无损检验许可证应当载明下列内容：

（一）单位名称、地址和法定代表人；

（二）准予从事的活动种类和范围；

（三）有效期限；

（四）发证机关、发证日期和证书编号。

第十七条　民用核安全设备设计、制造、安装和无损检验单位变更单位名称、地址或者法定代表人的，应当自变更工商登记之日起20日内，向国务院核安全监管部门申请办理许可证变更手续。

民用核安全设备设计、制造、安装和无损检验单位变更许可证规定的活动种类或者范围的，应当按照原申请程序向国务院核安全监管部门重新申请领取许可证。

第十八条　民用核安全设备设计、制造、安装和无损检验许可证有效期为5年。

许可证有效期届满，民用核安全设备设计、制造、安装和无损检验单位需要继续从事相关活动的，应当于许可证有效期届满6个月前，向国务院核安全监管部门提出延续申请。

国务院核安全监管部门应当在许可证有效期届满前作出是否准予延续的决定；逾期未作决定的，视为准予延续。

第十九条　禁止无许可证擅自从事或者不按照许可证规定的活动种类和范围从事民用核安全设备设计、制造、安装和无损检验活动。

禁止委托未取得相应许可证的单位进行民用核安全设备设计、制造、安装和无损检验活动。

禁止伪造、变造、转让许可证。

第四章 设计、制造、安装和无损检验

第二十条 民用核安全设备设计、制造、安装和无损检验单位,应当提高核安全意识,建立完善的质量保证体系,确保民用核安全设备的质量和可靠性。

民用核设施营运单位,应当对民用核安全设备设计、制造、安装和无损检验活动进行质量管理和过程控制,做好监造和验收工作。

第二十一条 民用核安全设备设计、制造、安装和无损检验单位,应当根据其质量保证大纲和民用核设施营运单位的要求,在民用核安全设备设计、制造、安装和无损检验活动开始前编制项目质量保证分大纲,并经民用核设施营运单位审查同意。

第二十二条 民用核安全设备设计单位,应当在设计活动开始 30 日前,将下列文件报国务院核安全监管部门备案:

(一)项目设计质量保证分大纲和程序清单;

(二)设计内容和设计进度计划;

(三)设计遵循的标准和规范目录清单,设计中使用的计算机软件清单;

(四)设计验证活动清单。

第二十三条 民用核安全设备制造、安装单位,应当在制造、安装活动开始 30 日前,将下列文件报国务院核安全监管部门备案:

(一)项目制造、安装质量保证分大纲和程序清单;

(二)制造、安装技术规格书;

(三)分包项目清单;

(四)制造、安装质量计划。

第二十四条 民用核安全设备设计、制造、安装和无损检验单位，不得将国务院核安全监管部门确定的关键工艺环节分包给其他单位。

第二十五条　民用核安全设备制造、安装、无损检验单位和民用核设施营运单位，应当聘用取得民用核安全设备焊工、焊接操作工和无损检验人员资格证书的人员进行民用核安全设备焊接和无损检验活动。

民用核安全设备焊工、焊接操作工由国务院核安全监管部门核准颁发资格证书。民用核安全设备无损检验人员由国务院核行业主管部门按照国务院核安全监管部门的规定统一组织考核，经国务院核安全监管部门核准，由国务院核行业主管部门颁发资格证书。

民用核安全设备焊工、焊接操作工和无损检验人员在民用核安全设备焊接和无损检验活动中，应当严格遵守操作规程。

第二十六条　民用核安全设备无损检验单位应当客观、准确地出具无损检验结果报告。无损检验结果报告经取得相应资格证书的无损检验人员签字方为有效。

民用核安全设备无损检验单位和无损检验人员对无损检验结果报告负责。

第二十七条　民用核安全设备设计单位应当对其设计进行设计验证。设计验证由未参与原设计的专业人员进行。

设计验证可以采用设计评审、鉴定试验或者不同于设计中使用的计算方法的其他计算方法等形式。

第二十八条　民用核安全设备制造、安装单位应当对民用核安全设备的制造、安装质量进行检验。未经检验或者经检验不合格的，不得交付验收。

第二十九条　民用核设施营运单位应当对民用核安全设备质量进行验收。有下列情形之一的，不得验收通过：

（一）不能按照质量保证要求证明质量受控的；

（二）出现重大质量问题未处理完毕的。

第三十条　民用核安全设备设计、制造、安装和无损检验单位，应当对本单位所从事的民用核安全设备设计、制造、安装和无损检验活动进行年度评估，并于每年4月1日前向国务院核安全监管部门提交上一年度的评估报告。

评估报告应当包括本单位工作场所、设施、装备和人员等变动情况，质量保证体系实施情况，重大质量问题处理情况以及国务院核安全监管部门和民用核设施营运单位提出的整改要求落实情况等内容。

民用核安全设备设计、制造、安装和无损检验单位对本单位在民用核安全设备设计、制造、安装和无损检验活动中出现的重大质量问题，应当立即采取处理措施，并向国务院核安全监管部门报告。

第五章　进　出　口

第三十一条　为中华人民共和国境内民用核设施进行民用核安全设备设计、制造、安装和无损检验活动的境外单位，应当具备下列条件：

（一）遵守中华人民共和国的法律、行政法规和核安全监督管理规定；

（二）已取得所在国核安全监管部门规定的相应资质；

（三）使用的民用核安全设备设计、制造、安装和无损检验技术是成熟的或者经过验证的；

（四）采用中华人民共和国的民用核安全设备国家标准、行业标准或者国务院核安全监管部门认可的标准。

第三十二条　为中华人民共和国境内民用核设施进行民用核安全设备设计、制造、安装和无损检验活动的境外单位，应当事先到国务院核安全监管部门办理注册登记手续。国务院核安全监管部门应当将境外单位注册登记情况抄送国务院核行业主管部门和其他有关部门。

注册登记的具体办法由国务院核安全监管部门制定。

第三十三条　国务院核安全监管部门及其所属的检验机构应当依法对进口的民用核安全设备进行安全检验。

进口的民用核安全设备在安全检验合格后，由出入境检验机构进行商品检验。

第三十四条　国务院核安全监管部门根据需要，可以对境外单位为中华人民共和国境内民用核设施进行的民用核安全设备设计、制造、安装和无损检验活动实施核安全监督检查。

第三十五条　民用核设施营运单位应当在对外贸易合同中约定有关民用核安全设备监造、装运前检验和监装等方面的要求。

第三十六条　民用核安全设备的出口管理依照有关法律、行政法规的规定执行。

第六章　监督检查

第三十七条　国务院核安全监管部门及其派出机构，依照本条例规定对民用核安全设备设计、制造、安装和无损检验活动进行监督检查。监督检查分为例行检查和非例行检查。

第三十八条　国务院核安全监管部门及其派出机构在进行监督检查时，有权采取下列措施：

（一）向被检查单位的法定代表人和其他有关人员调查、了解情况；

（二）进入被检查单位进行现场调查或者核查；

（三）查阅、复制相关文件、记录以及其他有关资料；

（四）要求被检查单位提交有关情况说明或者后续处理

报告；

（五）对有证据表明可能存在重大质量问题的民用核安全设备或者其主要部件，予以暂时封存。

被检查单位应当予以配合，如实反映情况，提供必要资料，不得拒绝和阻碍。

第三十九条　国务院核安全监管部门及其派出机构在进行监督检查时，应当对检查的内容、发现的问题以及处理情况作出记录，并由监督检查人员和被检查单位的有关负责人签字确认。被检查单位的有关负责人拒绝签字的，监督检查人员应当将有关情况记录在案。

第四十条　民用核安全设备监督检查人员在进行监督检查时，应当出示证件，并为被检查单位保守技术秘密和业务秘密。

民用核安全设备监督检查人员不得滥用职权侵犯企业的合法权益，或者利用职务上的便利索取、收受财物。

民用核安全设备监督检查人员不得从事或者参与民用核安全设备经营活动。

第四十一条　国务院核安全监管部门发现民用核安全设备设计、制造、安装和无损检验单位有不符合发证条件的情形的，应当责令其限期整改。

第四十二条　国务院核行业主管部门应当加强对本行业民用核设施营运单位的管理，督促本行业民用核设施营运单位遵守法律、行政法规和核安全监督管理规定。

第七章　法　律　责　任

第四十三条　国务院核安全监管部门及其民用核安全设备监督检查人员有下列行为之一的，对直接负责的主管人员和其他直接责任人员，依法给予处分；直接负责的主管人员和其他直接责任人员构成犯罪的，依法追究刑事责任：

（一）不依照本条例规定颁发许可证的；

（二）发现违反本条例规定的行为不予查处，或者接到举报后不依法处理的；

（三）滥用职权侵犯企业的合法权益，或者利用职务上的便利索取、收受财物的；

（四）从事或者参与民用核安全设备经营活动的；

（五）在民用核安全设备监督管理工作中有其他违法行为的。

第四十四条　无许可证擅自从事民用核安全设备设计、制造、安装和无损检验活动的，由国务院核安全监管部门责令停止违法行为，处 50 万元以上 100 万元以下的罚款；有违法所得的，没收违法所得；对直接负责的主管人员和其他直接责任人员，处 2 万元以上 10 万元以下的罚款。

第四十五条　民用核安全设备设计、制造、安装和无损检验单位不按照许可证规定的活动种类和范围从事民用核安全设备设计、制造、安装和无损检验活动的，由国务院核安全监管部门责令停止违法行为，限期改正，处 10 万元以上 50 万元以下的罚款；有违法所得的，没收违法所得；逾期不改正的，暂扣或者吊销许可证，对直接负责的主管人员和其他直接责任人员，处 2 万元以上 10 万元以下的罚款。

第四十六条　民用核安全设备设计、制造、安装和无损检验单位变更单位名称、地址或者法定代表人，未依法办理许可证变更手续的，由国务院核安全监管部门责令限期改正；逾期不改正的，暂扣或者吊销许可证。

第四十七条　单位伪造、变造、转让许可证的，由国务院核安全监管部门收缴伪造、变造的许可证或者吊销许可证，处 10 万元以上 50 万元以下的罚款；有违法所得的，没收违法所得；

对直接负责的主管人员和其他直接责任人员，处 2 万元以上 10 万元以下的罚款；构成违反治安管理行为的，由公安机关依法予以治安处罚；构成犯罪的，依法追究刑事责任。

第四十八条　民用核安全设备设计、制造、安装和无损检验单位未按照民用核安全设备标准进行民用核安全设备设计、制造、安装和无损检验活动的，由国务院核安全监管部门责令停止违法行为，限期改正，禁止使用相关设计、设备，处 10 万元以上 50 万元以下的罚款；有违法所得的，没收违法所得；逾期不改正的，暂扣或者吊销许可证，对直接负责的主管人员和其他直接责任人员，处 2 万元以上 10 万元以下的罚款。

第四十九条　民用核安全设备设计、制造、安装和无损检验单位有下列行为之一的，由国务院核安全监管部门责令停止违法行为，限期改正，处 10 万元以上 50 万元以下的罚款；逾期不改正的，暂扣或者吊销许可证，对直接负责的主管人员和其他直接责任人员，处 2 万元以上 10 万元以下的罚款：

（一）委托未取得相应许可证的单位进行民用核安全设备设计、制造、安装和无损检验活动的；

（二）聘用未取得相应资格证书的人员进行民用核安全设备焊接和无损检验活动的；

（三）将国务院核安全监管部门确定的关键工艺环节分包给其他单位的。

第五十条　民用核安全设备设计、制造、安装和无损检验单位对本单位在民用核安全设备设计、制造、安装和无损检验活动中出现的重大质量问题，未按照规定采取处理措施并向国务院核安全监管部门报告的，由国务院核安全监管部门责令停止民用核安全设备设计、制造、安装和无损检验活动，限期改正，处 5 万元以上 20 万元以下的罚款；逾期不改正的，暂扣或者吊销许可证，对直接负责的主管人员和其他直接责任人员，处 2 万元以上

10 万元以下的罚款。

第五十一条　民用核安全设备设计、制造、安装和无损检验单位有下列行为之一的，由国务院核安全监管部门责令停止民用核安全设备设计、制造、安装和无损检验活动，限期改正；逾期不改正的，处 5 万元以上 20 万元以下的罚款，暂扣或者吊销许可证：

（一）未按照规定编制项目质量保证分大纲并经民用核设施营运单位审查同意的；

（二）在民用核安全设备设计、制造和安装活动开始前，未按照规定将有关文件报国务院核安全监管部门备案的；

（三）未按照规定进行年度评估并向国务院核安全监管部门提交评估报告的。

第五十二条　民用核安全设备无损检验单位出具虚假无损检验结果报告的，由国务院核安全监管部门处 10 万元以上 50 万元以下的罚款，吊销许可证；有违法所得的，没收违法所得；对直接负责的主管人员和其他直接责任人员，处 2 万元以上 10 万元以下的罚款；构成犯罪的，依法追究刑事责任。

第五十三条　民用核安全设备焊工、焊接操作工违反操作规程导致严重焊接质量问题的，由国务院核安全监管部门吊销其资格证书。

第五十四条　民用核安全设备无损检验人员违反操作规程导致无损检验结果报告严重错误的，由国务院核行业主管部门吊销其资格证书，或者由国务院核安全监管部门责令其停止民用核安全设备无损检验活动并提请国务院核行业主管部门吊销其资格证书。

第五十五条　民用核安全设备设计单位未按照规定进行设计验证，或者民用核安全设备制造、安装单位未按照规定进行质量检验以及经检验不合格即交付验收的，由国务院核安全监管部门责令限期改正，处 10 万元以上 50 万元以下的罚款；有违法所得的，没收违法所得；逾期不改正的，吊销许可证，对直接负责的主管人员和其他直接责任人员，处 2 万元以上 10 万元以下的罚款。

第五十六条 民用核设施营运单位有下列行为之一的，由国务院核安全监管部门责令限期改正，处 100 万元以上 500 万元以下的罚款；逾期不改正的，吊销其核设施建造许可证或者核设施运行许可证，对直接负责的主管人员和其他直接责任人员，处 2 万元以上 10 万元以下的罚款：

（一）委托未取得相应许可证的单位进行民用核安全设备设计、制造、安装和无损检验活动的；

（二）对不能按照质量保证要求证明质量受控，或者出现重大质量问题未处理完毕的民用核安全设备予以验收通过的。

第五十七条 民用核安全设备设计、制造、安装和无损检验单位被责令限期整改，逾期不整改或者经整改仍不符合发证条件的，由国务院核安全监管部门暂扣或者吊销许可证。

第五十八条 拒绝或者阻碍国务院核安全监管部门及其派出机构监督检查的，由国务院核安全监管部门责令限期改正；逾期不改正或者在接受监督检查时弄虚作假的，暂扣或者吊销许可证。

第五十九条 违反本条例规定，被依法吊销许可证的单位，自吊销许可证之日起 1 年内不得重新申请领取许可证。

第八章　附　　则

第六十条 申请领取民用核安全设备设计、制造、安装或者无损检验许可证的单位，应当按照国家有关规定缴纳技术评审的费用。

第六十一条 本条例下列用语的含义：

（一）核安全机械设备，包括执行核安全功能的压力容器、钢制安全壳（钢衬里）、储罐、热交换器、泵、风机和压缩机、阀门、闸门、管道（含热交换器传热管）和管配件、膨胀节、波纹管、法兰、堆内构件、控制棒驱动机构、支承件、机械贯穿件以及上述设备的铸锻件等。

（二）核安全电气设备，包括执行核安全功能的传感器（包括探测器和变送器）、电缆、机柜（包括机箱和机架）、控制台屏、显示仪表、应急柴油发电机组、蓄电池（组）、电动机、阀门驱动装置、电气贯穿件等。

第六十二条 本条例自 2008 年 1 月 1 日起施行。

《民用核安全设备
监督管理条例》释义

第一章 总 则

第一条 为了加强对民用核安全设备的监督管理，保证民用核设施的安全运行，预防核事故，保障工作人员和公众的健康，保护环境，促进核能事业的顺利发展，制定本条例。

【释义】 本条是关于《条例》立法目的的规定。

民用核安全设备是民用核设施中执行核安全功能的机械设备和电气设备，是民用核设施安全防护实体屏障的核心。其质量和可靠性对民用核设施的安全稳定运行十分重要。这些设备发生任何故障都可能带来严重的放射性释放后果。人类和平利用核能历史上较早发生的一起严重事故——美国三哩岛事故，其直接原因就是民用核安全设备——稳压器泄压阀出现了故障。在我国近五十年的民用核设施运行历史中，也曾发生过多起因民用核安全设备设计、制造或维护不当而导致的质量事件，对民用核设施的安全稳定运行构成了一定风险。目前我国已进入核电发展和设备国产化发展的高峰阶段。但相对于核工业的特殊技术和管理要求来

18

说，国内的工业基础还比较薄弱，在民用核安全设备设计、制造、安装、无损检验等技术和管理方面与工业发达国家相比还存在较大的差距。因此，尽快建立和完善我国民用核安全设备管理法规，对民用核安全设备设计、制造、安装、无损检验等活动进行规范和有效的监督管理，从"源头"上消除核安全隐患，是当前核安全监管工作重要而迫切的任务。

国家对核安全问题一直非常重视，国务院领导曾经指出：核安全是国家安全的重要组成部分，必须加强监管。国家对民用核安全设备实施核安全监督管理，是为保证民用核设施运行安全所必须履行的义务。国务院核安全监管部门一直以有关部门规章作为实施监督管理的法律依据，如：国家核安全局与原机械电子工业部、能源部联合发布的部门规章《民用核承压设备安全监督管理规定》（HAF601）和《民用核承压设备安全监督管理规定实施细则》（HAF601/01）以及国家核安全局独立发布的部门规章《民用核承压设备无损检验人员培训、考核和取证管理办法》（HAF602）和《民用核承压设备焊工及焊接操作工培训、考试和取证管理办法》（HAF603）等。多年的监管实践使得国家核安全局作为国务院核安全监管部门已经在民用核安全设备监督管理方面积累了相当的经验，实践表明：民用核安全设备设计、制造、安装许可制度的实施促进了民用核安全设备设计、制造、安装单位的能力建设，加强了民用核安全设备相关活动单位的质量保证工作以及民用核设施营运单位设备采购和质量管理，保障了民用核设施的建造质量和安全运行，同时，也为核电设备国产化保驾护航。

1998年政府机构和职能调整后，HAF600系列法规中涉及的主管部门已经撤销，在国务院机构调整"三定"方案中，将民用核承压设备监督管理的政府职能赋予了国家核安全局。2003年8月27日国务院颁布并于2004年7月1日实施的《行政许可法》第十四条明确规定"本法第十二条所列事项，法律可以设定行政许可。尚未制定法律的，行政法规可以设定行政许可。必要时，国务院可以采用发布决定的方式设定行政许可。实施后，除临时性许可事项外，国务院应当及时提请全国人民代表大会及其常务委员会制定法律，或者自行制定行政法规。"《行政许可法》颁布以后，国务院对于国家的行政许可项目实施了进一步的清理和整顿，2004年6月29日国务院发布了《国务院对确需保留的行政审批项目设定行政许可的决定》（国务院令第412号），将HAF600系列部门规章中规定的民用核承压设备设计、制造、安装许可和民用核承压设备焊接人员的资格许可，列为国务院决定保留的行政许可项目，并由国家核安全局负责实施管理。2003年3月国务院发布的《特种设备安全监察条例》，使常规特种设备的监督管理有了法律依据，但其中第三条明确规定"……核设施……使用的特种设备的安全监察不适用本条例"。因此，通过制订并发布《民用核安全设备监督管理条例》将民用核安全设备纳入法制化的监督管理范围是完善我国法规体系的需要。目前我国有可能从事核安全设备设计、制造、安装和无损检验的企业数量相当庞大，并涉及机械、核工业、电力、化工、船舶等众多行业，国内目前从事相关设备设计、制造、安装和无损检验的单位在管理和技术方面与国外同行相比还存在差距，诸如企业的核安全文化氛围、员工质量意识、企业的整体管理水平以及关键技术储备、技术攻关能力、标准规范的掌握和使用等方面。从事同一类型设备或产品的设计、制造、安装和无损检验的单位繁多，管理和技术水平参差不齐，而我国的市场经济秩序还需要进一步完善，有效的行业管理或第三方认证制度在短期内不可能建立并担负起相应的责任，就目前的情况来看，在一定时期内完全靠行业管理和市场需求来规范民用核安全设备设计、制造、安装和无损检验活动单位的行为难以满足国家的核安全监督

20

管理要求。如果没有许可制度，很可能会导致民用核安全设备设计、制造、安装和无损检验活动市场的无序竞争，进而对民用核安全设备的最终产品质量产生不利的影响，从而导致民用核设施建造质量的失控。因此，民用核安全设备设计、制造、安装许可制度不仅可以规范民用核设施核承压设备的生产管理、也大大规范了设备的采购控制，从根本上避免了核承压设备设计、制造和安装单位的低水平且无序的竞争。

鉴于以上原因，国家要对民用核安全设备设计、制造、安装和无损检验活动实施许可制度，由国务院核安全监管部门实施统一的监督管理。《民用核安全设备监督管理条例》的出台，不仅延续了以往有效的国家监管方式，同时，结合国内目前民用核安全设备生产的工业基础和管理现状等适当调整了监管范围，加大了监管力度，为保证民用核设施的安全运行，预防核事故，保障工作人员和公众的健康，保护环境，促进核能事业的顺利发展提供了法律保障。

第二条 本条例所称民用核安全设备，是指在民用核设施中使用的执行核安全功能的设备，包括核安全机械设备和核安全电气设备。

民用核安全设备目录由国务院核安全监管部门商国务院有关部门制定并发布。

【释义】 本条是关于"民用核安全设备"定义及其目录制定的规定。

根据本条第一款的规定，"民用核安全设备"这一概念包括三层含义：

一是，民用核安全设备是民用核设施中的设备，不包括军用核设施中的设备。民用核设施主要包括：民用核动力厂（核电厂、核热电厂、核供汽供热厂等）；核动力厂以外的其他反应堆

（研究堆、试验堆、临界装置等）；核燃料生产、加工、贮存及后处理设施；放射性废物的处理和处置设施；以及其他需要严格监督管理的核设施。

二是，民用核安全设备是执行核安全功能的关键设备，其质量和可靠性直接关系到核设施的安全稳定运行。其中"核安全"是指完成正确的运行工况、事故预防或者缓解事故后果从而实现保护厂区人员、公众和环境免遭过量辐射危害。

三是，民用核安全设备包括核安全机械设备和核安全电气设备。原部门规章中的监督管理范围仅包括核承压设备，核安全电气设备的设计、制造、安装和检验没有纳入国家核安全监管范围。长期的核安全监管经验反馈表明，有必要将核安全电气设备等纳入监管范围，即将原部门规章中确定的监督管理范围由核承压设备调整为核安全设备，包括核安全机械设备和核安全电气设备，其设备类别见本条例第六十一条。

为了避免实践中产生分歧，需要明确民用核安全设备的具体范围。为此，本条第二款规定对民用核安全设备实行目录管理，并规定具体目录由国务院核安全监管部门商有关部门制定并发布。

第三条 民用核安全设备设计、制造、安装和无损检验活动适用本条例。

民用核安全设备运离民用核设施现场进行的维修活动，适用民用核安全设备制造活动的有关规定。

【释义】 本条是关于《条例》适用范围的规定。

本条第一款规定民用核安全设备设计、制造、安装和无损检验应当按照本条例进行监督管理，以确保相关活动始终处于受控状态，从而保证民用核安全设备的质量，最终为民用核设施的安全运行提供保障。

22

设计、制造和安装作为民用核安全设备最主要的三个活动环节，属于原部门规章中规定应当实施资格许可和监督管理的活动。实践表明，对这三类活动的安全监管起到了保证民用核安全设备质量的重要作用。

民用核安全设备无损检验是民用核安全设备制造、安装和维修活动中一个重要工序，该工序的实施质量将直接影响核安全设备的最终质量和核设施的安全稳定运行。国内核安全设备活动监督管理的经验表明，由于无损检验工作的失控，造成设备缺陷漏检，并最终导致民用核安全设备重大质量事件时有发生，给国家造成重大经济损失。因此，本条例将民用核安全设备无损检验活动与民用核安全设备设计、制造和安装活动一并纳入国家核安全监督管理范围。

本条第二款强调，运离民用核设施现场进行的民用核安全设备检修维修活动应当由持有相关类别民用核安全设备制造许可证的境内单位或经过注册登记的境外单位实施，同时，相关维修活动应当按照对民用核安全设备制造活动的监督管理要求进行控制。"运离民用核设施现场进行的民用核安全设备维修活动"一般是指民用核设施营运单位将核安全设备从核设施拆卸且运离其管辖的民用核设施场区并交由其他组织机构进行维修的活动。由民用核设施营运单位负责并组织实施的核安全设备维修活动不视为"运离"，鉴别"运离"与否的主要原则基于维修活动技术责任的承担者，如果维修活动的技术责任由营运单位负责，则对维修活动的管理应遵从《中华人民共和国民用核设施安全监督管理条例》。如果维修活动的技术责任由独立于营运单位之外的其他机构负责，则必须按照"运离"的维修活动管理方式对其实施管理，维修技术责任的责任方确定应以正式的合同文件为准。

本款规定旨在强调上述维修活动必须由管理、技术和人员能力满足民用核安全设备制造活动要求，并持有相应设备类别制造许可证的专业厂家或经过注册登记的境外单位进行，并对其严格进行控制，以保证维修后的民用核安全设备质量达到原设计、制造要求，最终保证民用核设施的运行安全。对于在营运单位管辖的民用核设施场区内，由民用核设施营运单位负责组织实施的维修活动按照《中华人民共和国民用核设施安全监督管理条例》（HAF001）的相关规定由民用核设施营运单位进行管理和控制。

第四条 国务院核安全监管部门对民用核安全设备设计、制造、安装和无损检验活动实施监督管理。

国务院核行业主管部门和其他有关部门依照本条例和国务院规定的职责分工负责有关工作。

【释义】 本条是关于民用核安全设备设计、制造、安装和无损检验活动监管职责的规定。

本条第一款明确规定国务院核安全监管部门负责对民用核安全设备设计、制造、安装和无损检验活动统一实施监督管理，本条例规定的国务院核安全监管部门主要负责下列工作：

1. 负责制定本条例配套的部门规章和管理办法；

2. 负责制定并发布民用核安全设备目录；

3. 组织拟定涉及核安全基本原则和技术要求的民用核安全设备国家标准，认可其他的民用核安全设备标准；

4. 受理和审查民用核安全设备设计、制造、安装和无损检验申请单位的申请，颁发许可证；

5. 对民用核安全设备设计、制造、安装和无损检验活动进行监督检查；

6. 确定民用核安全设备设计、制造、安装和无损检验的关键工艺环节；

7. 核准颁发民用核安全设备焊工和焊接操作工资格证书；

8. 负责制定民用核安全设备无损检验人员考核规定，核准

24

民用核安全设备无损检验人员资格证书；

9. 对为中华人民共和国境内民用核设施进行民用核安全设备设计、制造、安装和无损检验活动的境外单位办理注册登记手续，并制定注册登记的具体办法；

10. 依法对进口民用核安全设备进行安全检验；

11. 根据需要对境外单位为中华人民共和国境内民用核设施进行的民用核安全设备设计、制造、安装和无损检验活动实施核安全监督检查；

12. 负责查处有关违法行为等等。

本条第二款规定了国务院核行业主管部门、国务院标准化主管部门、出入境检验机构等有关部门依照本条例和国务院职责分工负责民用核安全设备设计、制造、安装和无损检验活动中的有关工作。

国务院核行业主管部门负责组织拟定不涉及核安全基本原则和技术要求的民用核安全设备国家标准和民用核安全设备行业标准；按照国务院核安全监管部门的规定对无损检验人员组织考核，经国务院核安全监管部门核准后颁发资格证书；加强对本行业民用核设施营运单位的管理；等等。

国务院标准化主管部门负责与国务院核安全监管部门联合发布涉及核安全基本原则和技术要求的民用核安全设备国家标准，发布其他民用核安全设备国家标准；备案民用核安全设备行业标准。

出入境检验机构等有关部门主要是负责对进口的民用核安全设备进行商品检验。

第五条 民用核安全设备设计、制造、安装和无损检验单位，应当建立健全责任制度，加强质量管理，并对其所从事的民用核安全设备设计、制造、安装和无损检验活动承担全面责任。

民用核设施营运单位，应当对在役的民用核安全设备进行检查、试验、检验和维修，并对民用核安全设备的使用和运行安全承担全面责任。

【释义】　本条是关于民用核安全设备设计、制造、安装、无损检验及运行单位责任的规定，体现了行为责任人对其行为负责的宗旨。

本条第一款明确规定民用核安全设备设计、制造、安装和无损检验单位作为从事相关活动的行为主体，应当对其所从事活动的质量承担全面责任。因此，从事相关活动的单位应当按照本条例的相关规定，建立健全相应的管理制度和岗位责任制度，并加强质量管理，有效运行质量保证体系，保证民用核安全设备设计、制造、安装和无损检验活动质量。国务院核安全监管部门以及营运单位对民用核安全设备设计、制造、安装和无损检验单位进行的监督和管理既不减轻也不转移其相关责任。

本条第二款明确规定作为民用核设施营运单位应当对民用核安全设备使用和运行安全承担全面责任，按照《中华人民共和国民用核设施安全监督管理条例》的规定，民用核设施营运单位对所营运的核设施的安全承担全面责任，因此，民用核设施营运单位应当加强对民用核安全设备设计、制造、安装和无损检验活动进行质量管理和过程控制，并应当通过检查、试验、检验和维修确保民用核安全设备的使用和运行状态良好。

第六条　民用核安全设备设计、制造、安装和无损检验活动应当符合国家有关产业政策。

国家鼓励民用核安全设备设计、制造、安装和无损检验的科学技术研究，提高安全水平。

【释义】 本条是关于民用核安全设备设计、制造、安装和无损检验活动应符合国家产业政策和鼓励进行相关科学技术研究的规定。

产业政策是政府为了实现一定的经济和社会目标而对产业的形成和发展进行干预的各种政策的总和。本条第一款规定民用核安全设备设计、制造、安装和无损检验活动应当符合我国有关的核能产业政策。

积极推进核电建设是我国重要的能源战略，其对于满足经济和社会发展不断增长的能源需求，实现能源、经济和生态环境协调发展，提升我国综合经济实力和工业技术水平，具有重要意义。要统一发展技术路线，坚持安全第一、质量第一，坚持自主设计和创新，注重借鉴吸收国际经验和先进技术，努力形成批量化建设先进核电站的综合能力。同时全面建立起与国际先进水平接轨的建设和运营管理模式，形成比较完整的自主化核电工业体系和核电法规与标准体系。

本条第二款强调核电发展在使用成熟技术或经验证的技术的前提下，国家鼓励进行民用核安全设备设计、制造、安装和无损检验科学技术研究，以逐步提高安全水平。

第七条 任何单位和个人对违反本条例规定的行为，有权向国务院核安全监管部门举报。国务院核安全监管部门接到举报，应当及时调查处理，并为举报人保密。

【释义】 本条是关于违法行为举报及保密制度的规定。

为了保证本条例所规定的监督管理措施切实得到贯彻落实，必须加强对各种违法行为的监督，并使其及时得到查处。只有赋予单位和公民个人对违法行为的检举权，建立一种广泛、有效的监督机制，充分发挥和调动单位和公民个人的积极性，把民用核安全设备设计、制造、安装和无损检验活动置于全社会的监督之下，才能防止可能发生的核安全事故及其隐患。

本条规定的单位和公民个人有权检举的违法行为包括：1. 检举行政管理相对人的违法行为，即检举的对象是行政管理相对人，主要是民用核安全设备设计、制造、安装和无损检验和营运单位的违法行为，以及其他单位和个人违反本条例的违法行为，接受检举的机关应当是国务院核安全监管部门；2. 对有关行政管理机关及其工作人员不依照本条例规定履行相关职责的行为也可以按照相关法律法规的规定向有关部门进行检举。

单位和公民个人的检举权是《中华人民共和国宪法》赋予的权利，也是加强监督违法行为的有效措施。接受检举的部门要为检举提供便利条件，并及时受理和查处有关责任单位和责任人，同时，要为举报人严格保密，保护举报单位的权益或公民个人的人身权益不受非法侵犯，以尊重和保护单位或公民个人的检举权。这不仅有利于保护举报人的积极性，而且是加强对违法行为监督的必然要求。因此，本条明确规定，接到举报的国务院核安全监管部门，必须对举报及时进行调查、核实，依法做出处理，并为举报人保密。

第二章 标 准

第八条 民用核安全设备标准是从事民用核安全设备设计、制造、安装和无损检验活动的技术依据。

【释义】 本条是关于民用核安全设备标准法律地位的规定。

民用核安全设备标准是为了确保民用核安全设备设计、制造、安装和无损检验质量、保证民用核安全设备运行性能和安全功能，防止民用核设施核事故的发生，对有关民用核安全设备的技术要求和安全要求所做的统一规定，是开展设计、制造、安装和无损检验活动，衡量质量状况的重要技术依据，也是国务院核安全监管部门依法行政、实施监督管理的重要技术依据，有着极其重要的地位和作用。

民用核安全设备标准中的技术要求是指设计、制造、安装和无损检验活动中所遵照的技术方法、需达到的技术和质量指标。民用核安全设备标准中的安全要求是国务院核安全监管部门根据核设施所要达到的核安全目标，对核安全设备设计、制造、安装和无损检验提出的监管政策、核安全基本原则和必须要达到的安全指标。

按照本条款的规定，民用核安全设备标准是确保核安全设备设计、制造、安装和无损检验质量的重要技术依据。相关单位和个人从事中华人民共和国境内民用核设施的民用核安全设备设计、制造、安装和无损检验活动时，必须依据民用核安全设备标准开展相关活动，以确保核安全设备质量。

第九条　国家建立健全民用核安全设备标准体系。制定民用核安全设备标准，应当充分考虑民用核安全设备的技术发展和使用要求，结合我国的工业基础和技术水平，做到安全可靠、技术成熟、经济合理。

民用核安全设备标准包括国家标准、行业标准和企业标准。

【释义】　本条是关于民用核安全设备标准体系建立的原则要求的规定。

本条第一款强调应当尽快建立健全我国自己的民用核安全设备标准体系。我国核电发展历史较短，工业基础比较薄弱，到目前为止尚未形成一套自己的民用核安全设备标准体系。我国自主设计、建造并投入运行的第一座核电站——秦山核电站，主要参照了美国 ASME 标准体系，而大亚湾核电站采用法国 RCC 标准体系，其他核电站的民用核安全设备设计、制造、安装和检验试验均采用国外的标准体系。由于这些核电站是从不同国家引进的，所采用的标准体系不一致，甚至同一核电站的民用核安全设备采购自不同国家，造成了不同标准体系的混用，给我国的核电发展带来了困难，为了促进核安全设备的自主化，建立我国自己的标准体系势在必行。在民用核安全设备标准体系建立健全的过程中，由国家负责统一组织、协调并实施管理。

本款还强调了民用核安全设备标准制定要遵循"充分考虑民用核安全设备的技术发展和使用要求，结合我国的工业基础和技术水平，做到安全可靠、技术成熟、经济合理"的原则要求。这一原则要求主要目的是强调标准制定部门在制定标准时，既要考虑国内民用核安全设备的技术发展现状，也要兼顾民用核设施的具体使用要求。同时，标准的制定主要应以成熟技术为基础，在已有的工业基础和技术水平平台上，充分考虑民用核安全设备使用过程中的安全与可靠性要求，并体现《中华人民共和国标准化法》第九条关于制定标准应当做到经济上合理的相关规定。

本条第二款明确规定了民用核安全设备标准体系由国家标准、行业标准和企业标准构成。民用核安全设备国家标准是由国务院核安全监管部门组织拟定，或由国务院核行业主管部门组织拟定并经国务院核安全监管部门认可的，在全国范围内统一的民用核安全设备技术要求；民用核安全设备行业标准是由国务院核行业主管部门组织拟定，经国务院核安全监管部门认可的，在核行业内统一的民用核安全设备技术要求，民用核安全设备行业标准不应低于民用核安全设备国家标准；民用核安全设备企业标准是由企业制定，并在企业内部执行的民用核安全设备技术要求，企业标准不应低于国家标准和行业标准。

第十条　涉及核安全基本原则和技术要求的民用核安全设备国家标准，由国务院核安全监管部门组织拟定，由国务院标准化主管部门和国务院核安全监管部门联合发布；其他的民用核安全设备国家标准，由国务院核行业主管部门组织拟定，经国务院核安全监管部门认可，由国务院标准化主管部门发布。

民用核安全设备行业标准，由国务院核行业主管部门组织拟定，经国务院核安全监管部门认可，由国务院核行业主管部门发布，并报国务院标准化主管部门备案。

制定民用核安全设备国家标准和行业标准，应当充分听取有关部门和专家的意见。

【释义】　本条是关于民用核安全设备国家标准和行业标准

31

拟定、认可和发布的规定。

我国发展核电二十多年来，对核设备技术标准规范制定工作没有给予充分重视，投入不够，进展缓慢，目前我国民用核安全设备标准的制定已滞后于实际工作的需要。

按照部门职责分工要求，对国内民用核设施的选址、设计、建造、调试和运行阶段的审评和监督管理一直由国家核安全局负责。鉴于国内一直没有形成民用核设施的设计、建造和运行方面的标准规范体系，故国家核安全局实施核安全监督所依据的技术标准和规范一直是以国际上较为通行的核电技术较为发达国家的标准规范体系为主要参考。

自国家核安全局成立至今，国内有关部门起草制定的核安全有关国家标准和行业标准没有国务院核安全监管部门的充分参与，亦未经过国务院核安全监管部门的审查认可便予以审批并发布。由于上述原因，我国迄今已制定出台的有关国家标准（GB）和行业技术标准（如 EJ）等基本不能适应国内的核安全监管要求，致使已经发布的有关国家标准和行业标准被束之高阁，既浪费国家的人力、物力、财力，亦不能解决核电建设的燃眉之急。为了使制定的标准规范满足适用性、统一性、系统性和先进性要求，本条款规定了核安全设备有关国家标准和行业标准的拟订主体，也规定了各类国家标准和行业标准的审查认可和发布主体，这对于民用核安全设备国家标准体系的尽快出台十分必要。

本条对于不同类别的民用核安全设备国家标准、民用核安全设备行业标准的拟定、认可和发布要求作出了以下具体规定：

本条第一款将民用核安全设备国家标准分为两部分，第一部分是涉及核安全基本原则和技术要求的民用核安全设备国家标准，第二部分是其他的民用核安全设备国家标准。所谓涉及核安全基本原则和技术要求即指标准规定的内容涉及到履行核安全功能所必需的，在技术要求上不同于一般常规工业标准的技术规定，类似于美国 ASME 系列规范和法国的 RCC 系列规范中涉及核安全基本原则和技术要求的相关内容。根据该款规定，涉及核安全基本原则和技术要求的民用核安全设备国家标准由国务院核安全监管部门统一规划并报国务院标准化行政主管部门统一备案并编号，由国务院核安全监管部门组织起草、审查、定稿，最后由国务院核安全监管部门与国务院标准化行政主管部门联合发布；而不涉及核安全基本原则和技术要求的民用核安全设备国家标准由国务院核行业主管部门组织起草、审查、定稿，经国务院核安全监管部门审查认可后，方可报送国务院标准化行政主管部门发布。

本条第二款规定民用核安全设备行业标准统一由国务院核行业主管部门组织起草、审查、定稿，在报经国务院核安全监管部门审查认可后，方可由国务院核行业主管部门正式发布。同时，按照本款规定，国务院核行业主管部门还应将其正式发布的行业标准报国务院标准化行政主管部门备案。

本条第三款规定制定民用核安全设备国家标准和行业标准，应当充分听取有关部门和专家的意见。该规定主要基于国内民用核安全设备标准现状。在我国尚未建立完善的民用核安全设备标准体系，且有关工业部门曾经转化过部分国际标准或制订了自己的部分行业标准的情况下，如何在制订中国的民用核安全设备标准体系时充分考虑上述现状，使得民用核安全设备标准体系的建立既能兼顾目前的管理和工业实际，又不降低核安全管理要求是十分必要的。因此在制订或颁布具体的民用核安全设备标准时，充分听取国内有关部门和相关行业专家的意见和建议是保证民用核安全设备标准体系建立和实施有效性的必要手段。针对所制订的具体标准的技术内容，国务院核安全监管部门将以专家会的方式或者书面征求意见的方式向有关部门和专家征求意见。

第十一条　尚未制定相应国家标准和行业标准的，民用核安全设备设计、制造、安装和无损检验单位应当采用经国务院核安全监管部门认可的标准。

【释义】　本条是关于相关民用核安全设备标准尚未制定时，如何采用其他标准的规定。

目前我国尚未形成一套专门的适用于民用核安全设备设计、制造、安装和无损检验活动的标准体系，而标准体系的建立、完善是一个长期的过程，需要大量的工程经验积累和反馈，在短期内将所有有关的民用核安全设备标准全部制定完成是不现实的，因此，在尚没有相应民用核安全设备国家标准和行业标准可供遵循的情况下，国内民用核安全设备设计、制造、安装和无损检验活动需要参照和借鉴其他标准体系（如 ASME、RCC 等国外标准体系等），但是，为了保证民用核安全设备设计、制造、安装和无损检验活动满足国家有关核安全监督管理要求，民用核安全设备设计、制造、安装和无损检验单位所参照和借鉴的标准必须是由国务院核安全监管部门所认可的标准。

第三章 许 可

第十二条 民用核安全设备设计、制造、安装和无损检验单位应当依照本条例规定申请领取许可证。

【释义】 本条是关于对民用核安全设备设计、制造、安装和无损检验单位实行许可管理的规定。

一、从事民用核安全设备设计、制造、安装和无损检验等四类活动的单位应当申请领取许可证。即民用核安全设备活动许可证分为四类：民用核安全设备设计许可证、民用核安全设备制造许可证、民用核安全设备安装许可证和民用核安全设备无损检验许可证。

民用核安全设备设计、制造、安装和无损检验活动失控，会对民用核安全设备的质量产生影响，从而对民用核设施的安全运行造成潜在危害，因此，有必要对从事民用核安全设备设计、制造、安装和无损检验活动的单位实行许可管理。

许可管理是通过国务院核安全监管部门对拟从事民用核安全设备设计、制造、安装和无损检验单位的人员、工作场所、设施装备、质量保证体系等方面的评价和验证，满足要求的，方可允许该单位开展民用核安全设备设计、制造、安装和无损检验等活动，从而防止或减少由于民用核安全设备质量问题引起的民用核设施安全运行隐患。

国家核安全局十多年来的监管实践表明：设计、制造和安装是民用核安全设备活动的重要环节，这三类活动的行政许可工作的开展，对保证我国民用核安全设备的质量起到了保障作用。因此，本条例要求从事民用核安全设备的设计、制造、安装单位在开展相关活动之前，必须申请领取相应的许可证。

民用核安全设备无损检验是保证核安全设备质量的一个重要手段。国内核工业实践中就曾发生由于无损检验单位能力不足，或管理不善，而导致设备缺陷漏检，最终造成很大经济损失的案例。无损检验属于一种特殊工艺，对技术、经验等方面有着很高的要求，为保证无损检验活动的质量，在本条例中增加了对专门从事民用核安全设备无损检验活动单位的行政许可。

因此，对民用核安全设备设计、制造、安装和无损检验单位实施许可管理是必要的。

二、本条规定的申请领取许可证要求是指：

1. 拟从事民用核安全设备设计、制造、安装和无损检验活动的单位，必须按照本章的相关规定向国务院核安全监管部门提出申请。

2. 针对民用核安全设备设计、制造、安装和无损检验活动申请单位，国务院核安全监管部门应当对其质量保证能力、技术储备、人员及装备能力等进行评价或验证，对于满足本条例第十三条的，方可颁发相应许可证，允许其开展民用核安全设备设计、制造、安装和无损检验活动。

第十三条 申请领取民用核安全设备设计、制造、安装或者无损检验许可证的单位，应当具备下列条件：

（一）具有法人资格；

（二）有与拟从事活动相关或者相近的工作业绩，并且满 5 年以上；

（三）有与拟从事活动相适应的、经考核合格的专业技术人员，其中从事民用核安全设备焊接和无损检验

36

活动的专业技术人员应当取得相应的资格证书；

（四）有与拟从事活动相适应的工作场所、设施和装备；

（五）有健全的管理制度和完善的质量保证体系，以及符合核安全监督管理规定的质量保证大纲。

申请领取民用核安全设备制造许可证或者安装许可证的单位，还应当制作有代表性的模拟件。

【释义】 本条是关于申请领取民用核安全设备设计、制造、安装和无损检验许可证必须具备的基本条件的规定。

本条规定旨在为进入民用核安全设备设计、制造、安装和无损检验活动领域的单位设置准入条件。本条从以下五个方面规定了民用核安全设备设计、制造、安装和无损检验申请单位应当具备的基本条件。

一、民用核安全设备设计、制造、安装和无损检验活动申请单位，应当能够承担法律责任，即取得当地政府相关部门的注册登记，具备法人资格。

二、民用核安全设备设计、制造、安装和无损检验活动申请单位，应当具有与拟申请从事活动相关或相近的工作业绩和良好的质量史。相关和相近工作业绩是确认民用核安全设备设计、制造、安装和无损检验活动申请单位管理、人员、技术、装备等各项能力的重要依据。本条第一款第（二）项中的"相关工作业绩"是指民用核安全设备设计、制造、安装和无损检验活动申请单位从事过与拟申请的民用核安全设备活动类别和设备类别相同的活动，活动类别指设计、制造、安装和无损检验；设备类别指压力容器、泵、阀门、电动机、电缆等。"相近工作业绩"是指常规工业中相类似设备的活动业绩。本条款中的工作业绩还应包括拟申请活动的技术储备情况，如：拟申请目标产品的关键技术等。

本条明确规定申请单位必须具有至少五年相关或相近活动的工作业绩，主要是要求申请单位针对拟申请从事的民用核安全设备设计、制造、安装和无损检验活动有一定管理和技术方面的经验积累，同时，也是为了通过一定时间来验证其从事过的活动质量，因此，本条目规定具有相关或相近活动的工作业绩不得少于五年。

三、民用核安全设备设计、制造、安装和无损检验活动申请单位，应当具有从事拟申请活动所必需的人力资源。

专业技术人员（包括技术工人）的经验、经历、技术能力、业务水平等是保证民用核安全设备设计、制造、安装和无损检验质量的重要因素，因此，本条对从事民用核安全设备设计、制造、安装和无损检验活动的专业技术人员提出了考核要求，尤其是对于从事民用核安全设备焊接和无损检验的人员，特别提出了相应的资格要求。

民用核安全设备设计、制造、安装和无损检验活动申请单位应当确定内部岗位资格要求，配置与拟从事活动相适应的专业技术人员，并制定相应的内部培训考核管理制度，定期对相关专业技术人员进行培训和考核，考核合格后的专业技术人员方可授权从事民用核安全设备设计、制造、安装和无损检验中的专业技术工作，从而保障民用核安全设备设计、制造、安装和无损检验活动质量。内部培训考核管理制度规定的培训考核内容应主要包括核安全法规、质量保证要求、标准规范、核工程和核安全基本知识，以及相关方面的专业技术知识等。

焊接和无损检验人员缺乏培训或经验不足，有可能导致产品质量出现问题，造成严重损失。通常，对于焊接和无损检验两类特种工艺人员普遍实施专业技术资格考核管理制度，目前国内各行业对于焊接和无损检验人员也采用专业技术资格考核的方式进行管理。鉴于焊接和无损检验在民用核安全设备制造、安装和无损检验过程中的重要性和特殊性，从事民用核安全设备的焊接和无损检验人员还需要接受核安全知识、相关标准规范等培训，自1992年颁布部门规章HAF600系列法规对民用核承压设备活动实施许可管理以来，国家核安全局即对民用核承压设备焊接和无损检验的人员进行监管。因此，本条例中规定从事民用核安全设备焊接和无损检验活动的专业技术人员（即从事焊接和无损检验的操作人员），必须取得相应的资格后方可从事相应的工作。

本条例要求的经考核合格的专业技术人员还包括有其他资格要求的人员如：理化检验人员、计量人员等也应当取得由相应的机构颁发的资格证书。

四、民用核安全设备设计、制造、安装和无损检验活动申请单位，应当具有拟申请从事活动所必需的工作场所、设施和装备，如：

（一）民用核安全设备设计活动申请单位应当具备相应的办公场地、设计用硬件装备、设计计算分析软件以及必要的设计验证设施等；

（二）民用核安全设备制造和安装活动申请单位应当具备相应的制造车间、装配和清洁场地、办公场地、无损探伤室、试验室、仓库等工作场所，制造和安装用设施和装备，如：起重运输设备、冶炼及铸造设备、锻压设备、成型设备、机加设备、焊接设备、热处理设备、检验试验装备等；

（三）民用核安全设备无损检验活动申请单位应当具备相应办公场地、探伤场所，以及相关设备，如：超声探伤设备、射线探伤装置、涡流探伤仪、泄漏检测装置、磁粉检验设备及相应的辅助手段等。

五、民用核安全设备设计、制造、安装和无损检验活动申请单位，应当具有健全的管理制度和完善的质量保证体系。

民用核安全设备设计、制造、安装和无损检验活动申请单位，具备了相应的人员能力、工作场所和设施装备以及必要的技术储备，只有通过健全的管理制度和完善的质量保证体系对这些资源进行合理的配置、调度、管理，对过程进行必要的监督和控制，才能合理发挥这些资源的作用，保证民用核安全设备质量。

本条例规定建立完善的民用核安全设备相关的质量保证体系以及健全的安全管理制度是申请单位必须满足的必要条件之一。民用核安全设备设计、制造、安装和无损检验单位必须按照有关要求编制相应的质量保证大纲及其程序文件，建立并运行相应的质量保证体系。

本条第二款规定民用核安全设备制造和安装活动申请单位应当选择具有代表性的模拟件进行试制活动。即对于没有相应民用核安全设备制造和安装活动经历的申请单位应当结合其申请设备类别、核安全级别、活动范围、制造工艺、材料牌号、结构形式等选择具有代表性的模拟件进行相应的试制活动。通过模拟件试制活动，申请单位的管理、人员、设备设施、技术、工艺等各项能力得到验证，为确认其从事民用核安全设备设计、制造、安装和无损检验的技术能力和质量保证能力提供客观依据。在以往十几年的民用核承压设备活动监管过程中，由于没有相应的模拟件试制活动，只能通过文件评审、对话沟通、现场检查对申请单位进行审查，相关申请单位的各项能力无法得到充分验证，导致在其后的产品制造或安装过程中由于经验不足，或能力不够，而对民用核承压设备制造或安装质量造成影响。同时，模拟件试制也是国际上认证和许可普遍采用的一种评价手段。为了进一步加强民用核承压设备活动许可管理，国家核安全局于2005年4月针对新取证以及在持证期间没有相关业绩的民用核承压设备制造和安装活动申请单位，提出了模拟件试制要求。实践证明，针对民用核安全设备制造和安装活动单位实行模拟件试制管理制度，进一步强化了许可管理，提高了民用核安全设备许可管理的科学性和有效性。

第十四条 申请领取民用核安全设备设计、制造、安装或者无损检验许可证的单位，应当向国务院核安全监管部门提出书面申请，并提交符合本条例第十三条规定条件的证明材料。

【释义】 本条是关于申请单位必须提交的书面申请和证明材料的规定。

拟从事民用核安全设备设计、制造、安装或者无损检验活动的单位，首先应向国务院核安全监管部门提出书面申请，取得相应的许可证后方可从事相关的活动。提交的书面申请包括申请单位的申请公文、申请书，同时，还应提交符合本条例第十三条及国务院核安全监管部门颁布的其他相关文件规定的民用核安全设备设计、制造、安装和无损检验相关能力的证明材料，包括：

1. 单位营业执照复印件；
2. 以往相关或者相近的工作业绩的说明（资质证书、用户反馈意见等复印件，技术能力储备等）；
3. 人员能力的说明（各专业技术人员的数量、专业配备、技术能力、焊接和无损检验人员的资格证书复印件等）；
4. 工作场所、设施和装备的能力说明和清单；
5. 质量保证大纲及其程序文件；
6. 模拟件试制方案和质量计划；
7. 其他相关证明材料。

第十五条 国务院核安全监管部门应当自受理申请之日起45个工作日内完成审查，并对符合条件的颁发许可证，予以公告；对不符合条件的，书面通知申请单位并说明理由。

国务院核安全监管部门在审查过程中，应当组织专家进行技术评审，并征求国务院核行业主管部门和其他有关部门的意见。技术评审所需时间不计算在前款规定的期限内。

【释义】　本条是关于许可证申请审批程序和时限的规定。

拟从事民用核安全设备设计、制造、安装或者无损检验活动的单位应当按照本条例第十四条的规定提交书面申请和相关证明材料，国务院核安全监管部门应当在《行政许可法》规定的时限内作出是否予以受理的决定，对于申请单位所提供的材料不齐全或不符合要求的，国务院核安全监管部门可以作出不予受理的决定。

国务院核安全监管部门应当自受理申请之日起45个工作日内完成许可证的行政审批工作，需要说明的是，国务院核安全监管部门在作出行政审批决定前，应当组织专家进行技术评审，技术评审所需时间不计算在45个工作日内。

申请单位提交的申请材料齐全、内容真实完整，申请单位各项能力经审查满足许可证颁发条件的，应当予以颁发许可证，并以适当形式对颁发许可证的情况予以公开，以便社会和公众对审批结果进行监督。对不符合许可条件的，应书面通知申请单位并说明不予许可的理由。

国务院核安全监管部门应当组织专家进行技术评审，技术评审包括：审查申请材料；现场核查申请单位各项能力；见证检查模拟件的制作过程；并就相关问题进行对话等。

第十六条　民用核安全设备设计、制造、安装和无损检验许可证应当载明下列内容：

（一）单位名称、地址和法定代表人；

（二）准予从事的活动种类和范围；

（三）有效期限；

（四）发证机关、发证日期和证书编号。

【释义】　本条是关于许可证内容的规定。

本条规定了民用核安全设备相关活动许可证包含的主要内容，包括：持证单位名称、地址、法定代表人、准予从事的活动种类和范围、有效期限、发证机关、发证日期和证书编号等主要信息。国务院核安全监管部门将在许可证批文中给出许可的详细内容，如：反应堆堆型及功率、设备类别、设备名称、核安全级别、活动范围及完成形式、主要分包项目和许可证条件等内容。许可证的格式和内容将由国务院核安全监管部门统一制定。

第十七条　民用核安全设备设计、制造、安装和无损检验单位变更单位名称、地址或者法定代表人的，应当自变更工商登记之日起 20 日内，向国务院核安全监管部门申请办理许可证变更手续。

民用核安全设备设计、制造、安装和无损检验单位变更许可证规定的活动种类或者范围的，应当按照原申请程序向国务院核安全监管部门重新申请领取许可证。

【释义】　本条是关于许可变更的规定。

根据《行政许可法》第 49 条的规定，被许可人要求变更行政许可事项的，应当向作出行政许可决定的行政机关提出申请；符合法定条件、标准的，行政机关应当依法办理变更手续。被许可单位的单位名称、地址或者法定代表人中的任一项或多项发生改变的，应当自变更登记之日起 20 日内向国务院核安全监管部门申请办理许可证变更手续，提交相关的证明材料，如单位营业执照复印件等。国务院核安全监管部门核准换发新许可证的同时，收回原许可证。变更后许可证的有效期将保留原许可证上规定的有效期。

持证单位只能从事许可证规定种类或范围内的活动。当持证单位需要变更已批准的许可证活动种类或范围时，必须按照原申请程序向国务院核安全监管部门重新申请领取许可证，由原审批部门重新审查核实持证单位现有的技术、管理等方面的能力是否满足所变更的活动种类或范围所必需的能力要求。

需要强调的是，当持证单位的能力有所减弱，不能满足从事原许可证活动种类和范围所必需的能力要求时，也应主动申请变更原许可证活动种类和范围，由原审批部门重新进行审查核实。

第十八条 民用核安全设备设计、制造、安装和无损检验许可证有效期为 5 年。

许可证有效期届满，民用核安全设备设计、制造、安装和无损检验单位需要继续从事相关活动的，应当于许可证有效期届满 6 个月前，向国务院核安全监管部门提出延续申请。

国务院核安全监管部门应当在许可证有效期届满前作出是否准予延续的决定；逾期未作决定的，视为准予延续。

【释义】 本条是关于许可证有效期与许可证延续程序的规定。

根据我国在民用核承压设备监督管理方面积累的经验，结合国内相关单位的管理和技术现状，本条第一款将民用核安全设备设计、制造、安装和无损检验许可证的有效期定为 5 年。

本条第二款所述的"延续申请"只针对拟在许可证有效期

44

届满后需继续从事相关活动的持证单位，一般指原持证期间有民用核安全设备活动业绩的，以及正在从事民用核安全设备设计、制造、安装或无损检验活动且在许可证有效期届满时尚不能结束的持证单位。这些单位应当于许可证有效期届满6个月前向国务院核安全监管部门提出延续申请，以保证国务院核安全监管部门在其许可证有效期届满前完成必要的延续申请审查工作。许可证有效期届满6个月前未向国务院核安全监管部门提出延续申请视同自动放弃。

针对提出延续申请的持证单位，依照本章有关条款的规定进行受理审查。国务院核安全监管部门应当在许可证有效期届满前完成全部审查工作，并作出是否准予延续的决定，逾期未作决定的，视为准予延续。对准予延续的申请单位，国务院核安全监管部门将颁发新许可证。

本条第二款和第三款分别对申请单位和国务院核安全监管部门在申请和审查时限上做出规定，在申请单位按照规定提出延续申请后，国务院核安全监管部门必须保证在规定的时间内完成延续申请的审查过程，避免由于审查工作的延误造成许可管理失控。

第十九条 禁止无许可证擅自从事或者不按照许可证规定的活动种类和范围从事民用核安全设备设计、制造、安装和无损检验活动。

禁止委托未取得相应许可证的单位进行民用核安全设备设计、制造、安装和无损检验活动。

禁止伪造、变造、转让许可证。

【释义】 本条是关于禁止无证操作、违规委托及证书造假的规定。

许可证是经依法审查，准予其从事特定活动的凭证。根据本条例第十二条规定，相关单位在取得民用核安全设备的设计、制造、安装和无损检验许可证后方可从事相应的活动。因此，没有按规定取得许可证擅自从事相应活动的行为是违法的，应严格禁止。

许可证中所规定的活动种类和范围是与持证单位已具备的各项能力相对应的，不按照许可证规定的种类和范围从事民用核安全设备的设计、制造、安装和无损检验活动，其造成的后果不亚于无证操作带来的危害，因此，不按照许可证规定的种类和范围从事民用核安全设备的设计、制造、安装和无损检验是要严格禁止的。

国内从 1995 年开始实行民用核安全设备设计、制造、安装单位资格许可制度。在以往的民用核安全设备活动监督中曾发现有民用核设施营运单位和民用核安全设备的设计、制造和安装单位将部分活动违规委托给未取得相应许可证单位的现象，致使产品质量不符合要求，造成严重经济损失。为保证民用核安全设备质量并最终保证民用核设施的运行安全，严禁民用核设施营运单位和民用核安全设备的设计、制造、安装和无损检验单位违规委托未取得相应许可证的单位从事民用核安全设备的设计、制造、安装和无损检验活动。

本条中的"伪造"，是指未依法向国务院核安全监管部门申请领取许可证或者经申请但未获得许可证，为了逃避法定义务、违法从事民用核安全设备设计、制造、安装和无损检验活动或实现其他任何目的，从无到有、编制许可证件的行为；"变造"是指在依法获得许可证件的情形下，为了实现某种目的，未按照法定程序提出重新申领或变更许可证要求或者虽经提出但要求未被批准前，利用涂改、粘贴、复制等手段，改变原许可证规定内容的行为，如改变持证单位的名称、地址、法定代表人，增加所从事活动的种类或扩大活动范围、延长许可证有效期限等；"转让"是指在依法获得许可证件的情形下，将原属于本单位的许可证转给其他单位的行为。

任何伪造、变造、转让许可证的行为，都将导致无证从事民用核安全设备设计、制造、安装和无损检验等活动，是严重的违法行为，不仅要严格禁止，而且要依据条例第四十七条给予处罚。

第四章 设计、制造、安装和无损检验

第二十条 民用核安全设备设计、制造、安装和无损检验单位，应当提高核安全意识，建立完善的质量保证体系，确保民用核安全设备的质量和可靠性。

民用核设施营运单位，应当对民用核安全设备设计、制造、安装和无损检验活动进行质量管理和过程控制，做好监造和验收工作。

【释义】 本条是关于民用核安全设备设计、制造、安装和无损检验活动实施过程中相关单位责任的规定。

一、为保证民用核设施的安全，作为民用核设施主要组成部分的民用核安全设备必须按照设计要求在民用核设施的各种工况下可靠地执行系统设计所赋予的安全功能。这些民用核安全设备的任何故障都可能影响民用核设施的安全稳定运行，甚至带来放射性释放后果。民用核安全设备设计、制造、安装和无损检验单位应当提高核安全意识，普及核安全文化知识，形成人人自觉遵守各项规章制度、关注安全和重视质量的核安全文化氛围。民用核安全设备设计、制造、安装和无损检验单位的核安全文化更多的表现为一种质量文化，各单位应建立完善的质量保证体系，并切实执行，以确保民用核安全设备的质量和可靠性。这也是本条第一款规定的目的。

二、民用核设施营运单位作为民用核安全设备的使用单位，为了保证民用核设施运行安全，应当对民用核安全设备的设计、制造、安装和无损检验活动进行有效的质量管理和过程控制。同时，作为民用核设施安全运行的最终责任单位，对所采购的民用核安全设备设计、制造、安装和无损检验活动进行控制也是民用核设施营运单位必须履行的义务和承担的责任。

民用核设施营运单位对民用核安全设备设计、制造、安装和无损检验活动的有效控制手段包括监造、验收等。监造主要是民用核设施营运单位对民用核安全设备制造、无损检验活动过程的控制，可以采取长期驻厂和关键工艺过程选点见证等方式，监造人员的配备应当考虑经历、经验、专业等。民用核设施营运单位对民用核安全设备设计活动可以采取设计评审的方式，对民用核安全设备安装活动采取工程监理的方式，以实现质量管理和过程控制的要求。验收是民用核设施营运单位对民用核安全设备设计、制造、安装和无损检验活动的最后控制环节，民用核设施营运单位必须根据经审查认可的规范标准、合同、技术规格书、验收大纲等文件的要求实施验收。

第二十一条　民用核安全设备设计、制造、安装和无损检验单位，应当根据其质量保证大纲和民用核设施营运单位的要求，在民用核安全设备设计、制造、安装和无损检验活动开始前编制项目质量保证分大纲，并经民用核设施营运单位审查同意。

【释义】　本条是关于项目质量保证分大纲的相关规定。

项目质量保证分大纲是持证单位在其取证审查阶段已经国家核安全局审查认可的质量保证大纲的基础上，结合其所承担的民用核安全设备的具体活动类别特点而编制的具有针对性的质量保证体系文件。编制项目质量保证分大纲的主要目的是保证持证单位在有关活动实施过程中既要遵守其取证时向国家核安全局所作出的承诺，也要满足营运单位提出的具体要求。

项目质量保证分大纲的编制要求、编制依据及审查要求如下：

一、编制要求：民用核安全设备设计、制造、安装和无损检验单位应当针对其所承担的具体民用核安全设备活动编制项目质量保证分大纲，并在活动开始前完成。

民用核安全设备设计、制造、安装和无损检验申请单位在申请领取许可证时，向国务院核安全监管部门提交民用核安全设备质量保证大纲并经审查认可。当民用核安全设备设计、制造、安装和无损检验单位承担具体民用核安全设备活动时，民用核设施营运单位会提出一些更具体的要求，民用核安全设备设计、制造、安装和无损检验单位应当编制更有针对性的项目质量保证分大纲，在体现具体民用核安全设备设计、制造、安装和无损检验质量保证控制要求的同时，也使具体项目中的质量保证大纲更具备适用性和可操作性，并且项目质量保证分大纲的编制、发布等工作必须在相关活动开始前完成。

二、编制依据：项目质量保证分大纲应当根据民用核安全设备活动质量保证大纲和民用核设施营运单位的要求进行编制。

作为国务院核安全监管部门的监管对象和民用核设施营运单位的供方，民用核安全设备设计、制造、安装和无损检验单位在具体民用核安全设备活动中的质量保证，应当满足核安全法规和国务院核安全监管部门的管理要求，以及民用核设施营运单位具体项目的管理要求，因此，项目质量保证分大纲应当符合持证单位在申请领取许可证时，经国务院核安全监管部门审查认可的民用核安全设备活动质量保证大纲，以及民用核设施营运单位相关阶段质量保证大纲的要求。

三、审查要求：项目质量保证分大纲应当经民用核设施营运单位审查同意。

民用核安全设备设计、制造、安装和无损检验单位作为民用核设施营运单位的供方，在承担具体民用核安全设备活动时编制的项目质量保证分大纲应当得到民用核设施营运单位的审查同意。

第二十二条 民用核安全设备设计单位，应当在设计活动开始 30 日前，将下列文件报国务院核安全监管部门备案：

（一）项目设计质量保证分大纲和程序清单；

（二）设计内容和设计进度计划；

（三）设计遵循的标准和规范目录清单，设计中使用的计算机软件清单；

（四）设计验证活动清单。

【释义】 本条是关于民用核安全设备设计单位提交备案文件的规定。

一、国务院核安全监管部门及其派出机构对民用核安全设备设计活动负有监督管理职责，为保证监督工作有计划地、有针对性地实施，民用核安全设备设计单位必须在具体活动开始 30 日前向国务院核安全监管部门提交相关资料。

二、提交的具体相关资料包括：

（一）项目设计质量保证分大纲和程序清单。

民用核安全设备设计单位应该在设计活动开始前，向国务院核安全监管部门提交经民用核设施营运单位审查同意的项目设计质量保证分大纲及该项目质量保证分大纲的支持性程序清单。

（二）设计内容和设计进度计划。

民用核安全设备设计单位应在设计活动开始前，向国务院核安全监管部门提交设计内容和设计进度计划，以便于国务院核安全监管部门及其派出机构及时掌握民用核安全设备设计单位从事的相关活动信息，制定相应的监督检查内容和监督检查计划，按照法规要求开展监督检查活动。

（三）设计遵循的标准和规范目录清单、设计中使用的计算机软件清单。

民用核安全设备设计单位应在活动开始前向国务院核安全监管部门提交设计遵循的规范标准目录清单，以便于国务院核安全监管部门及其派出机构核实民用核安全设备设计单位采用的规范标准是否符合本条例要求，并监督检查民用核安全设备设计单位是否按照这些规范标准的要求开展了相关活动。

同时，民用核安全设备设计单位应在活动开始前向国务院核安全监管部门提交设计中使用的计算机软件清单，以便于国务院核安全监管部门及其派出机构核实设计单位所使用的计算机软件的有效性和可鉴定性（V&V）。

（四）设计验证活动清单。

设计验证是确保设计要求已得到满足的审查、确认和证实过程。设计验证方式包括设计评审、鉴定试验和使用其他计算方法。民用核安全设备设计单位应在活动开始前向国务院核安全监管部门提交设计验证活动清单，包括所采用设计验证方法、内容、进度安排等，以便于国务院核安全监管部门及其派出机构核实民用核安全设备设计单位是否按照要求进行了设计验证活动，并对所做的设计验证进行监督检查，以核实是否满足要求。

第二十三条 民用核安全设备制造、安装单位，应当在制造、安装活动开始 30 日前，将下列文件报国务院核安全监管部门备案：

（一）项目制造、安装质量保证分大纲和程序清单；

（二）制造、安装技术规格书；

（三）分包项目清单；

（四）制造、安装质量计划。

【释义】　本条是关于民用核安全设备制造、安装单位提交备案文件的规定。

一、国务院核安全监管部门及其派出机构对民用核安全设备制造、安装活动负有监督管理职责，为保证监督工作有计划地、有针对性地实施，民用核安全设备制造、安装单位必须在具体活动开始30日前向国务院核安全监管部门提交相关资料。

二、提交的具体相关资料如下：

（一）项目制造、安装质量保证分大纲和程序清单。

民用核安全设备制造、安装单位应该在制造、安装活动开始前，向国务院核安全监管部门提交经民用核设施营运单位审查同意的项目制造、安装质量保证分大纲及该项目质量保证分大纲的支持性程序清单。

（二）制造、安装技术规格书。

民用核安全设备制造、安装单位应在制造、安装活动开始前，向国务院核安全监管部门提交相关制造、安装技术规格书，以便于国务院核安全监管部门及其派出机构掌握制造、安装单位的具体活动内容、所依据的技术条件、采用的规范标准等，并监督检查民用核安全设备制造、安装单位的活动是否满足技术规格书的要求。

（三）分包项目清单。

民用核安全设备制造、安装单位可能会存在原材料外购或个别非关键工序外协项目（统称"分包"），民用核安全设备制造、安装单位在活动开始前，首先应明确具体分包项目，并向国务院核安全监管部门提交分包项目清单，具体内容包括：分包项目内容、分包单位名称、分包单位的评价等等，以便于国务院核安全监管部门核实相关分包项目是否在许可范围内，以及相关分包单位是否具备从事相关分包活动的能力，并监督民用核安全设备制造、安装单位分包项目的实施情况。

（四）制造、安装质量计划。

质量计划是针对特定的产品、项目或合同，将具体的作业管理与监督验证要求加以有效结合的一种质量控制文件。质量计划应对作业顺序、执行的作业规程和规定的验收准则、作业人员、监督检验人员、监督检验实施方式，以及形成记录的要求加以规定，通过具体控制措施的实施和记录，保障产品、项目和合同的质量处于受控状态。民用核安全设备制造、安装单位应当编制制造、安装活动质量计划，为便于国务院核安全监管部门在质量计划中选取控制点并实施监督检查，民用核安全设备制造、安装单位在活动开始前应当向国务院核安全监管部门提交经民用核设施营运单位认可的质量计划。质量计划一般应包含以下内容：

1. 项目名称、设备或部件名称、设备采购方、质量计划的文件编码；

2. 设备制造、安装过程中的主要工序及其编号；

3. 每项工序所必须遵循的程序、规程、细则或标准；

4. 制造商、承包商、监理机构及营运单位等相关各方在执行该质量计划时选取的控制点及见证模式等；

5. 需要形成的记录、报告或其他文件要求。

第二十四条 民用核安全设备设计、制造、安装和无损检验单位，不得将国务院核安全监管部门确定的关键工艺环节分包给其他单位。

【释义】 本条是关于民用核安全设备设计、制造、安装和无损检验单位不得将关键工艺环节分包的规定。

按照本条规定关键工艺环节不得进行分包。关键工艺是民用核安全设备设计、制造、安装和无损检验活动中的重要环节，如压力容器、稳压器等容器类设备制造过程中的主环缝焊接工艺、接管嘴以及安全端焊接工艺、无损检验工艺等；热交换器类设备的穿管工艺、胀接工艺以及密封焊工艺、无损检验工艺等；泵类设备的泵轴加工、热处理以及功能试验等工艺；阀门类设备的密封面堆焊、功能性试验以及核安全级别较高设备重要焊缝的无损检验工艺等等均为关键工艺。一个具体工艺是否为关键工艺，既取决于该工艺本身的技术特点，也取决于应用该工艺的具体对象，因此，关键工艺的选取必须以具体的设备类别、安全级别和结构形式来确定。由于关键工艺是产品质量形成过程的重要环节，因此将关键工艺分包，既不利于民用核安全设备的质量控制，也将增加产品质量的不确定性。基于上述原因，本款规定民用核安全设备设计、制造、安装和无损检验单位不得将关键工艺以及许可证中规定不允许分包的项目分包给其他单位。

民用核安全设备设计、制造、安装和无损检验单位可以按照许可证允许的分包范围，将非关键工艺环节分包给其他具备相应能力的单位，但要对分包活动实施严格控制。

国务院核安全监管部门将根据民用核安全设备的技术和安全特性，组织确定设计、制造、安装和无损检验活动中的关键工艺清单，并定期发布。

第二十五条 民用核安全设备制造、安装、无损检验单位和民用核设施营运单位，应当聘用取得民用核安全设备焊工、焊接操作工和无损检验人员资格证书的人员进行民用核安全设备焊接和无损检验活动。

民用核安全设备焊工、焊接操作工由国务院核安全监管部门核准颁发资格证书。民用核安全设备无损检验人员由国务院核行业主管部门按照国务院核安全监管部门的规定统一组织考核，经国务院核安全监管部门核准，由国务院核行业主管部门颁发资格证书。

民用核安全设备焊工、焊接操作工和无损检验人员在民用核安全设备焊接和无损检验活动中，应当严格遵守操作规程。

【释义】　本条是关于民用核安全设备焊工、焊接操作工和无损检验人员管理的规定。

本条第一款规定民用核安全设备制造、安装、无损检验单位和民用核设施营运单位不得聘用未经考核合格的人员从事民用核安全设备焊接和无损检验工作。焊工、焊接操作工和无损检验人员作为特种工艺人员在民用核安全设备制造、安装和无损检验活动中起着很重要的作用，因此，本条例第十三条规定从事民用核安全设备焊接和无损检验活动的专业技术人员，应当取得相应的资格证书。

本条第二款对民用核安全设备焊工、焊接操作工和无损检验人员的考核、核准、颁发证书的部门进行了规定。

国家核安全局在 1992 年颁布的部门规章《民用核承压设备无损检验人员培训、考核和取证管理办法》（HAF602）、《民用核承压设备焊工及焊接操作工培训、考试和取证管理办法》（HAF603）就规定从事民用核安全设备焊接和无损检验的人员应取得核资质后方可从事相应活动。

目前，在焊工和焊接操作工管理方面，上世纪九十年代末的国务院机构改革，使得原各主管部门成立的民用核安全设备焊工和焊接操作工资格鉴定委员会由于机构和人员的变动有的已经无法对焊接人员考试和取证工作实施规范、有效的管理，且各系统成立的焊工培训中心数量多而且分散，各系统之间又缺乏必要沟通，导致我国民用核安全设备焊工和焊接操作工考试和取证管理工作不统一、不规范。2004年6月29日国务院发布了《国务院对确需保留的行政审批项目设定行政许可的决定》（国务院令第412号），该文件中明确民用核承压设备焊接人员的资格许可由国家核安全局具体负责。根据这一规定，本款明确民用核安全设备焊工、焊接操作工由国务院核安全监管部门统一核准颁发资格证书。

无损检验人员管理方面，同样也存在上述情况，目前有三个资格鉴定委员会，分属核工业、机械工业和电力工业系统。为更有效、集中地对民用核安全设备无损检验人员进行管理，本款根据2004年6月29日国务院发布的《国务院对确需保留的行政审批项目设定行政许可的决定》（国务院令第412号）和国务院行政审批改革领导小组办公室的有关规定，明确国务院核安全监管部门应当制定民用核安全设备无损检验人员考核规定，由国务院核行业主管部门按照该考核规定统一组织民用核安全设备无损检验人员考核，经国务院核安全监管部门核准后方可由国务院核行业主管部门向考核合格的人员颁发证书。

为确保民用核安全设备制造、安装的质量，除必须要求民用核安全设备焊工、焊接操作工和无损检验人员取得相应资质，具备基本操作技能外，本条第三款还规定这两种人员在具体的作业过程中，按事先编制好的满足规范标准要求的操作规程进行操作。

焊接是民用核安全设备制造和安装过程中的特种工艺之一，在正式实施该工艺前，必须通过工艺试验和工艺评定确定合适的焊接方法和焊接参数，编制焊接操作规程。焊工和焊接操作工只有严格按照焊接操作规程中规定的焊接参数施焊，才可避免缺陷，保证产品质量。

无损检验是检验民用核安全设备表面和内部缺陷的重要方式之一，在进行无损检验前，必须根据规范标准、技术条件等要求编制无损检验操作规程。无损检验人员只有严格履行无损检验操作规程中规定的要求，才能保证无损检验的正确性，避免缺陷误判、漏判，杜绝质量隐患。

因此，本条款要求民用核安全设备焊工、焊接操作工和无损检验人员在民用核安全设备焊接和无损检验活动中，应当严格遵守操作规程。

第二十六条 民用核安全设备无损检验单位应当客观、准确地出具无损检验结果报告。无损检验结果报告经取得相应资格证书的无损检验人员签字方为有效。

民用核安全设备无损检验单位和无损检验人员对无损检验结果报告负责。

【释义】 本条是关于民用核安全设备无损检验结果报告出具以及责任主体的规定。

本条第一款规定民用核安全设备无损检验单位应当客观、准确地出具无损检验结果报告，无损检验结果报告必须经有相关资质的人员签字。民用核安全设备无损检验单位应当严格按照操作规程开展无损检验工作，客观、准确地出具无损检验结果报告，杜绝违规操作，更不能出伪证。同时，民用核安全设备无损检验单位应当按照相应的管理制度，对其所出具的无损检验结果履行必要的签字手续，以保证无损检验报告的有效性。

根据国内外经验，民用核安全设备无损检验人员将分三级实施管理，三个级别的无损检验人员的主要职责分工不同，无损检验工作应当由Ⅱ级或Ⅱ级以上无损检验人员为主操作，Ⅰ级无损检验人员在Ⅱ级或Ⅲ级无损检验人员监督、指导下可以进行无损检验操作。无损检验结果报告只有经Ⅱ级或Ⅱ级以上无损检验人员编制、审核方为有效。

本条第二款强调的是无损检验单位和无损检验人员应当对无

损检验结果报告负责。为保证无损检验工作的质量，无损检验单位应当建立必要的无损检验工作质量管理责任制度，无损检验结果报告应当经无损检验人员签字，履行相关编审批手续，必要时加盖相关公章，以表明检验结果报告的有效性。

第二十七条　民用核安全设备设计单位应当对其设计进行设计验证。设计验证由未参与原设计的专业人员进行。

设计验证可以采用设计评审、鉴定试验或者不同于设计中使用的计算方法的其他计算方法等形式。

【释义】　本条是关于民用核安全设备设计验证的规定。

设计验证是保证设计过程满足设计要求的一个重要环节。设计验证是审查、确认或证实设计的过程。通过设计验证，民用核安全设备设计单位可以发现设计中存在的问题或不足，并提出解决措施。民用核安全设备设计单位对其设计质量负有责任，因此，为验证设计过程是否符合所有设计要求，本条第一款规定民用核安全设备设计单位必须对其不同阶段的设计进行设计验证。为保证设计验证结果的公正、准确，设计验证必须由未参与原设计的专业人员进行。

本条第二款规定设计验证可以采用设计评审、鉴定试验或者不同于设计中使用的计算方法的其他计算方法等形式。采取上述何种方法进行设计验证，应根据不同设备的设计特性，按照有关的法规和标准规范要求来具体确定。设计评审是通过正式会议形式，由专家进行详细地校核与审查，对设计输入、设计方法、设计程序和设计过程、设计接口所进行的综合评审，以保证设计输出的正确性，并最终满足设计要求；鉴定试验是指通过对模型或样机的试验，对设计特性和设计功能进行验证。鉴定试验包括功能试验、抗震试验和环境试验（包括老化试验和设计基准事故工况试验）等；设计验证也可采用不同于设计中使用的计算方法的其他计算方法（包括使用不同的计算软件或较简单的解析方法）来验证原设计计算的正确性。民用核安全设备设计单位在设计活动前，应考虑物项对安全的重要性、设计的复杂性、标准化程度、技术状况以及与过去被证明的设计的相似性，采用以上一种或多种设计验证方式。

第二十八条 民用核安全设备制造、安装单位应当对民用核安全设备的制造、安装质量进行检验。未经检验或者经检验不合格的，不得交付验收。

【释义】 本条是关于民用核安全设备制造、安装质量检验的规定。

根据本条例第二十条的规定，民用核安全设备制造、安装单位应当确保民用核安全设备的质量和可靠性。为确保民用核安全设备的质量，民用核安全设备的制造、安装单位应对制造、安装质量进行检验，包括采购物项的检验、过程检验及最终检验。在以往的核安全监督检查过程中，发现一些民用核安全设备制造、安装单位在个别工序没有进行检验或检验不合格的情况下就交付下道工序，甚至交付验收的现象。未经检验或者经检验不合格的民用核安全设备一经交付验收，将给民用核设施的安全运行带来重大隐患。因此，本条从法律上规定民用核安全设备制造、安装单位应当对民用核安全设备的制造、安装质量进行检验，并对检验合格的产品出具检验合格证明。未经检验或者经检验不合格的，不得交付验收。

第二十九条 民用核设施营运单位应当对民用核安全设备质量进行验收。有下列情形之一的，不得验收通过：

60

（一）不能按照质量保证要求证明质量受控的；

（二）出现重大质量问题未处理完毕的。

【释义】　本条是关于民用核安全设备质量验收的规定。

一、本条例第二十条规定民用核设施营运单位应当对民用核安全设备设计、制造、安装和无损检验活动进行质量管理和过程控制，做好监造和验收工作。在民用核安全设备验收中，除了验收产品外观、竣工文件及必要的试验现场见证外，还要对过程形成的质量记录、监造结果等进行检查，以证明该产品的质量受控。民用核设施营运单位只有在证明民用核安全设备质量能满足规范标准和技术规格书的前提下，才能对其予以验收。

在以往的民用核安全设备活动单位监督检查过程中，曾发现一些民用核设施营运单位对民用核安全设备设计、制造、安装和无损检验活动质量管理的认识和力度不够，对民用核安全设备设计、制造、安装和无损检验活动的质量管理和过程控制不到位，对一些不满足规范标准的问题没有及时发现或发现后没有彻底纠正，在民用核安全设备出厂验收时却仍予以验收的现象，这些问题包括有：原材料和焊材未按标准要求进行复验、特种工艺人员未按相关核安全法规取得相应资格、焊接工艺评定检验项目缺项不能满足标准和技术条件，等等。不能按照质量保证要求证明质量受控的民用核安全设备一经验收，将给民用核设施的安全运行带来重大隐患。因此，本条从法律角度规定民用核设施营运单位对不能按照质量保证要求证明质量受控的民用核安全设备不得予以验收。

二、民用核安全设备制造、安装单位在活动中如出现了重大质量问题应当按照相关规定对重大质量问题进行处理，在这些问题处理完毕前，无法确保相关设备质量满足要求，对于这些设备，营运单位不得予以验收。本条款描述的重大质量问题，是指那些不满足民用核安全设备标准或国务院核安全监管部门认可的其他标准，或违背了设计或采购技术文件的要求，并影响到核安全设备的安全性能，这种影响可能难以评估，其产生的最终后果可能影响核设施运行过程中某些核安全功能的履行而成为导致核事故的诱因。通常在核行业，重大质量问题也称重大不符合项。在以往的民用核安全设备设计、制造和安装单位监督检查过程中，曾发现有的民用核设施营运单位由于过多顾忌工程进度和经济效益，在所采购的民用核安全设备出现重大质量问题尚未处理完毕的情况下，就对其进行了验收，并运抵安装现场，结果造成巨大经济损失。因此，本条从法律角度规定民用核设施营运单位对出现重大质量问题未处理完毕的民用核安全设备不得予以验收。

第三十条　民用核安全设备设计、制造、安装和无损检验单位，应当对本单位所从事的民用核安全设备设计、制造、安装和无损检验活动进行年度评估，并于每年4月1日前向国务院核安全监管部门提交上一年度的评估报告。

评估报告应当包括本单位工作场所、设施、装备和人员等变动情况，质量保证体系实施情况，重大质量问题处理情况以及国务院核安全监管部门和民用核设施营运单位提出的整改要求落实情况等内容。

民用核安全设备设计、制造、安装和无损检验单位对本单位在民用核安全设备设计、制造、安装和无损检验活动中出现的重大质量问题，应当立即采取处理措施，并向国务院核安全监管部门报告。

【释义】　本条是关于民用核安全设备设计、制造、安装和无损检验单位年度自评估以及重大质量问题处理与报告的规定。

本条第一款规定民用核安全设备设计、制造、安装和无损检验单位应当每年向国务院核安全监管部门提交本单位所从事民用核安全设备相关活动状况的年度评估报告。

为了加强对民用核安全设备设计、制造、安装和无损检验的监督管理，及时、准确、全面地掌握民用核安全设备设计、制造、安装和无损检验单位在持证期间从事民用核安全设备活动的质量状况、质量保证体系运行、技术能力的变化情况，国务院核安全监管部门要求从事民用核安全设备设计、制造、安装和无损检验活动的单位每年对本单位的民用核安全设备相关活动状况进行自我评估，并将年度评估报告报送国务院核安全监管部门备案。

民用核安全设备设计、制造、安装和无损检验单位的年度自我评估，可以有效地督促持证单位开展自主检查，找出工作中存在的问题和不足，并及时进行整改，确保民用核安全设备活动质量保证大纲的有效实施和持续改进。因此，本条款规定核安全设备设计、制造、安装和无损检验活动单位应当于每年 4 月 1 日前向国务院核安全监管部门提交上一年度的评估报告。

本条第二款明确规定了评估报告的内容，包括工作场所、设施、装备和人员等变动情况，质量保证体系实施情况，重大质量问题处理情况以及国务院核安全监管部门和民用核设施营运单位提出的整改要求落实情况等。

（一）以往的民用核安全设备监督管理经验反馈表明，部分单位在取证后，由于工作场所、设施、装备和人员发生变化，以致无法维持原申请文件中承诺的各项能力。为说明在活动期间各项能力的维持情况，持证单位应当在评估报告中向国务院核安全监管部门报告工作场所、设施、装备和人员的变动情况，以确认持证单位从事民用核安全设备相关活动的各项能力得到有效维持。

（二）持证单位应在评估报告中报告活动期间质量保证体系的实施情况。对于从事民用核安全设备设计活动的单位，应从设计输入、设计验证、设计变更、设计输出、外协控制、质保监查和管理部门审查、人员培训等环节对质量保证体系的适宜性和运行有效性进行自我评价；对于从事民用核安全设备制造、安装及无损检验活动的单位，应从原材料采购、工艺文件编制、过程控制、最终检验试验、不符合项、外协控制、质量计划的执行情况、质保监查和管理部门审查、人员培训等环节对质量保证体系的适宜性和运行有效性进行自我评价。

（三）评估报告中还应包括民用核安全设备活动期间重大质量问题处理情况，以及国务院核安全监管部门和民用核设施营运单位针对发现问题提出的具体核安全管理要求的整改落实情况等内容。持证单位如在活动期间出现重大质量问题，除应立即处理并上报国务院核安全监管部门外，还应在每年的评估报告中报告该类重大质量问题的处理情况以及采取的纠正措施。

本条第三款规定民用核安全设备设计、制造、安装和无损检验单位在出现重大质量问题时，应当立即上报国务院核安全监管部门，以便于国务院核安全监管部门对核安全设备设计、制造、安装和无损检验过程中发生的重大质量问题及时了解、跟踪，并组织专家进行审评，必要时进行现场核查，以保证这些问题的处理过程和结果满足要求，从而确保民用核安全设备质量。

第五章　进　出　口

第三十一条　为中华人民共和国境内民用核设施进行民用核安全设备设计、制造、安装和无损检验活动的境外单位，应当具备下列条件：

（一）遵守中华人民共和国的法律、行政法规和核安全监督管理规定；

（二）已取得所在国核安全监管部门规定的相应资质；

（三）使用的民用核安全设备设计、制造、安装和无损检验技术是成熟的或者经过验证的；

（四）采用中华人民共和国的民用核安全设备国家标准、行业标准或者国务院核安全监管部门认可的标准。

【释义】　本条是关于从事相关核安全设备活动的境外单位应具备条件的规定。

本条的适用主体是"为中华人民共和国境内民用核设施进行民用核安全设备设计、制造、安装和无损检验活动的境外单位"（以下简称"境外单位"）。从地域角度来看，条例明确规定其适用于"中华人民共和国境内"。

本条例中对国内从事民用核安全设备相关活动单位规定了相关许可管理和监督检查的要求，而对从事相关活动的境外单位也应当进行相应的管理和控制。近几年的实践表明，我国从国外进口的民用核安全设备曾发生过重大质量问题，对我国境内民用核设施的安全运行带来影响。同时，在当前一定时期内，我国境内的民用核设施中的部分民用核安全设备还需要从国外进口，这些设备质量将对我国境内的民用核设施的安全运行产生影响。因此，要加强对境外单位的准入管理。本条首先明确了这些境外单位应当具备的条件：

一、遵守中华人民共和国的法律、行政法规和核安全监督管理规定。

作为主权独立国家，为了保障国家安全，维护国家利益，要求为中华人民共和国境内的民用核设施提供民用核安全设备相关活动的境外单位，应当遵循中华人民共和国的相关法律法规及相关核安全监督管理规定。

二、已取得所在国核安全监管部门规定的相应资质。

本条旨在对相关境外单位的有关能力进行规定。如同我国对民用核安全设备设计、制造、安装和无损检验单位的管理要求，境外单位取得所在国核安全监管部门规定的相应资质，即意味着其从事民用核安全设备设计、制造、安装和无损检验活动的能力得到了其所在国核安全监管部门的认可，其相关能力达到了所在国对其本国民用核安全设备的设计、制造、安装和无损检验活动所必需的能力要求。

三、使用的民用核安全设备设计、制造、安装和无损检验技术是成熟的或者经过验证的。

保证民用核设施安全运行是我国核电发展的首要任务，我国核安全法规一直强调民用核设施要使用成熟的或者是经过验证的技术，即将由于所应用的技术本身的不确定性可能给核设施安全运行带来的风险降至最低，因此，在民用核安全设备设计、制造、安装和无损检验活动中也应当使用成熟的或者是经过验证的技术，作为从事相关活动的境外单位应当遵循此原则要求。

四、采用中华人民共和国的民用核安全设备国家标准、行业标准或者国务院核安全监管部门认可的标准。

按照本条例第八条和第十一条的相关规定，相关单位在从事民用核安全设备设计、制造、安装和无损检验时，必须以民用核安全设备标准作为技术依据。为中华人民共和国境内民用核设施进行民用核安全设备设计、制造、安装和无损检验活动的境外单位，应当采用中华人民共和国民用核安全设备相关国家标准、行业标准，如果在相应活动中拟采用中华人民共和国民用核安全设备标准之外的标准，则该标准应当为国务院核安全监管部门认可的标准。境外单位在注册登记时，应提交其核安全设备活动标准的执行经历。

第三十二条 为中华人民共和国境内民用核设施进行民用核安全设备设计、制造、安装和无损检验活动的境外单位，应当事先到国务院核安全监管部门办理注册登记手续。国务院核安全监管部门应当将境外单位注册登记情况抄送国务院核行业主管部门和其他有关部门。

注册登记的具体办法由国务院核安全监管部门制定。

【释义】 本条是关于相关境外单位注册登记的规定。

对为中华人民共和国境内民用核设施进行民用核安全设备设计、制造、安装和无损检验活动的境外单位实施注册登记制度。针对为我国境内民用核设施提供民用核安全设备的境外单位实施注册登记制度，既可以严格要求其履行义务，又可以兼顾其在境外从事相应活动的特殊性，同时还可以规范境外单位进入中国市场的准入条件，保证其达到与国内同类型单位的能力要求，为我国境内的民用核设施营运单位或境内民用核安全设备设计、制造、安装和无损检验活动单位等选择符合要求的潜在的境外供应商。因此，本条规定对为中华人民共和国境内民用核设施进行民用核安全设备设计、制造、安装和无损检验活动的境外单位采取注册登记制度。注册登记是我国核安全监管部门对境外单位已经取得的资质及技术能力等情况的确认，不意味着取得我国核安全监管部门颁发的许可证。到我国核安全监管部门进行注册登记的境外单位应当满足本条例第三十一条的规定，并按国务院核安全监管部门制定的具体注册登记管理办法提交相关证明文件。

本条款中的"事先"，强调了境外单位注册登记的时间要求，即境外单位欲为中华人民共和国境内民用核设施进行民用核安全设备设计、制造、安装或无损检验活动，在合同签订前应当向中华人民共和国国务院核安全监管部门提出注册登记申请并被准予注册登记。未予注册登记的境外单位不得为中华人民共和国境内民用核设施进行民用核安全设备设计、制造、安装或无损检验活动。

为了使国内各相关管理部门能够针对进口民用核设备活动及时履行其必要的管理职责，并最终保证进口民用核安全设备的质量，国务院核安全监管部门在对境外单位实施完成注册登记后，应当向国务院核行业主管部门和其他有关部门抄送境外企业的登记注册信息。同时，国务院核安全监管部门应当采取适当的形式将注册登记信息进行公布。

按照本条第二款规定，国务院核安全监管部门负责制定对境外单位注册登记的具体管理办法。

第三十三条 国务院核安全监管部门及其所属的检验机构应当依法对进口的民用核安全设备进行安全检验。

进口的民用核安全设备在安全检验合格后，由出入

68

境检验机构进行商品检验。

【释义】　本条是对进口民用核安全设备安全检验和商品检验的规定。

为了保证进口民用核安全设备质量，在出入境检验机构进行商品检验之前，将由国务院核安全监管部门对进口民用核安全设备实施安全检验。本款中的安全检验主要是指国务院核安全监管部门及其所属的检验机构针对成套的进口民用核安全设备（不包括零部件）的安全性能进行的检查、检验或试验验证，安全检验由国务院核安全监管部门及其所属的检验机构独立进行。安全检验采用口岸检查、开箱检查、安装和装料前调试阶段涉及安全性能的试验见证等方式，必要时，可以进行独立检验和验证。安全检验合格是通过商品检验的基本前提条件之一，只有安全检验合格的进口民用核安全设备，出入境检验机构方可作出商品检验合格的结论；安全检验不合格的进口民用核安全设备即意味着不符合要求，不得通过商品检验。

出入境检验机构依照《中华人民共和国进出口商品检验法》、《中华人民共和国进出口商品检验法实施条例》等对进口民用核安全设备实施商品检验。

第三十四条　国务院核安全监管部门根据需要，可以对境外单位为中华人民共和国境内民用核设施进行的民用核安全设备设计、制造、安装和无损检验活动实施核安全监督检查。

【释义】　本条是关于对境外单位相关活动实施核安全监督检查的规定。

本条明确赋予了国务院核安全监管部门对境外单位实施核安全监督检查的职责，对于境外单位，一方面，通过注册登记制度，可以有效保证从事民用核安全设备设计、制造、安装和无损检验活动的境外单位具备相应的条件；另一方面，必要时还需要对进行民用核安全设备设计、制造、安装和无损检验的境外单位实施监督检查，以核查境外单位从事的进口民用核安全设备活动是否满足我国相关法规规范的要求。

本条中的"根据需要"，主要是指监督应该根据境外单位所从事的活动对象的具体特点而定，如：境外单位所从事活动的相应民用核安全设备的核安全级别较高、结构复杂、设备性能难于控制；境外单位以往的供货历史不令人满意或者民用核设施营运单位及相关单位的信息反馈认为必要时，等等。

根据以往对境外单位从事的民用核安全设备设计、制造和安装活动的监督经验反馈以及一些境外单位所提供的民用核安全设备质量存在的问题来看，国务院核安全监管部门对于向中华人民共和国境内民用核设施提供民用核安全设备设计、制造、安装和无损检验活动的境外单位实施核安全监督检查是必要的、也是非常有效的管理手段。

第三十五条 民用核设施营运单位应当在对外贸易合同中约定有关民用核安全设备监造、装运前检验和监装等方面的要求。

【释义】 本条是关于民用核安全设备对外贸易合同有关要求的规定。

民用核设施营运单位只能从已经在国务院核安全监管部门注册登记的境外单位中选择民用核安全设备的设计、制造、安装和无损检验活动境外供应商。

民用核安全设备质量将影响民用核设施的运行安全，而对民用核安全设备设计、制造、安装和无损检验活动进行过程监督是保证民用核安全设备质量的重要环节。作为民用核安全设备使用

70

单位的民用核设施营运单位对民用核安全设备的使用和运行安全承担全面责任。国务院核安全监管部门的监督检查不代替民用核设施营运单位的过程监督。

为使民用核设施营运单位能够顺利履行对外贸易合同，保证其在对外贸易交往中的合法权益，确保其采购的民用核安全设备质量达到规定要求，本条款规定民用核设施营运单位应当在其对外贸易合同中明确规定有关监造、装运前检验和监装等过程控制要求。这里的"监造"是指对境外供应商从原材料验收、生产制造到出厂的全过程进行跟踪和监督检查；"装运前检验"是指在民用核安全设备生产完成后、发运前，根据合同以及技术条件的要求，对民用核安全设备的品质、性能、规格等进行检验；"监装"是指对民用核安全设备的包装、运输过程进行跟踪和监督检查。

合同是采购订货的有效法律文件之一，只有在对外贸易合同中明确约定有关要求，才能保证在合同履行过程中顺利实施这些要求。因此作为核安全设备采购主体的民用核设施营运单位在签订对外贸易合同时必须约定有关民用核安全设备监造、装运前检验和监装等方面的要求。

第三十六条　民用核安全设备的出口管理依照有关法律、行政法规的规定执行。

【释义】　本条是关于民用核安全设备的出口管理的衔接性规定。

核技术属于敏感技术，有关的民用核安全设备的出口有可能牵涉到核技术扩散等等问题，关于核技术出口包括民用核安全设备的出口等，国家已先后出台了相应的法律法规文件。为加强民用核安全设备的出口控制，履行中华人民共和国应尽的国际义务，本条规定民用核安全设备的出口管理依照有关法律、行政法规的规定执行是必要的。

第六章 监督检查

第三十七条 国务院核安全监管部门及其派出机构，依照本条例规定对民用核安全设备设计、制造、安装和无损检验活动进行监督检查。监督检查分为例行检查和非例行检查。

【释义】 本条是关于监督检查制度的规定。

本条例第四条和本条明确规定，开展核安全监督工作的主体是国务院核安全监管部门及其派出机构。

依据本条例第四条的规定，国务院核安全监管部门对民用核安全设备设计、制造、安装和无损检验活动实施监督管理。一方面，通过建立许可制度，可以有效保证只有具备相应能力的单位获得活动资格；另一方面，通过监督检查持证单位所进行的民用核安全设备设计、制造、安装和无损检验活动，可以有效控制民用核安全设备活动质量。

按照本条规定，国务院核安全监管部门及其派出机构建立监督检查制度，督促民用核安全设备设计、制造、安装和无损检验单位以及民用核设施营运单位有效地控制民用核安全设备设计、制造、安装和无损检验活动，即在监督检查中，验证和确认持证单位质量保证大纲的有效性、相关活动是否遵守了核安全法规、相关活动是否符合标准规范及技术规格书的要求等，并检查民用核设施营运单位对持证单位的质量管理和过程控制情况。

核安全监督检查也是国务院核安全监管部门及其派出机构对

民用核安全设备设计、制造、安装和无损检验单位开展监管工作的重要手段。以往，通过核安全监督检查发现过一些民用核安全设备设计、制造和安装单位的问题，如：违反核安全法规及许可证条件、质量保证体系未有效运行而导致重大质量问题等。国务院核安全监管部门对此采取了限期整改、吊销许可证等处理措施，加强了民用核安全设备设计、制造和安装单位管理，对确保民用核安全设备质量起到了重要的作用。

监督检查方式可以是例行检查，也可以是非例行检查。

例行检查主要是指国务院核安全监管部门及其派出机构按照既定的工作安排开展的有计划的监督活动。按照本条例第二十二条和第二十三条的要求，从事民用核安全设备设计、制造、安装和无损检验活动的单位应向国务院核安全监管部门提交相关备案文件，核安全监管部门可以根据民用核安全设备设计、制造、安装和无损检验单位报送的信息制订监督计划并告知相应单位，按计划开展监督活动。

非例行检查主要是国务院核安全监管部门及其派出机构在既定监督检查计划之外开展的监督检查活动，由于监督检查计划只能定期制订，而民用核安全设备设计、制造、安装和无损检验活动单位的情况可能有较多变化，如：民用核安全设备设计、制造、安装和无损检验单位违反核安全法规、出现重大质量问题，等等，因此，针对不同单位的不同情况开展计划外的非例行检查就非常必要，可以及时了解民用核安全设备设计、制造、安装和无损检验活动单位的情况、发现和提出问题、促进其不断改进工作。在开展非例行检查时，一般事先通知民用核安全设备设计、制造、安装和无损检验活动单位进行相应的准备以便配合监督检查工作，但在特殊情况下为了做出迅速的反应和更客观地了解民用核安全设备设计、制造、安装和无损检验活动单位的情况，也可以采取事先不通知的方式。这些监督检查活动都属于非例行检查。

例行检查和非例行检查可采取综合性检查、专项检查和检查点检查等方式。

第三十八条　国务院核安全监管部门及其派出机构在进行监督检查时，有权采取下列措施：

（一）向被检查单位的法定代表人和其他有关人员调查、了解情况；

（二）进入被检查单位进行现场调查或者核查；

（三）查阅、复制相关文件、记录以及其他有关资料；

（四）要求被检查单位提交有关情况说明或者后续处理报告；

（五）对有证据表明可能存在重大质量问题的民用核安全设备或者其主要部件，予以暂时封存。

被检查单位应当予以配合，如实反映情况，提供必要资料，不得拒绝和阻碍。

【释义】　本条是关于国务院核安全监管部门及其派出机构执法权限和被检查单位义务的规定。

一、关于国务院核安全监管部门及其派出机构的执法权限

本条第一款赋予了国务院核安全监管部门及其派出机构在监督检查过程中进行人员调查访谈；进入现场调查或者核查；查阅和复制相关文件资料；要求被检查单位提交有关情况说明或后续处理报告；暂时封存存在严重质量问题的民用核安全设备或者其主要部件等权限，以保证国务院核安全监管部门及其派出机构有效开展相关监督检查活动，全面了解民用核安全设备活动的状况及可能存在的问题，督促民用核安全设备设计、制造、安装和无

损检验单位针对存在的问题及时采取相应的整改措施，同时为监督检查结论保留必要的客观证据，以便采取执法行动。十几年的民用核安全设备监督工作实践也证明这种权限是非常必要的。因此本条例继续赋予监督主体在开展监督工作时采取本条款规定的以下措施的权限：

1. 国务院核安全监管部门及其派出机构为从不同角度了解事情的真实情况，有权向被检查单位的法定代表人和其他有关人员调查、了解情况，这是了解被检查单位的实际情况的有效的方法之一。

2. 国务院核安全监管部门及其派出机构有权进入被检查单位民用核安全设备活动现场，对活动单位的厂房装备、人员状况、活动质量等进行调查或者核查。

3. 国务院核安全监管部门及其派出机构有权查阅、复制相关文件、记录以及其他有关资料，以便保留必要的客观证据，支持监督检查结论。

4. 国务院核安全监管部门及其派出机构有权要求被检查单位针对提出的问题，制定相应的整改措施，并提交有关情况说明或后续处理报告，以便国务院核安全监管部门及其派出机构对发现的被检查单位存在的问题进行跟踪、验证。

5. 国务院核安全监管部门及其派出机构有权对有证据表明可能存在重大质量问题的民用核安全设备或者其主要部件予以暂时封存，以避免流入下一道工序或验收放行，从而造成核设施运行安全隐患。暂时封存的核安全设备或者其主要部件，待完成后续处理，并由国务院核安全监管部门及其派出机构验证符合要求后，方可启封。

二、关于被检查单位的义务

本条第二款对被检查单位的义务进行了规定。

由于民用核安全设备的设计、制造、安装和无损检验直接涉及民用核设施的安全，因此，为了确保监督检查结论的全面性和客观性，民用核安全设备设计、制造、安装和无损检验活动单位有责任、有义务对监督检查工作予以配合，并如实反映情况，提供必要的资料，不得拒绝和阻碍。

第三十九条 国务院核安全监管部门及其派出机构在进行监督检查时，应当对检查的内容、发现的问题以及处理情况作出记录，并由监督检查人员和被检查单位的有关负责人签字确认。被检查单位的有关负责人拒绝签字的，监督检查人员应当将有关情况记录在案。

【释义】 本条是关于核安全设备监督活动检查记录及其确认的规定。

监督检查过程中，国务院核安全监管部门及其派出机构的监督检查人员应根据所了解的情况，全面、客观地记录被检查单位的状况，并形成现场检查记录，包括检查的内容、发现的问题以及处理情况。现场检查记录经与被检查单位沟通，由监督检查人员和被检查单位的授权代表共同签字确认。当对监督检查的过程或结论有争议时，被检查单位的授权代表可能会拒绝在现场检查记录上签字确认，在此情况下，监督检查人员应当在检查记录中载明上述情况，以便国务院核安全监管部门进一步做出核实和评价。

第四十条 民用核安全设备监督检查人员在进行监督检查时，应当出示证件，并为被检查单位保守技术秘密和业务秘密。

民用核安全设备监督检查人员不得滥用职权侵犯企业的合法权益，或者利用职务上的便利索取、收受财物。

民用核安全设备监督检查人员不得从事或者参与民用核安全设备经营活动。

【释义】　本条是关于民用核安全设备监督检查人员要求的规定。

监督检查人员必须是经国务院核安全监管部门授权的人员，本条例要求民用核安全设备监督检查人员在执行监督检查任务时应当出示证件以证明其身份。一方面是被检查单位享有知悉监督检查人员身份的权利；另一方面也证明了执法主体是合法的。

由于在民用核安全设备监督检查活动中，监督检查人员可以进入被检查单位的相应场所、查阅和复制有关的文件记录，这些都可能涉及到被检查单位的技术秘密或业务秘密，因此，本条款要求民用核安全设备监督检查人员应当为被检查的单位保守技术秘密和业务秘密，以免由于有关信息被泄漏而损害被检查单位的合法权益。

为保证民用核安全设备监督检查的公平和公正，民用核安全设备监督检查人员不得滥用职权侵犯企业的合法权益，或者利用职务上的便利索取、收受财物。

民用核安全设备监督检查活动是法规框架下的独立活动，是行政执法的一部分，为了确保行政执法的独立性，本条第三款规定监督检查人员不得从事或参与民用核安全设备的经营活动，以避免在此类活动中滋生腐败现象，影响行政执法的公开、公平和公正。

对违反本条规定的核安全设备监督检查人员，将按本条例第四十三条进行处罚。

第四十一条　国务院核安全监管部门发现民用核安全设备设计、制造、安装和无损检验单位有不符合发证条件的情形的，应当责令其限期整改。

【释义】 本条是关于不符合发证条件单位限期整改的规定。

本条例第十二条规定对从事民用核安全设备设计、制造、安装和无损检验单位实施许可制度，同时本条例第十三条规定了申请领取许可证应当具备的 5 项条件，本条的"发证条件"即指在民用核安全设备设计、制造、安装和无损检验单位领取许可证的最终申报文件中所描述的满足本条例第十三条规定的 5 项条件。

由于许可证有效期为 5 年，在此期间很可能会出现持证单位的相关能力已下降，在设计、制造、安装和无损检验活动过程中已不符合本条例第十三条规定条件的情况，国务院核安全监管部门在对持证单位相关民用核安全设备活动的监督检查，许可能力维持情况的检查，对年度评估报告的审查过程中，如果发现民用核安全设备设计、制造、安装和无损检验单位出现人员能力、工作场所、设施、装备、质量管理体系等相关方面不符合原来申请许可证时能力的情况，应当责令其限期整改。依据民用核安全设备设计、制造、安装和无损检验单位的具体情况，如：相关能力已不能满足进行设计、制造、安装和无损检验活动能力要求的单位，国务院核安全监管部门可以责令其在整改期间不得从事相关民用核安全设备活动。

责令限期整改是指国务院核安全监管部门责令民用核安全设备设计、制造、安装和无损检验单位在规定的期限内，对出现不符合发证条件的情形采取整改措施，以重新达到本条例第十三条规定的条件，并报国务院核安全监管部门审查，否则国务院核安全监管部门将按照本条例第五十七条的规定进行处罚。

第四十二条 国务院核行业主管部门应当加强对本行业民用核设施营运单位的管理，督促本行业民用核设施营运单位遵守法律、行政法规和核安全监督管理规定。

【释义】　本条是关于国务院核行业主管部门对本行业民用核设施营运单位管理的规定。

为了充分发挥核行业主管部门的管理作用，确保民用核安全设备质量，本条例进一步明确了国务院核行业主管部门对其本行业民用核设施营运单位的相关管理职责，要求核行业主管部门加强对本行业民用核设施营运单位的管理并督促其严格遵守法律、法规和核安全监督管理规定。

第七章 法律责任

第四十三条 国务院核安全监管部门及其民用核安全设备监督检查人员有下列行为之一的，对直接负责的主管人员和其他直接责任人员，依法给予处分；直接负责的主管人员和其他直接责任人员构成犯罪的，依法追究刑事责任：

（一）不依照本条例规定颁发许可证的；

（二）发现违反本条例规定的行为不予查处，或者接到举报后不依法处理的；

（三）滥用职权侵犯企业的合法权益，或者利用职务上的便利索取、收受财物的；

（四）从事或者参与民用核安全设备经营活动的；

（五）在民用核安全设备监督管理工作中有其他违法行为的。

【释义】 本条是关于国务院核安全监管部门及其民用核安全设备监督检查人员违反本条例应承担的法律责任的规定。

一、法律责任的主体

承担本条规定的法律责任的主体是国务院核安全监管部门及其核安全设备监督检查人员中直接负责的主管人员和其他直接责任人员。

二、承担法律责任的行为

根据条例第四条规定:"国务院核安全监管部门对民用核安全设备设计、制造、安装和无损检验活动实施监督管理。"作为实施监督检查的主体,国务院核安全监管部门在监管过程中如有下列五种行为之一的,应当承担本条规定的法律责任。

1. 不依照本条例的规定颁发许可证的;

本条第（一）项是针对国务院核安全监管部门的。条例第十三条对申请民用核安全设备的设计、制造、安装和无损检验单位应具备的条件进行了明确规定;第十五条明确规定"国务院核安全监管部门应当自受理申请之日起依据国家有关规定完成审批工作。符合条件的,颁发许可证,并予以公告;不符合条件的,不予许可,书面通知申请单位并说明理由",如果国务院核安全监管部门没有按照上述规定向符合条件的民用核安全设备设计、制造、安装和无损检验申请单位颁发许可证,或者向不符合条件的单位颁发了许可证,均构成违法,应当承担相应的法律责任。

2. 发现违反本条例规定的行为不予查处,或者接到举报后不依法处理的;

条例赋予国务院核安全监管部门和监督检查人员对民用核安全设备活动实施监督管理的职责。因此有关监管人员应当严格履行自己的职责,根据条例规定对民用核安全设备活动单位的设计、制造、安装和无损检验等情况进行监督管理,并对违反条例规定的行为予以查处。条例第七条规定"任何单位和个人对违反本条例规定的行为,有权向国务院核安全监管部门举报。国务院核安全监管部门接到举报,应当及时调查处理,并为举报人保密。"如果国务院核安全监管部门及其民用核安全设备监督检查人员发现违反本条例规定的行为时,没有按照本条例的规定,及时进行查处,或者接到报告的国务院核安全监管部门及其民用核安全设备监督检查人员不及时处理,均构成违法,应当承担相应的法律责任。

3. 滥用职权侵犯企业的合法权益，或者利用职务上的便利索取、收受财物的；

本条第（三）项是指违反条例第四十条第二款的情形。条例第四十条第二款明确规定"民用核安全设备监督检查人员不得滥用职权侵犯企业的合法权益，或者利用职务上的便利索取、收受财物"，如果国务院核安全监管部门及其民用核安全设备监督检查人员利用职权，侵犯了企业的合法权益，或者利用职务上的便利索取、收受财物的，均构成违法，应承担相应的法律责任。

4. 从事或者参与民用核安全设备经营活动的；

本条第（四）项是指违反条例第四十条第三款的情形。条例第四十条第三款明确规定"民用核安全设备监督检查人员不得从事或者参与民用核安全设备经营活动"，如果国务院核安全监管部门及其民用核安全设备监督检查人员参与了核安全设备经营等商务性质活动的，均构成违法，应承担相应的法律责任。

5. 在民用核安全设备监督管理工作中有其他违法行为的。

本条第（五）项是针对国务院核安全监管部门及其民用核安全设备监督检查人员在核安全设备监督管理工作中的其他违法行为。本项用以概括本条没有列举但事实上可能出现的违法行为，均应承担相应的法律责任。

三、本条规定的法律责任有两种：一是行政法律责任，二是刑事法律责任。

（一）行政法律责任，也称行政责任，是指因实施违反本条例规定的行为而引起的，由行政机关依法给予制裁的，并且是必须承担的法律后果。行政法律责任分为行政处罚和行政处分。按照本条规定，国务院核安全监管部门及其民用核安全设备监督检查人员实施了本条所列举的五种违法行为，尚不构成犯罪的，应当依法给予行政处分。行政处分，亦称行政纪律处分，是指行政机关内部上级对下级以及监察机关、人事部门按照行政隶属关系，对违反政纪的人员依法给予的一种法律制裁。目前，我国实行公务员制度，对直接负责的主管人员和其他直接责任人员的行政处分应当按照《行政机关公务员处分条例》的规定执行。一般而言，给予行政处分大致分为三种情况：其一，对违法行为较轻，仍能担任现任职务的人员，可以给予警告、记过、记大过、降级处分；其二，对违法行为较重，不宜继续担任现任职务的人员，给予撤职处分；其三，对严重违法失职，屡教不改的，可以给予开除处分。具体给予违法行为人何种处分，应当由其任免单位、监察机关根据不同情况作出。

（二）刑事法律责任，也称刑事责任，是指具有刑事责任能力的人实施了刑事法律所禁止的行为（犯罪行为）所必须承担的法律义务。刑事责任是最严厉的法律责任，必须严格遵循罪行法定的原则执行。条例并没有给出给予完整的犯罪构成形态，参照《放射性污染防治法》第四十八条的规定，本条可能涉及的罪名有受贿罪、滥用职权罪、玩忽职守罪等，是否构成犯罪以及构成何种犯罪，应予何种刑事处罚必须以事实为依据，根据《刑法》的有关规定执行。

1. 关于受贿罪。刑法第三百八十五条规定："国家工作人员利用职务上的便利，索取他人财物的，或者非法收受他人财物，为他人谋取利益的，是受贿罪。""国家工作人员在经济往来中，违反国家规定，收受各种名义的回扣、手续费，归个人所有的，以受贿论处。"

构成此罪须具备以下条件：（1）侵害的客体是国家工作人员职务行为的廉洁性，具体表现为职务行为的不可收买性或者职务行为与物质的不可交换性；（2）本罪的客观方面表现为利用职务上的便利，索取他人财物或者非法收受他人财物，为他人谋取利益的行为。受贿行为既可以表现为索取贿赂，也可以表现为收受贿赂，它们之间只有程度差异，没有本质区别。索取贿赂只需要利用职务上的便利便成立受贿罪，不要求实际具有为他人谋取利益的行为，而收受贿赂则需在实际上具有为他人谋取利益的行为，但谋取的利益是否实现并不影响本罪的成立；（3）本罪的主体必须是国家工作人员，具体到本条而言，是国务院核安全监管部门及其民用核安全设备监督检查人员；（4）受贿罪的主观方面只能是故意。

对本罪的处刑有如下规定：（1）个人受贿数额在十万元以上的，处十年以上有期徒刑或者无期徒刑，可以并处没收财产；情节特别严重的，处死刑，并处没收财产。（2）个人受贿数额在五万元以上不满十万元的，处五年以上有期徒刑，可以并处没收财产；情节特别严重的，处无期徒刑，并处没收财产。（3）个人受贿数额在五千元以上不满五万元的，处一年以上七年以下有期徒刑；情节严重的，处七年以上十年以下有期徒刑。个人受贿数额在五千元以上不满一万元，犯罪后有悔改表现、积极退赃的，可以减轻处罚或者免于刑事处罚，由其所在单位或者上级主管机关给予行政处分。（4）个人受贿数额不满五千元，情节较重的，处二年以下有期徒刑或者拘役；情节较轻的，由其所在单位或者上级主管机关酌情给予行政处分。（5）索贿的从重处罚。

2. 关于滥用职权罪、玩忽职守罪。刑法第三百九十七条第一款规定："国家机关工作人员滥用职权或者玩忽职守，致使公共财产、国家和人民利益遭受重大损失的，处三年以下有期徒刑或者拘役；情节特别严重的，处三年以上七年以下有期徒刑。本法另有规定的，依照规定。"

构成滥用职权罪应具备的主要条件：（1）本罪的客观方面表现为滥用职权、严重不负责任，致使公私财产、国家和人民利益遭受重大损失的行为；（2）滥用职权行为只有当公私财产、国家和人民利益遭受重大损失时，才构成犯罪。

构成玩忽职守罪应具备以下条件：（1）本罪客观方面表现为玩忽职守，致使公私财产、国家和人民利益遭受重大损失的行为；（2）本罪的主体只能是国家机关工作人员，即国务院核安全监管部门及其民用核安全设备监督检查人员；（3）本罪主观方面出于过失，在相当多的情况下，行为人主观上表现为应当履行法定的职责而没有履行，导致了公私财产、国家和人民利益遭受重大损失结果的发生。

第四十四条　无许可证擅自从事民用核安全设备设计、制造、安装和无损检验活动的，由国务院核安全监管部门责令停止违法行为，处50万元以上100万元以下的罚款；有违法所得的，没收违法所得；对直接负责的主管人员和其他直接责任人员，处2万元以上10万元以下的罚款。

【释义】　本条是关于无许可证擅自从事民用核安全设备设计、制造、安装和无损检验活动应承担法律责任的规定。

一、法律责任的主体

承担本条规定的法律责任的主体是无许可证擅自从事民用核安全设备设计、制造、安装和无损检验活动的单位及其直接负责的主管人员和其他直接责任人员。

二、本条所指的违法行为是指违反本条例第十九条第一款规定的情形，条例第十九条第一款明确规定"禁止无许可证擅自从事或者不按照许可证规定的活动种类和范围从事民用核安全设备设计、制造、安装和无损检验活动"，从事民用核安全设备设计、制造、安装和无损检验活动的单位，应必须具备相应的许可证，否则，就违反了本条例的规定，构成违法，应当依法承担本条所规定的相应法律责任。

三、按照本条规定，行使行政处罚权的机关是国务院核安全监管部门。本条规定的行政处罚有：

1. 责令停止违法行为，处 50 万元以上 100 万元以下的罚款，即对无许可证擅自从事民用核安全设备设计、制造、安装和无损检验活动的单位，由国务院核安全监管部门根据本条的规定，责令违法行为人停止其违法行为，并对违法单位进行罚款处罚，处罚数额为 50 万元以上 100 万元以下。

2. 有违法所得的，没收违法所得，即按有关规定对违法行为人在违法活动中所获得的收入全部予以没收，不让违法行为获取经济利益。

3. 对直接负责的主管人员和其他直接责任人员，处 2 万元以上 10 万元以下的罚款，即国务院核安全监管部门将同时追究其相关负责人员的法律责任，对其直接负责的主管人员和其他直接责任人员进行罚款处罚，处罚数额为 2 万元以上 10 万元以下。

第四十五条 民用核安全设备设计、制造、安装和无损检验单位不按照许可证规定的活动种类和范围从事民用核安全设备设计、制造、安装和无损检验活动的，由国务院核安全监管部门责令停止违法行为，限期改正，处 10 万元以上 50 万元以下的罚款；有违法所得的，没收违法所得；逾期不改正的，暂扣或者吊销许可证，对直接负责的主管人员和其他直接责任人员，处 2 万元以上 10 万元以下的罚款。

【释义】 本条是关于持证单位不按照许可证规定的活动种类和范围从事民用核安全设备设计、制造、安装和无损检验活动应承担法律责任的规定。

一、法律责任的主体

承担本条规定的法律责任的主体是不按照许可证规定的活动种类和范围从事民用核安全设备设计、制造、安装和无损检验活动的民用核安全设备设计、制造、安装或者无损检验单位及其直接负责的主管人员和其他直接责任人员。

二、本条所指的违法行为是指违反本条例第十九条第一款规定"禁止无许可证擅自从事或者不按照许可证规定的活动种类和范围从事民用核安全设备设计、制造、安装和无损检验活动",如果要从事许可证规定活动种类和范围外的民用核安全设备设计、制造、安装和无损检验活动,应当按照本条例第十七条第二款的规定重新申请领取许可证后再开始相应活动,否则,就违反了本条例的规定,构成违法,应当依法承担本条所规定的相应法律责任。

三、按照本条规定,行使行政处罚权的机关是国务院核安全监管部门。本条规定的行政处罚有:

1. 限期改正,处10万元以上50万元以下的罚款,即对不按照许可证规定的活动种类和范围从事民用核安全设备设计、制造、安装和无损检验活动的民用核安全设备设计、制造、安装或者无损检验单位,由国务院核安全监管部门根据本条的规定,责令违法行为人限期改正,并对违法单位进行罚款处罚,处罚数额为10万元以上50万元以下。

2. 有违法所得的,没收违法所得,即按有关规定对违法行为人在违法活动中所获得的收入全部予以没收,不让违法行为获取经济利益。

3. 逾期不改正的,暂扣或者吊销许可证,对直接负责的主管人员和其他直接责任人员,处2万元以上10万元以下的罚款,即对于逾期仍未改正的民用核安全设备设计、制造、安装和无损检验单位,国务院核安全监管部门将视情节严重,暂扣或吊销其许可证。同时追究其相关负责人员的法律责任,即对其直接负责的主管人员和其他直接责任人员进行罚款处罚，处罚数额为 2 万元以上 10 万元以下。

第四十六条　民用核安全设备设计、制造、安装和无损检验单位变更单位名称、地址或者法定代表人，未依法办理许可证变更手续的，由国务院核安全监管部门责令限期改正；逾期不改正的，暂扣或者吊销许可证。

【释义】　　本条是关于持证单位未依法办理许可证变更手续应承担法律责任的规定。

一、法律责任的主体

承担本条规定的法律责任的主体是变更单位名称、地址或者法定代表人而未依法办理许可证变更手续的民用核安全设备设计、制造、安装和无损检验单位。

二、本条所指的违法行为是指违反本条例第十七条第一款规定的情形。条例第十七条第一款明确规定"民用核安全设备设计、制造、安装和无损检验单位变更单位名称、地址或者法定代表人的，应当自变更工商登记之日起 20 日内，向国务院核安全监管部门申请办理许可证变更手续"，如果变更单位名称、地址或者法定代表人的民用核安全设备设计、制造、安装或者无损检验单位，未依法办理许可证变更手续，就违反了本条例的规定，构成违法，应当依法承担本条所规定的相应法律责任。

三、按照本条规定，行使行政处罚权的机关是国务院核安全监管部门。本条规定的行政处罚有：

1. 责令限期改正，即由国务院核安全监管部门，对违反本条例规定的民用核安全设备设计、制造、安装和无损检验单位，责令限期改正，要求其在规定的时间内，按照规定向国务院核安全监管部门申请办理许可证变更手续。

2. 逾期不改正的，暂扣或者吊销许可证，即对于逾期仍未按照规定向国务院核安全监管部门申请办理许可证变更手续的民用核安全设备设计、制造、安装和无损检验单位，国务院核安全监管部门将视情节轻重，暂扣或吊销其许可证，吊销许可证是对违法行为人采取的最严重的行政处罚措施。

第四十七条 单位伪造、变造、转让许可证的，由国务院核安全监管部门收缴伪造、变造的许可证或者吊销许可证，处 10 万元以上 50 万元以下的罚款；有违法所得的，没收违法所得；对直接负责的主管人员和其他直接责任人员，处 2 万元以上 10 万元以下的罚款；构成违反治安管理行为的，由公安机关依法予以治安处罚；构成犯罪的，依法追究刑事责任。

【释义】 本条是关于伪造、变造、转让许可证应承担法律责任的规定。

一、法律责任的主体

承担本条规定的法律责任的主体是伪造、变造、转让许可证的单位及其直接负责的主管人员和其他直接责任人。

二、本条是指违反条例第十九条第三款规定的情形。条例第十九条第三款规定"禁止伪造、变造、转让许可证"，因此，伪造、变造、转让许可证的行为违反了本条例的规定，构成违法，应当依法承担相应的法律责任。

三、按照本条规定，行使行政处罚权的机关是国务院核安全监管部门和公安机关。

（一）国务院核安全监管部门有权进行的行政处罚有：

1. 收缴伪造、变造的许可证或者吊销许可证，并处 10 万元以上 50 万元以下的罚款。即对伪造、变造、转让许可证的单位，由国务院核安全监管部门根据本条的规定，收缴其伪造、变造的许可证，并对违法单位进行罚款处罚，处罚数额为 10 万元以上

50 万元以下。

2. 有违法所得的，没收违法所得，即按有关规定对违法行为人在违法活动中所获得的收入全部予以没收，不让违法行为获取经济利益。

3. 对直接负责的主管人员和其他直接责任人员，处 2 万元以上 10 万元以下的罚款，即对于伪造、变造、转让许可证的单位，还要追究其直接负责的主管人员和其他直接责任人员的法律责任，对其的处罚方式为罚款，数额为 2 万元以上 10 万元以下。

（二）构成违反治安管理行为的，由公安机关依法予以治安处罚。这是一条指引性条款，将违反条例规定，并且已经违反治安管理，但尚未构成犯罪的违法行为指引向公安机关，由公安机关依据《治安管理处罚法》和其他有关法律法规进行处罚。违反治安管理的行为一般指扰乱社会秩序，妨害公共安全，侵犯公民人身权利，侵犯公私财产，尚不够刑事处罚的行为。

四、构成犯罪的，依法追究刑事责任。

本条规定，对构成犯罪的要依法追究刑事责任。本条可能涉及的刑事责任主要是指《刑法》第二百八十条规定的伪造国家机关证件罪。《刑法》第二百八十条规定："伪造、变造、买卖或者盗窃、抢夺、毁灭国家机关的公文、证件、印章的，处三年以下有期徒刑、拘役、管制或者剥夺政治权利；情节严重的，处三年以上十年以下有期徒刑。"

伪造国家机关证件罪的犯罪构成包括四个方面：一是该罪的主体是一般主体，即凡是达到法定刑事责任年龄、具有刑事责任能力的人均可构成该罪。二是该罪侵犯的客体是国家机关的正常管理活动和信誉。国务院核安全监管部门制作的许可证和批准文件是其在民用核安全设备设计、制造、安装和无损检验活动中实行许可管理的唯一凭证。伪造、变造、转让许可证和批准文件的行为会影响其正常管理活动，损害其名誉。三是该罪在主观方面只能出于直接故意，间接故意或过失不构成该罪。四是该罪在客观方面表现为行为人具有伪造、变造、转让许可证和批准文件的行为。以上四个构成要件，缺一不可，否则就不构成该罪。本罪不要求造成严重后果。

第四十八条 民用核安全设备设计、制造、安装和无损检验单位未按照民用核安全设备标准进行民用核安全设备设计、制造、安装和无损检验活动的，由国务院核安全监管部门责令停止违法行为，限期改正，禁止使用相关设计、设备，处10万元以上50万元以下的罚款；有违法所得的，没收违法所得；逾期不改正的，暂扣或者吊销许可证，对直接负责的主管人员和其他直接责任人员，处2万元以上10万元以下的罚款。

【释义】 本条是关于未按照民用核安全设备标准进行相关活动应承担法律责任的规定。

一、法律责任的主体

承担本条规定的法律责任的主体是未按照民用核安全设备标准进行民用核安全设备设计、制造、安装和无损检验活动的民用核安全设备设计、制造、安装或者无损检验单位及其直接负责的主管人员和其他直接责任人员。

二、本条所指的违法行为是指违反本条例第八条规定的情形。条例第八条明确规定"民用核安全设备标准是从事民用核安全设备设计、制造、安装和无损检验活动的技术依据"，如果在民用核安全设备设计、制造、安装和无损检验活动中，民用核安全设备设计、制造、安装和无损检验单位没有遵循民用核安全设备标准，就违反了本条例的规定，构成违法，应当依法承担本条所规定的相应法律责任。

三、按照本条规定，行使行政处罚权的机关是国务院核安全监管部门。本条规定的行政处罚有：

1. 责令停止违法行为，限期改正，禁止使用相关设计、设备，处10万元以上50万元以下的罚款，即由国务院核安全监管部门，对违反本条例规定的民用核安全设备设计、制造、安装和无损检验单位，责令违法行为人停止相关违法活动，并限期改正，并且禁止使用其未按照民用核安全设备标准产生的相关设计或设备，同时进行罚款处罚，处罚数额为10万元以上50万元以下。

2. 有违法所得的，没收违法所得，即按有关规定对违法行为人在违法活动中所获得的收入全部予以没收，不让违法行为获取经济利益。

3. 逾期不改正的，暂扣或者吊销许可证，对直接负责的主管人员和其他直接责任人员，处2万元以上10万元以下的罚款，即对于逾期仍未改正的民用核安全设备设计、制造、安装和无损检验单位，国务院核安全监管部门将视情节严重，暂扣或吊销其许可证。同时追究其相关负责人员的法律责任，即对其直接负责的主管人员和其他直接责任人员进行罚款处罚，处罚数额为2万元以上10万元以下。

第四十九条 民用核安全设备设计、制造、安装和无损检验单位有下列行为之一的，由国务院核安全监管部门责令停止违法行为，限期改正，处10万元以上50万元以下的罚款；逾期不改正的，暂扣或者吊销许可证，对直接负责的主管人员和其他直接责任人员，处2万元以上10万元以下的罚款：

（一）委托未取得相应许可证的单位进行民用核安全设备设计、制造、安装和无损检验活动的；

（二）聘用未取得相应资格证书的人员进行民用核安全设备焊接和无损检验活动的；

（三）将国务院核安全监管部门确定的关键工艺环节分包给其他单位的。

【释义】　本条是关于民用核安全设备设计、制造、安装和无损检验单位未按规定进行分包活动或聘用有资格人员时应承担法律责任的规定。

一、按照本条规定，民用核安全设备设计、制造、安装和无损检验单位具有以下三种情形之一时，应当承担本条规定的法律责任：

1. 委托未取得相应许可证的单位进行民用核安全设备设计、制造、安装和无损检验活动的；

本条第（一）项所指的违法行为是指违反本条例第十九条第二款规定的情形。条例第十九条第二款明确规定"禁止委托未取得相应许可证的单位进行民用核安全设备设计、制造、安装和无损检验活动"，民用核安全设备设计、制造、安装和无损检验单位在确定其分包方时，对于按照本条例规定，需要取得许可证的民用核安全设备设计、制造、安装和无损检验活动项目，没有按照本条例的规定选择有相应许可证的单位，即委托没有相应许可证的单位从事有关的民用核安全设备设计、制造、安装和无损检验活动，即违反了本条例的规定，构成违法，应当依法承担相应的法律责任。

2. 聘用未取得相应资格证书的人员进行民用核安全设备焊接和无损检验活动的；

本条第（二）项所指的违法行为是指违反本条例第二十五条第一款规定的情形。条例第二十五条第一款明确规定"民用核安全设备制造、安装、无损检验单位和民用核设施营运单位，应当聘用取得民用核安全设备焊工、焊接操作工和无损检验人员资格证书的人员进行民用核安全设备焊接和无损检验活动"，民用核安全设备制造、安装、无损检验单位在相应的活动中，如果聘用了未取得相应资格证书的人员进行了民用核安全设备焊接和无损检验活动，即违反了本条例的规定，构成违法，应当依法承担相应的法律责任。

3. 将国务院核安全监管部门确定的关键工艺环节分包给其他单位的。

本条第（三）项所指的违法行为是指违反本条例第二十四条规定的情形。条例第二十四条明确规定"民用核安全设备设计、制造、安装和无损检验单位，不得将国务院核安全监管部门确定的关键工艺环节分包给其他单位"，民用核安全设备制造、安装、无损检验单位在相应活动过程中，如果将国务院核安全监管部门确定的关键工艺环节分包给了其他单位，即违反了本条例的规定，构成违法，应当依法承担相应的法律责任。

二、按照本条规定，行使行政处罚权的机关是国务院核安全监管部门。本条规定的行政处罚有：

1. 责令停止违法行为，限期改正，处 10 万元以上 50 万元以下的罚款，即由国务院核安全监管部门对违反本条例规定具有上述三种行为之一的民用核安全设备设计、制造、安装和无损检验单位，责令违法行为人停止相应的违法行为，并责令其限期改正，同时进行罚款处罚，处罚数额为 10 万元以上 50 万元以下。

2. 逾期不改正的，暂扣或者吊销许可证，即违反本条例规定具有上述三种行为之一的民用核安全设备设计、制造、安装和无损检验单位，逾期仍不改正的，将视情节严重，暂扣或吊销其许可证，吊销许可证是对违法行为人采取的最严重的行政处罚措施。同时追究其相关负责人员的法律责任，即对其直接负责的主管人员和其他直接责任人员进行罚款处罚，处罚数额为 2 万元以上 10 万元以下。

第五十条　民用核安全设备设计、制造、安装和无损检验单位对本单位在民用核安全设备设计、制造、安装和无损检验活动中出现的重大质量问题，未按照规定采取处理措施并向国务院核安全监管部门报告的，由国务院核安全监管部门责令停止民用核安全设备设计、制造、安装和无损检验活动，限期改正，处 5 万元以上 20 万元以下的罚款；逾期不改正的，暂扣或者吊销许可证，对直接负责的主管人员和其他直接责任人员，处 2 万元以上 10 万元以下的罚款。

【释义】　本条是关于持证单位出现重大问题时未按条例规定执行应承担法律责任的规定。

一、本条所指的违法行为是指违反本条例第三十条第三款规定的情形。条例第三十条第三款明确规定"民用核安全设备设计、制造、安装和无损检验单位对本单位在民用核安全设备设计、制造、安装和无损检验活动中出现的重大质量问题，应当立即采取处理措施，并向国务院核安全监管部门报告"，如果对于在民用核安全设备设计、制造、安装和无损检验活动中出现的重大质量问题，民用核安全设备设计、制造、安装和无损检验单位没有立即采取相应的处理措施，或者没有及时向国务院核安全监管部门报告，均违反了本条例的规定，构成违法，应当依法承担本条所规定的相应法律责任。

二、按照本条规定，行使行政处罚权的机关是国务院核安全监管部门。本条规定的行政处罚有：

1. 责令停止民用核安全设备设计、制造、安装和无损检验活动，限期改正，处 5 万元以上 20 万元以下的罚款，即由国务院核安全监管部门，对违反本条例规定的民用核安全设备设计、制造、安装和无损检验单位，责令违法行为人停止相关活动，并限期改正，同时进行罚款处罚，处罚数额为 5 万元以上 20 万元以下。

2. 逾期不改正的，暂扣或者吊销许可证，对直接负责的主管人员和其他直接责任人员，处 2 万元以上 10 万元以下的罚款。即对于逾期仍未对出现的重大质量问题采取处理措施，或未向国务院核安全监管部门上报的民用核安全设备设计、制造、安装和无损检验单位，国务院核安全监管部门将视情节严重，暂扣或吊销其许可证。同时追究其相关负责人员的法律责任，即对其直接负责的主管人员和其他直接责任人员进行罚款处罚，处罚数额为 2 万元以上 10 万元以下。

第五十一条 民用核安全设备设计、制造、安装和无损检验单位有下列行为之一的，由国务院核安全监管部门责令停止民用核安全设备设计、制造、安装和无损检验活动，限期改正；逾期不改正的，处 5 万元以上 20 万元以下的罚款，暂扣或者吊销许可证：

（一）未按照规定编制项目质量保证分大纲并经民用核设施营运单位审查同意的；

（二）在民用核安全设备设计、制造和安装活动开始前，未按照规定将有关文件报国务院核安全监管部门备案的；

（三）未按照规定进行年度评估并向国务院核安全监管部门提交评估报告的。

【释义】 本条是关于民用核安全设备设计、制造、安装和无损检验单位未按规定编制、提交相关文件时应承担法律责任的规定。

一、按照本条规定，民用核安全设备设计、制造、安装和无损检验单位具有以下三种情形之一时，应当承担本条规定的法律责任：

1. 未按照规定编制项目质量保证分大纲并经民用核设施营运单位审查同意。

本条第（一）项所指的违法行为是指违反本条例第二十一条规定的情形。条例第二十一条规定"民用核安全设备设计、制造、安装和无损检验单位，应当根据其质量保证大纲和民用核设施营运单位的要求，在民用核安全设备设计、制造、安装和无损检验活动开始前编制项目质量保证分大纲，并经民用核设施营运单位审查同意"，民用核安全设备设计、制造、安装和无损检验单位如果在相应的活动开始前，没有编制项目质量保证分大纲并经民用核设施营运单位审查同意，即违反了条例第二十一条的规定，构成违法，应当依法承担相应的法律责任。

2. 在民用核安全设备设计、制造和安装活动开始前，未按照规定将有关文件报国务院核安全监管部门备案。

本条第（二）项所指的违法行为是指违反本条例第二十二条和第二十三条规定的情形。条例第二十二条对民用核安全设备设计单位在设计活动开始30日前，应当报国务院核安全监管部门备案的文件进行了规定，而条例第二十三条则对民用核安全设备制造、安装单位，应当在制造、安装活动开始30日前，报国务院核安全监管部门备案的文件进行了规定。民用核安全设备设计、制造、安装单位必须按照条例第二十二条和第二十三条的规定，在相应的核安全设备活动开始之前，将相应的文件报国务院核安全监管部门备案，否则，即构成违法，应当依法承担相应的法律责任。

3. 未按照规定进行年度评估并向国务院核安全监管部门提

交评估报告。

本条第（三）项所指的违法行为是指违反本条例第三十条第一和第二款规定的情形。条例第三十条第一款规定"民用核安全设备设计、制造、安装和无损检验单位，应当对本单位所从事的民用核安全设备设计、制造、安装和无损检验活动进行年度评估，并于每年 4 月 1 日前向国务院核安全监管部门提交上一年度的评估报告"。如果在每年的 4 月 1 日前，民用核安全设备设计、制造、安装和无损检验单位没有向国家核安全局提交年度评估报告，则违反了本条例的规定，构成了违法，应当依法承担相应的法律责任。

二、按照本条规定，行使行政处罚权的机关是国务院核安全监管部门。本条规定的行政处罚有：

1. 责令停止民用核安全设备设计、制造、安装和无损检验活动，限期改正，即由国务院核安全监管部门，对违反本条例规定具有上述三种行为之一的民用核安全设备设计、制造、安装和无损检验单位，责令违法行为人停止相关活动，并限期改正，责令违法行为人限期提交要求的相关文件。

2. 逾期不改正的，处 5 万元以上 20 万元以下的罚款，暂扣或者吊销许可证，即对于在限期整改期限内未按要求提交相关文件的民用核安全设备设计、制造、安装和无损检验单位，国务院核安全监管部门将给予罚款处罚，处罚数额为 5 万元以上 20 万元以下。同时，视情节轻重，暂扣或吊销其许可证，吊销许可证是对违法行为人采取的最严重的行政处罚措施。

第五十二条　民用核安全设备无损检验单位出具虚假无损检验结果报告的，由国务院核安全监管部门处 10 万元以上 50 万元以下的罚款，吊销许可证；有违法所得的，没收违法所得；对直接负责的主管人员和其他直

98

接责任人员，处2万元以上10万元以下的罚款；构成犯罪的，依法追究刑事责任。

【释义】 本条是关于民用核安全设备无损检验单位违反条例规定应承担法律责任的规定。

一、法律责任的主体

承担本条规定的法律责任的主体是出具虚假无损检验结果报告的民用核安全设备无损检验单位及其直接负责的主管人员和其他直接责任人员。

二、本条所指的违法行为是指违反本条例第二十六条规定的情形。条例第二十六条明确规定"民用核安全设备无损检验单位应当客观、准确地出具无损检验结果报告。无损检验结果报告经取得相应资格证书的无损检验人员签字方为有效。民用核安全设备无损检验单位和无损检验人员对无损检验结果报告负责"。如果民用核安全设备无损检验单位出具了虚假无损检验结果，就违反了本条例第二十六条"民用核安全设备无损检验单位应当客观、准确出具无损检验结果报告"的规定，构成违法，应当依法承担相应的法律责任。

三、按照本条规定，行使行政处罚权的机关是国务院核安全监管部门。本条规定的行政处罚有：

1. 处10万元以上50万元以下的罚款，吊销许可证，即对出具虚假无损检验结果报告的民用核安全设备无损检验单位，国务院核安全监管部门将吊销其许可证，并进行罚款，处罚数额为10万元以上50万元以下。

2. 有违法所得的，没收违法所得，即按有关规定对违法行为人在违法活动中所获得的收入全部予以没收，不让违法行为获取经济利益。

3. 对直接负责的主管人员和其他直接责任人员，处2万元以上 10 万元以下的罚款，即对出具虚假无损检验结果报告的民用核安全设备无损检验单位，还将追究其相关人员的法律责任，其直接负责的主管人员和其他直接责任人员也要被给予相应的行政处罚，处罚方式为罚款，处罚数额为 2 万元以上 10 万元以下。

四、本条规定，对构成犯罪的要依法追究刑事责任。本条可能涉及的刑事责任主要是指《刑法》第 229 条规定的提供虚假证明文件罪或出具证明文件重大失实罪。《刑法》第 229 条规定：承担资产评估、验资、验证、会计、审计、法律服务等职责的中介组织的人员故意提供虚假证明文件，情节严重的，处五年以下有期徒刑或者拘役，并处罚金。前款规定的人员，索取他人财物或者非法收受他人财物，犯前款罪的，处五年以上十年以下有期徒刑，并处罚金。第一款规定的人员，严重不负责任，出具的证明文件有重大失实，造成严重后果的，处三年以下有期徒刑或者拘役，并处或者单处罚金。

第五十三条　民用核安全设备焊工、焊接操作工违反操作规程导致严重焊接质量问题的，由国务院核安全监管部门吊销其资格证书。

【释义】　本条是关于民用核安全设备焊工、焊接操作工违反操作规程导致严重焊接质量问题应承担法律责任的规定。

一、条例第二十五条第三款规定"民用核安全设备焊工、焊接操作工和无损检验人员在民用核安全设备焊接和无损检验活动中，应当严格遵守操作规程"，民用核安全设备焊工、焊接操作工如果没有遵守操作规程进行焊接活动，就是违反了本条例的规定，要对所导致的严重焊接质量问题，承担相应的法律责任。

二、按照本条规定，行使行政处罚权的机关是国务院核安全监管部门。条例第二十五条第二款规定"民用核安全设备焊工、焊接操作工由国务院核安全监管部门核准颁发资格证书"，因此，只有颁发民用核安全设备焊工、焊接操作工资格证书的国务院核安全监管部门，才有权力吊销其资格证书。

三、本条规定的行政处罚为吊销其资格证书。

第五十四条 民用核安全设备无损检验人员违反操作规程导致无损检验结果报告严重错误的，由国务院核行业主管部门吊销其资格证书，或者由国务院核安全监管部门责令其停止民用核安全设备无损检验活动并提请国务院核行业主管部门吊销其资格证书。

【释义】 本条是关于民用核安全设备无损检验人员违反操作规程导致无损检验结果报告严重错误应承担法律责任的规定。

一、条例第二十五条第三款规定"民用核安全设备焊工、焊接操作工和无损检验人员在民用核安全设备焊接和无损检验活动中，应当严格遵守操作规程"，因此，民用核安全设备无损检验人员如果没有遵守操作规程进行无损检验活动，就是违反了本条例的规定，造成严重后果的，应承担相应的法律责任。

二、按照本条规定，行使行政处罚权的机关是国务院核行业主管部门及国务院核安全监管部门。

条例第二十五条第二款规定"民用核安全设备无损检验人员由国务院核行业主管部门按照国务院核安全监管部门的规定统一组织考核，经国务院核安全监管部门核准，由国务院核行业主管部门颁发资格证书"，因此，只有颁发民用核安全设备无损检验人员资格许可证的国务院核行业主管部门，才有权力吊销其资格许可证。

三、本条规定的行政处罚有责令其停止民用核安全设备无损检验活动和吊销其资格证书两种方式。在发现民用核安全设备无损检验人员的违规行为后，国务院核行业主管部门可以直接吊销其资格证书；国务院核安全监管部门可以责令其停止民用核安全设备无损检验活动，并提请国务院核行业主管部门吊销其资格证书。

第五十五条　民用核安全设备设计单位未按照规定进行设计验证，或者民用核安全设备制造、安装单位未按照规定进行质量检验以及经检验不合格即交付验收的，由国务院核安全监管部门责令限期改正，处10万元以上50万元以下的罚款；有违法所得的，没收违法所得；逾期不改正的，吊销许可证，对直接负责的主管人员和其他直接责任人员，处2万元以上10万元以下的罚款。

【释义】　本条是关于民用核安全设备设计单位未按规定进行设计验证或者民用核安全设备制造、安装单位未按规定进行质量检验以及经检验不合格即交付验收应承担法律责任的规定。

一、法律责任的主体

承担本条规定的法律责任的主体有两类，一是未按照规定进行设计验证的民用核安全设备设计单位及其直接负责的主管人员和其他直接责任人员，二是未按照规定进行质量检验以及经检验不合格即交付验收的民用核安全设备制造、安装单位及其直接负责的主管人员和其他直接责任人员。

二、本条所指的违法行为是指违反本条例第二十七条和第二十八条规定的情形。条例第二十七条明确规定"民用核安全设备设计单位应当对其设计进行设计验证。设计验证由未参与原设计的专业人员进行。设计验证可以采用设计评审、鉴定试验或者不同于设计中使用的计算方法的其他计算方法等形式"，如果民用核安全设备设计单位没有对其设计进行设计验证，或者进行设计验证的人员是参与了原设计的专业人员，或者没有采用条例规定的方法进行设计验证，就违反了本条例第二十七条的规定，构成违法，应当依法承担相应的法律责任。

条例第二十八条对民用核安全设备制造、安装单位的检验交付进行了规定，即"民用核安全设备制造、安装单位应当对民用核安全设备的制造、安装质量进行检验。未经检验或者经检验不合格的，不得交付验收"，如果民用核安全设备制造、安装单位没有对所制造、安装的民用核安全设备质量进行检验就进行了交付验收，或者对经检验不合格的民用核安全设备进行了交付验收，均违反了条例的规定，构成违法，应当依法承担相应的法律责任。

三、按照本条规定，行使行政处罚权的机关是国务院核安全监管部门。本条规定的行政处罚有：

1. 责令限期改正，处 10 万元以上 50 万元以下的罚款，有违法所得的，没收违法所得，即由国务院核安全监管部门对违反本条例规定的民用核安全设备设计、制造、安装单位，责令违法行为人限期改正，并进行罚款，处罚数额为 10 万元以上 50 万元以下，同时，没收违法所得。

2. 逾期不改正的，吊销许可证，即对于逾期不改正的民用核安全设备设计、制造、安装单位，将吊销其许可证，吊销许可证是对违法行为人采取的最严重的行政处罚措施。同时，对直接负责的主管人员和其他直接责任人员，处 2 万元以上 10 万元以下的罚款。

第五十六条 民用核设施营运单位有下列行为之一的，由国务院核安全监管部门责令限期改正，处 100 万元以上 500 万元以下的罚款；逾期不改正的，吊销其核设施建造许可证或者核设施运行许可证，对直接负责的主管人员和其他直接责任人员，处 2 万元以上 10 万元以下的罚款：

（一）委托未取得相应许可证的单位进行民用核安全设备设计、制造、安装和无损检验活动的；

（二）对不能按照质量保证要求证明质量受控，或者出现重大质量问题未处理完毕的民用核安全设备予以验收通过的。

【释义】　本条是关于民用核设施营运单位违反条例规定应承担法律责任的规定。

一、按照本条规定，核设施营运单位有下列两种行为之一的，应当承担本条规定的法律责任：

1. 委托未取得相应许可证的单位进行民用核安全设备设计、制造、安装和无损检验活动。

本条第（一）项所指的违法行为是指违反本条例第十九条第二款规定的情形。条例第十九条第二款明确规定"禁止委托未取得相应许可证的单位进行民用核安全设备设计、制造、安装和无损检验活动"，民用核设施营运单位如果委托没有相应许可证的单位从事了与其所属核设施有关的核设备设计、制造、安装和无损检验活动，即违反了本条例的规定，构成违法，应当依法承担相应的法律责任。

2. 对不能按照质量保证要求证明质量受控，或者出现重大质量问题未处理完毕的民用核安全设备予以验收通过。

本条第（二）项所指的违法行为是指违反本条例第二十九条规定的情形。条例第二十九条明确规定"民用核设施营运单位应当对民用核安全设备质量进行验收。有下列情形之一的，不得验收通过：（一）不能按照质量保证要求证明质量受控的；（二）出现重大质量问题未处理完毕的"。民用核设施营运单位如果验收通过了不能按照质量保证要求证明质量受控，或者出现重大质量问题未处理完毕的民用核安全设备，即违反了本条例的规定，构成违法，应当依法承担相应的法律责任。

二、按照本条规定，行使行政处罚权的机关是国务院核安全监管部门。本条规定的行政处罚有：

1. 责令限期改正，处 100 万元以上 500 万元以下的罚款，即由国务院核安全监管部门对违反本条例规定，有上述两种行为之一的民用核设施营运单位，责令违法行为人限期改正，并进行罚款，处罚数额为 100 万元以上 500 万元以下。

2. 逾期不改正的，吊销其核设施建造许可证或者核设施运行许可证，即对于逾期不改正的民用核设施营运单位，将吊销其核设施建造许可证或者核设施运行许可证，吊销核设施建造许可证或者核设施运行许可证是对违法行为人采取的最严重的行政处罚措施。同时对直接负责的主管人员和其他直接责任人员，处 2 万元以上 10 万元以下的罚款。

第五十七条 民用核安全设备设计、制造、安装和无损检验单位被责令限期整改，逾期不整改或者经整改仍不符合发证条件的，由国务院核安全监管部门暂扣或者吊销许可证。

【释义】 本条是关于限期整改仍不符合发证条件应承担法律责任的规定。

一、本条是针对违反本条例第四十一条的规定设定的行政处罚，由于许可证有效期为 5 年，在此期间很可能会出现持证单位的相关能力已下降，在设计、制造、安装和无损检验活动中已不符合原发证条件的情况，因此，第四十一条规定"国务院核安全监管部门发现民用核安全设备设计、制造、安装和无损检验单位有不符合发证条件的情形的，应当责令其限期整改"。对违反第四十一条规定，即逾期不整改或者经整改仍不符合发证条件的，本条规定由国务院核安全监管部门暂扣或者吊销许可证。

二、实施本条行政处罚的主体是原发证机关，即国务院核安全监管部门。处罚措施是暂扣或者吊销许可证，具体处罚力度由国务院和安全监管部门视情节轻重而定。

第五十八条 拒绝或者阻碍国务院核安全监管部门及其派出机构监督检查的，由国务院核安全监管部门责令限期改正；逾期不改正或者在接受监督检查时弄虚作假的，暂扣或者吊销许可证。

【释义】 本条是关于拒绝或者阻碍国务院核安全监管部门及其派出机构监督检查，逾期不改正或者在接受监督检查时弄虚作假的民用核安全设备设计、制造、安装或者无损检验单位应承担法律责任的规定。

一、条例第三十七条要求国务院核安全监管部门及其派出机构，依照本条例规定对民用核安全设备设计、制造、安装和无损检验活动进行监督检查，同时条例第三十八条明确规定："国务院核安全监管部门及其派出机构在进行监督检查时，有权向被检查单位的法定代表人和其他有关人员调查、了解情况；有权进入被检查单位进行现场调查或者核查；有权查阅、复制相关文件、记录以及其他有关资料；有权要求被检查单位提交有关情况说明或者后续处理报告；有权对有证据表明可能存在重大质量问题的民用核安全设备或者其主要部件，予以暂时封存。被检查单位应当予以配合，如实反映情况，提供必要资料，不得拒绝和阻碍"。

按照上述条款的规定，核安全设备的设计、制造、安装和无损检验单位，在国务院核安全监管部门及其派出机构进行监督检查时，如果拒绝或者阻碍检查、逾期不改正或者在接受监督检查时弄虚作假，即违反了本条例的规定，构成违法，将依法承担行政法律责任。

二、按照本条规定，行使行政处罚权的机关是国务院核安全

106

监管机构。本条规定的行政处罚为：对于拒绝或者阻碍监督检查的，责令限期改正；逾期不改正或者在接受监督检查时弄虚作假的，将视情节的严重程度，暂扣或者吊销许可证。

第五十九条 违反本条例规定，被依法吊销许可证的单位，自吊销许可证之日起1年内不得重新申请领取许可证。

【释义】 本条是关于被吊销许可证的单位重新申请许可证的期限的规定。

本条是对民用核安全设备设计、制造、安装和无损检验单位不履行在申请许可证时的承诺、违反许可管理有关要求并被给予吊销许可证的行政处罚后，对其再申请许可证的限制性规定，即该单位在被吊销许可证后的1年期限内，无资格再次提出领取许可证的申请，国务院核安全监管部门在此期限内也不再受理该单位的许可申请。目的是让被处罚单位有足够的时间进行反思，针对被处罚的原因进行总结分析，并采取相应的纠正措施，使得本单位的质量保证能力、技术储备、人员及装备能力等能够达到持证的要求。

条例第三章"许可"对民用核安全设备设计、制造、安装和无损检验单位如何申请领取（包括延续）、变更或者注销许可证并必须按照许可证的规定从事活动作了明确规定。在第七章"法律责任"中，第四十五条、第四十六条、第四十八条、第四十九条、第五十条、第五十一条、第五十二条、第五十五条、第五十七条、第五十八条等对不按照许可证规定从事民用核安全设备设计、制造、安装和无损检验或不遵守其他有关许可管理要求的行为，明确规定了相应的行政处罚，如罚款、责令限期改正等，逾期不改正的，由原发证机关暂扣或吊销许可证等。

承担本条规定的责任主体是由于违反本条例规定而被依法吊

销许可证的单位，规定的时间限制为1年，起始日期为被吊销许可证当日。即民用核安全设备设计、制造、安装和无损检验许可证持证单位，一旦由于违反本条例的规定，被依法吊销了许可证，必须在被吊销许可证之日起满一年后，才能够重新申请领取许可证，否则，国务院核安全监管部门依据本条款的规定，有权拒绝其申请。

第八章 附　　则

　　第六十条　申请领取民用核安全设备设计、制造、安装或者无损检验许可证的单位，应当按照国家有关规定缴纳技术评审的费用。

　　【释义】　本条是关于民用核安全设备设计、制造、安装或者无损检验许可证申请单位缴纳技术审查费用的规定。

　　许可的行政受理和批准是国务院核安全监管部门的行政工作范畴，不收取费用；本条例第十五条规定"国务院核安全监管部门在审查过程中，应当组织专家进行技术评审"，专家的技术评审属于服务范畴，技术评审服务应收取费用。这些费用应该由相应的申请单位按照国家的有关规定缴纳。

　　具体收费方法，应按照国家相关规定执行。

　　第六十一条　本条例下列用语的含义：

　　（一）核安全机械设备，包括执行核安全功能的压力容器、钢制安全壳（钢衬里）、储罐、热交换器、泵、风机和压缩机、阀门、闸门、管道（含热交换器传热管）和管配件、膨胀节、波纹管、法兰、堆内构件、控制棒驱动机构、支承件、机械贯穿件以及上述设备的铸锻件等。

　　（二）核安全电气设备，包括执行核安全功能的传感器（包括探测器和变送器）、电缆、机柜（包括机箱和机架）、控制台屏、显示仪表、应急柴油发电机组、蓄电池（组）、电动机、阀门驱动装置、电气贯穿件等。

【释义】 本条是关于核安全机械设备和核安全电气设备范围的界定。

民用核安全设备的范围原则上为本条款规定的（但不限于）核安全机械设备和核安全电气设备中所给出的设备类别。

具体许可范围的设备类别和名称目录按照本条例第二条第二款的规定由国务院核安全监管部门商国务院有关部门制定并发布。

第六十二条　本条例自2008年1月1日起施行。

【释义】 本条是关于《民用核安全设备监督管理条例》生效日期的规定。

法的生效日期是任何一部法律、法规都要涉及的，在其正式通过以后，就产生在什么时间内有效、在什么地域范围内有效、对什么人有效的问题。这些问题构成了法的效力的三个方面：时间效力、空间效力和对人效力。其中，法的生效日期是关于法的时间效力问题的规定。

法的时间效力分为何时开始生效、何时效力终止和有无溯及力3个问题。任何法律都必须规定开始生效的时间，施行日期是法律得以实施必不可少的条件。《立法法》第五十一条明确要求："法律应当明确规定施行日期。"法律施行日期一般有两种主要表达方式：一是在条文中直接规定："本法自×年×月×日起施行"；二是在条文中不直接规定具体的生效日期，而是规定自公布之日起施行。本条例采用的是第一种方式，即直接规定自2008年1月1日起施行。本条例的公布时间是2007年7月11日，施行时间则为2008年1月1日，其间相隔了近6个月。之所以施行日期同公布日期有一定时间的间隔，主要考虑法律自身性质和实施法律应做的准备工作需要时间：一是《民用核安全设备监督管理条例》所规定的一些制度与措施的实施还需要做一定的准备；二是需要加强相关各级管理部门及其相关工作人员对《民用核安全设备监督管理条例》的学习和培训，为本条例的正式实施创造良好的条件；三是有关部门还需要大力开展法律的宣传教育工作，使相关单位和公众对该法能够了解、学习、掌握与遵守。2008年1月1日本条例正式生效后，有关单位和个人都要严格遵守本条例，按照本条例的规定办事，有关部门尤其是主管部门要认真、严格地执行本条例，做守法、执法的模范，对于违反本条例的行为，主管部门要依法予以惩处，维护本条例的权威和尊严。

附

关于《民用核安全设备监督管理条例》编制说明

一、立法的必要性

1992年以来，国家核安全局与原机械电子工业部、能源部联合发布了《民用核承压设备安全监督管理规定》、《民用核承压设备安全监督管理规定实施细则》、《民用核承压设备无损检验人员培训、考核和取证管理办法》、《民用核承压设备焊工及焊接操作工培训、考试和取证管理办法》等部门规章。十余年核承压设备的监管经验表明：对核承压设备的许可监管，不仅规范了民用核设施核承压设备的生产管理，也规范了设备采购控制；从根本上避免了核承压设备设计、制造和安装单位的低水平竞争，其管理成效也得到业主的广泛认可。但作为民用核承压设备国家监管的法律依据文件，由于其法律地位以及当时制定这些部门规章的历史背景等原因，其中所规定的监管范围、监管方式和职责分工等等已经无法满足目前以及今后国家对于民用核安全设备的监督管理需要。

1998年政府机构和职能调整后，原部门规章中涉及的主管部门已不存在，国务院在机构调整"三定"方案中，将民用核承压设备监督管理的政府职能划归给国家核安全局。原部门规章中有关管理部门职责的规定已不适应政府机构改革和职能调整后的管理需要。

2003 年 8 月 27 日国务院颁布并于 2004 年 7 月 1 日实施的《行政许可法》第十四条明确规定"本法第十二条所列事项，法律可以设定行政许可。尚未制定法律的，行政法规可以设定行政许可。必要时，国务院可以采用发布决定的方式设定行政许可。实施后，除临时性许可事项外，国务院应当及时提请全国人民代表大会及其常务委员会制定法律，或者自行制定行政法规。"《行政许可法》颁布以后，2004 年 6 月 29 日国务院发布了《国务院对确需保留的行政审批项目设定行政许可的决定》（国务院令第 412 号），将 HAF600 系列部门规章中规定的民用核承压设备设计、制造、安装许可和民用核承压设备焊接和无损检验人员的资格许可，列为国务院决定保留的行政许可项目，并由国家核安全局负责实施管理。

作为核设施主要组成部分的民用核安全设备的任何故障都可能带来严重的放射性释放后果，人类和平利用核能历史上较早发生的一起严重事故——美国三哩岛事故的主要原因即是民用核安全设备故障导致的。在我国仅仅约几十堆年左右的核设施运行历史中，也曾发生过多起因设备设计、制造或维护不当而导致的重大事件，如秦山二期反应堆压力容器安全端事件以及田湾核电站主设备质量事件等，虽然这些事件最后都得到了解决，但给国家带来了很大的经济损失。

目前，我国已进入核电发展和设备国产化的高峰，为促进核能事业的顺利发展，防止核事故的发生，有必要采取措施加强对民用核安全设备活动的国家监管，在"源头"上将不安全的隐患消除，为核设施的安全运行奠定坚实的基础。编制《民用核安全设备监督管理条例》，从法律的层面上总结既往工作经验，固化以前行之有效的工作方法，是从广度和深度方面全面加强民用核安全设备管理的有效的手段之一。

目前世界上许多国家都建有核设施，尽管各国家间国情差异很大，但鉴于民用核安全设备的重要性，各国政府均对民用核安全设备的设计、生产过程给予高度重视，并对其生产和使用过程采取了各自不同的监管方式。

鉴于以上原因，制订并由国务院发布民用核安全设备监督管理条例已成为迫切需求，同时也是执行国家行政许可法的需要，该条例的制定依据充分，时机得当。

二、条例起草过程

国家环境保护总局（国家核安全局）自2003年底组织开展本条例的编写工作。在条例的起草过程中，编写人员主要掌握以下原则：以目前的实际情况和未来的管理需求为基点，充分借鉴以往的监督管理经验反馈，本着有所为、有所不为的原则，抓大放小、尽量利用市场激励机制，使得条例规定的管理范围重点突出、不留漏洞；在管理授权方面分工协作、各司其职、责权一致；在具体规定上，简明扼要、不存歧义；保证条例出台后，政府相关管理部门和各相关单位既能够尽其工作义务又不滥权。

国家核安全局于2003年10月组织有关人员正式开展《民用核安全设备监督管理条例》（以下简称《条例》）的预立项工作。并于2003年11月和2004年3月、4月、5月分别召开了《条例》草稿编制内部会议。会上讨论的主要议题为《条例》的必要性和可行性论证范围和内容、《条例》的名称、《条例》的编制内容和总体框架、民用核安全设备核安全监督管理体制、许可管理构架、民用核安全设备监督管理的范围、民用核安全设备监督管理的模式、检验试验管理制度、民用核安全设备维修管理制度、民用核安全设备焊工资格考核管理制度、民用核安全设备无损检验人员资格考核管理制度、《条例》草稿编制任务分工、《条例》草稿编制工作进度和计划等等。

2004年9月初至年底国家核安全局组织召开了多次专家讨论、征求意见和论证会议。出席会议的各有关方面的专家和代表对草案内容进行了深入、细致地讨论，提出了相应的修改意见，经编写组修改后形成了第一版征求意见稿。

2005年初国家环保总局办公厅将条例征求意见稿发送给各省、自治区、直辖市以及计划单列市环境保护局（厅），中编办、外交部、发展改革委、国防科工委、财政部、人事部、商务部、海关总署、工商总局、质检总局、安全监管总局办公厅、中核集团、广核集团、中电投、中国机械工业联合会、中国电力企业联合会、清华大学等各有关部门和单位。绝大多数被征求意见的单位均在规定的时间内回复了相应的书面意见，编写组按照各相关部门的书面修改意见做了修改，对于未予修改的意见也均进行了说明，同时，于2005年12月初形成第二版征求意见稿并由国家环境保护总局办公厅再次发送前述各部门和单位，在充分听取各方意见并实施书面修改后于2006年1底形成送审稿，并经国家环境保护总局局务会审议通过后报国务院。

三、对有关问题和内容的说明

根据1992年3月国家核安全局、原机械电子工业部、能源部联合颁布的《民用核承压设备安全监督管理规定》的要求，国家核安全局对从事各类核承压设备活动的单位一直实施核安全监督管理。十余年的经验反馈表明：该部门规章的有效实施，对保证国内民用核设施核承压设备的设计、制造及安装活动的质量起了很大作用，一些关键设备的重大缺陷得以及时发现和处理，消除了核电厂的运行安全隐患。

从以往的实施效果来看，原部门规章中规定的民用核承压设备活动的核安全监督依据、监督内容、监督要求、监督方式方法及监督的记录报告制度等的规定是适宜的，但在监管范围上已经不能满足现实需要。本条例编制的原则即是从法律层面上提炼以往工作经验，固化以前行之有效的监管方式、方法，在对原监管范围进行适当调整的基础上，对原部门规章进行了充分修改。几个需要说明的内容如下：

（一）本条例与《民用核设施安全监督管理条例》的关系

国际上，各国核安全监督管理部门的主要监管对象是核设施，对于核安全设备的监督管理多数是由监管部门发布相关的核安全管理规定以及技术要求原则，据此通过第三方或业主单位实施具体控制。但是，我国的工业基础与国际上核电技术较为发达的国家相比还比较薄弱，在人员素质、管理理念以及关键技术方面还存在相当大的差距，有关的第三方认证体系在短期内难以形成并达到要求，已经颁布实施的《中华人民共和国民用核设施安全监督管理条例》的相关规定无法满足对民用核安全设备的监督管理要求。因此，编制出台《民用核安全设备监督管理条例》势在必行，填补了法律上对核安全设备实施监督管理的空白。

《民用核设施安全监督管理条例》和《民用核安全设备监督管理条例》主要不同有以下几点：

1. 法律来源不同：《民用核设施安全监督管理条例》的体系是基于国际原子能机构（IAEA）的法律框架。《民用核安全设备监督管理条例》主要是考虑目前国内的具体情况和多年的监督管理经验反馈，自成体系。

2. 管理相对人不同：核设施条例监管的对象主要是核设施营运单位，如秦山核电厂、大亚湾核电厂、田湾核电厂等等。而核安全设备条例的管理对象则主要是民用核安全设备设计、制造、安装等企业，如国内大型的核工程设计院、中国第一重型机械集团公司、中国第二重型机械集团公司、东方锅炉（集团）股份有限公司、上海电气核电设备有限公司以及大型的核电站安装公司等等。

3. 管理范围不同：核设施条例管理的主要对象是电站的工艺系统，如机械系统、电气系统、仪表系统等等。而核设备条例

116

管理的主要对象是构成电站系统的基本单元，即设备，如泵、阀门、管道、压力容器等等。举例来说，核设施条例相当于对汽车整车的管理规定，如汽车撞击安全性能等等。而核安全设备条例相当于对汽车的主要部件如：发动机、悬挂、车胎、刹车片、气囊、仪表、车载视频系统等的设备管理要求。

4. 两个条例管理的是完全不同的两个阶段，两个条例互相补充，相辅相成。核设备条例管理的阶段是设备的设计、制造、安装，管理的对象是单体的设备；而核设施条例管理的阶段是运行阶段，管理的对象是单体设备的集成体，即核电厂系统和电厂本身。简言之，两个条例一个是管设备生产，一个是管设备运行（系统运行、电站运行）。

（二）监管范围的修改

1. 许可范围的改变

原部门规章中设立的许可管理的范围为核承压设备，以承压的机械设备为主，现《条例》设立的许可范围扩充至核安全设备，在原来机械设备范围的基础上，又涵盖了核安全电气设备。被许可的对象在原来的设计、制造和安装单位基础上，增加了专门从事无损检验工作的单位。

2. 对境外单位采取注册登记制度

原部门规章中监管的范围不包括进口核承压设备，而《条例》中设立了境外民用核安全设备设计、制造、安装和无损检验单位的注册登记制度。这主要是考虑到以往监管经验的反馈，在对国内从事民用核安全设备活动单位实施许可管理的同时，如果不对为我国境内民用核设施提供设计、制造、安装以及无损检验活动服务的境外单位实施相应的管理控制，对于最终保证核设施运行安全来讲漏掉了一个重要的环节，因此，在充分征求各相关部门意见，尤其是国内各大核电集团公司意见的基础上，经过几次专家论证后，条例最终纳入了境外单位的注册登记管理内容，同时也增加了核安全检验等具体内容。

3. 其他管理内容的改变

原部门规章中没有明确规定核承压设备国家标准制定的相关内容，以往国家对核安全设备标准的制定亦没有明确分工，标准制定缺少国务院核安全监管部门的参与，多数标准不能体现核安全管理的实际需求。导致已经发布的标准不能用于工程实际。在以往的核电工程项目实施过程中，由于设备采购渠道不一，来自的国别不同，经常导致设备设计、制造、安装以及无损检验所依据的标准体系不一致。这种各国标准体系的混用给设计单位、制造单位以及国家核安全局的工作带来极大难度，在技术上也增加了设备质量的不确定性。

《条例》明确规定了核安全设备国家标准、行业标准制定方面国务院各有关主管部门的权利和义务。解决了国内核安全设备长期以来国家和行业标准制修订方面存在的问题，从根本上保证了将来核安全设备国产化的进程，也解决了国内核安全设备设计、制造、安装以及无损检验等活动一直依赖他国标准和国际标准的现状。

《条例》对核安全设备焊工、焊接操作工以及无损检验人员的资格管理做了明确规定，原部门规章中将这些人员的资格许可管理分为两个层次，即国务院核安全监管部门和活动单位的主管部门两级管理。现《条例》明确了焊工和焊接操作工的资格管理由国务院核安全监管部门直接管理，而无损检验人员的资格管理则由国务院核行业主管部门实施管理，并最终由国务院核安全监管部门核准确认的管理方式，进一步明确了人员资格管理的权利和义务分工。

第二部分

相关法律、法规

中华人民共和国放射性污染防治法

（2003 年 6 月 28 日第十届全国人民代表大会常务委员会第三次会议通过 2003 年 6 月 28 日中华人民共和国主席令第 6 号公布 自 2003 年 10 月 1 日起施行）

目 录

第一章 总 则

第一条 为了防治放射性污染，保护环境，保障人体健康，促进核能、核技术的开发与和平利用，制定本法。

第二条 本法适用于中华人民共和国领域和管辖的其他海域在核设施选址、建造、运行、退役和核技术、铀（钍）矿、伴生放射性矿开发利用过程中发生的放射性污染的防治活动。

第三条 国家对放射性污染的防治，实行预防为主、防治结合、严格管理、安全第一的方针。

第四条 国家鼓励、支持放射性污染防治的科学研究和技术开发利用，推广先进的放射性污染防治技术。

国家支持开展放射性污染防治的国际交流与合作。

第五条 县级以上人民政府应当将放射性污染防治工作纳入环境保护规划。

县级以上人民政府应当组织开展有针对性的放射性污染防治宣传教育，使公众了解放射性污染防治的有关情况和科学知识。

第六条 任何单位和个人有权对造成放射性污染的行为提出检举和控告。

第七条 在放射性污染防治工作中作出显著成绩的单位和个人，由县级以上人民政府给予奖励。

第八条 国务院环境保护行政主管部门对全国放射性污染防治工作依法实施统一监督管理。

国务院卫生行政部门和其他有关部门依据国务院规定的职责，对有关的放射性污染防治工作依法实施监督管理。

第二章 放射性污染防治的监督管理

第九条 国家放射性污染防治标准由国务院环境保护行政主管部门根据环境安全要求、国家经济技术条件制定。国家放射性污染防治标准由国务院环境保护行政主管部门和国务院标准化行政主管部门联合发布。

第十条 国家建立放射性污染监测制度。国务院环境保护行政主管部门会同国务院其他有关部门组织环境监测网络，对放射性污染实施监测管理。

第十一条 国务院环境保护行政主管部门和国务院其他有关

部门，按照职责分工，各负其责，互通信息，密切配合，对核设施、铀（钍）矿开发利用中的放射性污染防治进行监督检查。

县级以上地方人民政府环境保护行政主管部门和同级其他有关部门，按照职责分工，各负其责，互通信息，密切配合，对本行政区域内核技术利用、伴生放射性矿开发利用中的放射性污染防治进行监督检查。

监督检查人员进行现场检查时，应当出示证件。被检查的单位必须如实反映情况，提供必要的资料。监督检查人员应当为被检查单位保守技术秘密和业务秘密。对涉及国家秘密的单位和部位进行检查时，应当遵守国家有关保守国家秘密的规定，依法办理有关审批手续。

第十二条 核设施营运单位、核技术利用单位、铀（钍）矿和伴生放射性矿开发利用单位，负责本单位放射性污染的防治，接受环境保护行政主管部门和其他有关部门的监督管理，并依法对其造成的放射性污染承担责任。

第十三条 核设施营运单位、核技术利用单位、铀（钍）矿和伴生放射性矿开发利用单位，必须采取安全与防护措施，预防发生可能导致放射性污染的各类事故，避免放射性污染危害。

核设施营运单位、核技术利用单位、铀（钍）矿和伴生放射性矿开发利用单位，应当对其工作人员进行放射性安全教育、培训，采取有效的防护安全措施。

第十四条 国家对从事放射性污染防治的专业人员实行资格管理制度；对从事放射性污染监测工作的机构实行资质管理制度。

第十五条 运输放射性物质和含放射源的射线装置，应当采取有效措施，防止放射性污染。具体办法由国务院规定。

第十六条 放射性物质和射线装置应当设置明显的放射性标识和中文警示说明。生产、销售、使用、贮存、处置放射性物质和射线装置的场所，以及运输放射性物质和含放射源的射线装置的工具，应当设置明显的放射性标志。

第十七条　含有放射性物质的产品，应当符合国家放射性污染防治标准；不符合国家放射性污染防治标准的，不得出厂和销售。

使用伴生放射性矿渣和含有天然放射性物质的石材做建筑和装修材料，应当符合国家建筑材料放射性核素控制标准。

第三章　核设施的放射性污染防治

第十八条　核设施选址，应当进行科学论证，并按照国家有关规定办理审批手续。在办理核设施选址审批手续前，应当编制环境影响报告书，报国务院环境保护行政主管部门审查批准；未经批准，有关部门不得办理核设施选址批准文件。

第十九条　核设施营运单位在进行核设施建造、装料、运行、退役等活动前，必须按照国务院有关核设施安全监督管理的规定，申请领取核设施建造、运行许可证和办理装料、退役等审批手续。

核设施营运单位领取有关许可证或者批准文件后，方可进行相应的建造、装料、运行、退役等活动。

第二十条　核设施营运单位应当在申请领取核设施建造、运行许可证和办理退役审批手续前编制环境影响报告书，报国务院环境保护行政主管部门审查批准；未经批准，有关部门不得颁发许可证和办理批准文件。

第二十一条　与核设施相配套的放射性污染防治设施，应当与主体工程同时设计、同时施工、同时投入使用。

放射性污染防治设施应当与主体工程同时验收；验收合格的，主体工程方可投入生产或者使用。

第二十二条 进口核设施，应当符合国家放射性污染防治标准；没有相应的国家放射性污染防治标准的，采用国务院环境保护行政主管部门指定的国外有关标准。

第二十三条 核动力厂等重要核设施外围地区应当划定规划限制区。规划限制区的划定和管理办法，由国务院规定。

第二十四条 核设施营运单位应当对核设施周围环境中所含的放射性核素的种类、浓度以及核设施流出物中的放射性核素总量实施监测，并定期向国务院环境保护行政主管部门和所在地省、自治区、直辖市人民政府环境保护行政主管部门报告监测结果。

国务院环境保护行政主管部门负责对核动力厂等重要核设施实施监督性监测，并根据需要对其他核设施的流出物实施监测。监督性监测系统的建设、运行和维护费用由财政预算安排。

第二十五条 核设施营运单位应当建立健全安全保卫制度，加强安全保卫工作，并接受公安部门的监督指导。

核设施营运单位应当按照核设施的规模和性质制定核事故场内应急计划，做好应急准备。

出现核事故应急状态时，核设施营运单位必须立即采取有效的应急措施控制事故，并向核设施主管部门和环境保护行政主管部门、卫生行政部门、公安部门以及其他有关部门报告。

第二十六条 国家建立健全核事故应急制度。

核设施主管部门、环境保护行政主管部门、卫生行政部门、公安部门以及其他有关部门，在本级人民政府的组织领导下，按照各自的职责依法做好核事故应急工作。

中国人民解放军和中国人民武装警察部队按照国务院、中央军事委员会的有关规定在核事故应急中实施有效的支援。

第二十七条 核设施营运单位应当制定核设施退役计划。

核设施的退役费用和放射性废物处置费用应当预提，列入投资概算或者生产成本。核设施的退役费用和放射性废物处置费用的提取和管理办法，由国务院财政部门、价格主管部门会同国务院环境保护行政主管部门、核设施主管部门规定。

第四章　核技术利用的放射性污染防治

第二十八条　生产、销售、使用放射性同位素和射线装置的单位，应当按照国务院有关放射性同位素与射线装置放射防护的规定申请领取许可证，办理登记手续。

转让、进口放射性同位素和射线装置的单位以及装备有放射性同位素的仪表的单位，应当按照国务院有关放射性同位素与射线装置放射防护的规定办理有关手续。

第二十九条　生产、销售、使用放射性同位素和加速器、中子发生器以及含放射源的射线装置的单位，应当在申请领取许可证前编制环境影响评价文件，报省、自治区、直辖市人民政府环境保护行政主管部门审查批准；未经批准，有关部门不得颁发许可证。

国家建立放射性同位素备案制度。具体办法由国务院规定。

第三十条　新建、改建、扩建放射工作场所的放射防护设施，应当与主体工程同时设计、同时施工、同时投入使用。

放射防护设施应当与主体工程同时验收；验收合格的，主体工程方可投入生产或者使用。

第三十一条　放射性同位素应当单独存放，不得与易燃、易爆、腐蚀性物品等一起存放，其贮存场所应当采取有效的防火、防盗、防射线泄漏的安全防护措施，并指定专人负责保管。贮存、领取、使用、归还放射性同位素时，应当进行登记、检查，做到账物相符。

第三十二条 生产、使用放射性同位素和射线装置的单位，应当按照国务院环境保护行政主管部门的规定对其产生的放射性废物进行收集、包装、贮存。

生产放射源的单位，应当按照国务院环境保护行政主管部门的规定回收和利用废旧放射源；使用放射源的单位，应当按照国务院环境保护行政主管部门的规定将废旧放射源交回生产放射源的单位或者送交专门从事放射性固体废物贮存、处置的单位。

第三十三条 生产、销售、使用、贮存放射源的单位，应当建立健全安全保卫制度，指定专人负责，落实安全责任制，制定必要的事故应急措施。发生放射源丢失、被盗和放射性污染事故时，有关单位和个人必须立即采取应急措施，并向公安部门、卫生行政部门和环境保护行政主管部门报告。

公安部门、卫生行政部门和环境保护行政主管部门接到放射源丢失、被盗和放射性污染事故报告后，应当报告本级人民政府，并按照各自的职责立即组织采取有效措施，防止放射性污染蔓延，减少事故损失。当地人民政府应当及时将有关情况告知公众，并做好事故的调查、处理工作。

第五章　铀(钍)矿和伴生放射性矿开发利用的放射性污染防治

第三十四条 开发利用或者关闭铀（钍）矿的单位，应当在申请领取采矿许可证或者办理退役审批手续前编制环境影响报告书，报国务院环境保护行政主管部门审查批准。

开发利用伴生放射性矿的单位，应当在申请领取采矿许可证前编制环境影响报告书，报省级以上人民政府环境保护行政主管部门审查批准。

第三十五条 与铀（钍）矿和伴生放射性矿开发利用建设

项目相配套的放射性污染防治设施，应当与主体工程同时设计、同时施工、同时投入使用。

放射性污染防治设施应当与主体工程同时验收；验收合格的，主体工程方可投入生产或者使用。

第三十六条 铀（钍）矿开发利用单位应当对铀（钍）矿的流出物和周围的环境实施监测，并定期向国务院环境保护行政主管部门和所在地省、自治区、直辖市人民政府环境保护行政主管部门报告监测结果。

第三十七条 对铀（钍）矿和伴生放射性矿开发利用过程中产生的尾矿，应当建造尾矿库进行贮存、处置；建造的尾矿库应当符合放射性污染防治的要求。

第三十八条 铀（钍）矿开发利用单位应当制定铀（钍）矿退役计划。铀矿退役费用由国家财政预算安排。

第六章 放射性废物管理

第三十九条 核设施营运单位、核技术利用单位、铀（钍）矿和伴生放射性矿开发利用单位，应当合理选择和利用原材料，采用先进的生产工艺和设备，尽量减少放射性废物的产生量。

第四十条 向环境排放放射性废气、废液，必须符合国家放射性污染防治标准。

第四十一条 产生放射性废气、废液的单位向环境排放符合国家放射性污染防治标准的放射性废气、废液，应当向审批环境影响评价文件的环境保护行政主管部门申请放射性核素排放量，并定期报告排放计量结果。

第四十二条 产生放射性废液的单位，必须按照国家放射性污染防治标准的要求，对不得向环境排放的放射性废液进行处理或者贮存。

产生放射性废液的单位，向环境排放符合国家放射性污染防治标准的放射性废液，必须采用符合国务院环境保护行政主管部门规定的排放方式。

禁止利用渗井、渗坑、天然裂隙、溶洞或者国家禁止的其他方式排放放射性废液。

第四十三条 低、中水平放射性固体废物在符合国家规定的区域实行近地表处置。

高水平放射性固体废物实行集中的深地质处置。

α放射性固体废物依照前款规定处置。

禁止在内河水域和海洋上处置放射性固体废物。

第四十四条 国务院核设施主管部门会同国务院环境保护行政主管部门根据地质条件和放射性固体废物处置的需要，在环境影响评价的基础上编制放射性固体废物处置场所选址规划，报国务院批准后实施。

有关地方人民政府应当根据放射性固体废物处置场所选址规划，提供放射性固体废物处置场所的建设用地，并采取有效措施支持放射性固体废物的处置。

第四十五条 产生放射性固体废物的单位，应当按照国务院环境保护行政主管部门的规定，对其产生的放射性固体废物进行处理后，送交放射性固体废物处置单位处置，并承担处置费用。

放射性固体废物处置费用收取和使用管理办法，由国务院财政部门、价格主管部门会同国务院环境保护行政主管部门规定。

第四十六条 设立专门从事放射性固体废物贮存、处置的单位，必须经国务院环境保护行政主管部门审查批准，取得许可证。具体办法由国务院规定。

禁止未经许可或者不按照许可的有关规定从事贮存和处置放射性固体废物的活动。

禁止将放射性固体废物提供或者委托给无许可证的单位贮存

和处置。

第四十七条　禁止将放射性废物和被放射性污染的物品输入中华人民共和国境内或者经中华人民共和国境内转移。

第七章　法　律　责　任

第四十八条　放射性污染防治监督管理人员违反法律规定，利用职务上的便利收受他人财物、谋取其他利益，或者玩忽职守，有下列行为之一的，依法给予行政处分；构成犯罪的，依法追究刑事责任：

（一）对不符合法定条件的单位颁发许可证和办理批准文件的；

（二）不依法履行监督管理职责的；

（三）发现违法行为不予查处的。

第四十九条　违反本法规定，有下列行为之一的，由县级以上人民政府环境保护行政主管部门或者其他有关部门依据职权责令限期改正，可以处2万元以下罚款：

（一）不按照规定报告有关环境监测结果的；

（二）拒绝环境保护行政主管部门和其他有关部门进行现场检查，或者被检查时不如实反映情况和提供必要资料的。

第五十条　违反本法规定，未编制环境影响评价文件，或者环境影响评价文件未经环境保护行政主管部门批准，擅自进行建造、运行、生产和使用等活动的，由审批环境影响评价文件的环境保护行政主管部门责令停止违法行为，限期补办手续或者恢复原状，并处1万元以上20万元以下罚款。

第五十一条　违反本法规定，未建造放射性污染防治设施、放射防护设施，或者防治防护设施未经验收合格，主体工程即投入生产或者使用的，由审批环境影响评价文件的环境保护行政主管部门责令停止违法行为，限期改正，并处 5 万元以上 20 万元以下罚款。

第五十二条 违反本法规定，未经许可或者批准，核设施营运单位擅自进行核设施的建造、装料、运行、退役等活动的，由国务院环境保护行政主管部门责令停止违法行为，限期改正，并处 20 万元以上 50 万元以下罚款；构成犯罪的，依法追究刑事责任。

第五十三条 违反本法规定，生产、销售、使用、转让、进口、贮存放射性同位素和射线装置以及装备有放射性同位素的仪表的，由县级以上人民政府环境保护行政主管部门或者其他有关部门依据职权责令停止违法行为，限期改正；逾期不改正的，责令停产停业或者吊销许可证；有违法所得的，没收违法所得；违法所得 10 万元以上的，并处违法所得一倍以上五倍以下罚款；没有违法所得或者违法所得不足 10 万元的，并处 1 万元以上 10 万元以下罚款；构成犯罪的，依法追究刑事责任。

第五十四条 违反本法规定，有下列行为之一的，由县级以上人民政府环境保护行政主管部门责令停止违法行为，限期改正，处以罚款；构成犯罪的，依法追究刑事责任：

（一）未建造尾矿库或者不按照放射性污染防治的要求建造尾矿库，贮存、处置铀（钍）矿和伴生放射性矿的尾矿的；

（二）向环境排放不得排放的放射性废气、废液的；

（三）不按照规定的方式排放放射性废液，利用渗井、渗坑、天然裂隙、溶洞或者国家禁止的其他方式排放放射性废液的；

（四）不按照规定处理或者贮存不得向环境排放的放射性废液的；

（五）将放射性固体废物提供或者委托给无许可证的单位贮存和处置的。

有前款第（一）项、第（二）项、第（三）项、第（五）项行为之一的，处 10 万元以上 20 万元以下罚款；有前款第（四）项行为的，处 1 万元以上 10 万元以下罚款。

第五十五条 违反本法规定，有下列行为之一的，由县级以上人民政府环境保护行政主管部门或者其他有关部门依据职权责令限期改正；逾期不改正的，责令停产停业，并处 2 万元以上 10 万元以下罚款；构成犯罪的，依法追究刑事责任：

（一）不按照规定设置放射性标识、标志、中文警示说明的；

（二）不按照规定建立健全安全保卫制度和制定事故应急计划或者应急措施的；

（三）不按照规定报告放射源丢失、被盗情况或者放射性污染事故的。

第五十六条 产生放射性固体废物的单位，不按照本法第四十五条的规定对其产生的放射性固体废物进行处置的，由审批该单位立项环境影响评价文件的环境保护行政主管部门责令停止违法行为，限期改正；逾期不改正的，指定有处置能力的单位代为处置，所需费用由产生放射性固体废物的单位承担，可以并处 20 万元以下罚款；构成犯罪的，依法追究刑事责任。

第五十七条 违反本法规定，有下列行为之一的，由省级以上人民政府环境保护行政主管部门责令停产停业或者吊销许可证；有违法所得的，没收违法所得；违法所得 10 万元以上的，并处违法所得一倍以上五倍以下罚款；没有违法所得或者违法所得不足十万元的，并处 5 万元以上 10 万元以下罚款；构成犯罪的，依法追究刑事责任：

（一）未经许可，擅自从事贮存和处置放射性固体废物活动的；

（二）不按照许可的有关规定从事贮存和处置放射性固体废

物活动的。

第五十八条 向中华人民共和国境内输入放射性废物和被放射性污染的物品，或者经中华人民共和国境内转移放射性废物和被放射性污染的物品的，由海关责令退运该放射性废物和被放射性污染的物品，并处 50 万元以上 100 万元以下罚款；构成犯罪的，依法追究刑事责任。

第五十九条 因放射性污染造成他人损害的，应当依法承担民事责任。

第八章 附 则

第六十条 军用设施、装备的放射性污染防治，由国务院和军队的有关主管部门依照本法规定的原则和国务院、中央军事委员会规定的职责实施监督管理。

第六十一条 劳动者在职业活动中接触放射性物质造成的职业病的防治，依照《中华人民共和国职业病防治法》的规定执行。

第六十二条 本法中下列用语的含义：

（一）放射性污染，是指由于人类活动造成物料、人体、场所、环境介质表面或者内部出现超过国家标准的放射性物质或者射线。

（二）核设施，是指核动力厂（核电厂、核热电厂、核供汽供热厂等）和其他反应堆（研究堆、实验堆、临界装置等）；核燃料生产、加工、贮存和后处理设施；放射性废物的处理和处置设施等。

（三）核技术利用，是指密封放射源、非密封放射源和射线装置在医疗、工业、农业、地质调查、科学研究和教学等领域中的使用。

（四）放射性同位素，是指某种发生放射性衰变的元素中具有相同原子序数但质量不同的核素。

（五）放射源，是指除研究堆和动力堆核燃料循环范畴的材料以外，永久密封在容器中或者有严密包层并呈固态的放射性材料。

（六）射线装置，是指 X 线机、加速器、中子发生器以及含放射源的装置。

（七）伴生放射性矿，是指含有较高水平天然放射性核素浓度的非铀矿（如稀土矿和磷酸盐矿等）。

（八）放射性废物，是指含有放射性核素或者被放射性核素污染，其浓度或者比活度大于国家确定的清洁解控水平，预期不再使用的废弃物。

第六十三条　本法自 2003 年 10 月 1 日起施行。

中华人民共和国行政许可法

（2003年8月27日第十届全国人民代表大会常务委员会第四次会议通过　2003年8月27日中华人民共和国主席令第7号公布　自2004年7月1日起施行）

目　　录

第一章　总　　则

第一条　为了规范行政许可的设定和实施，保护公民、法人和其他组织的合法权益，维护公共利益和社会秩序，保障和监督行政机关有效实施行政管理，根据宪法，制定本法。

第二条 本法所称行政许可，是指行政机关根据公民、法人或者其他组织的申请，经依法审查，准予其从事特定活动的行为。

第三条 行政许可的设定和实施，适用本法。

有关行政机关对其他机关或者对其直接管理的事业单位的人事、财务、外事等事项的审批，不适用本法。

第四条 设定和实施行政许可，应当依照法定的权限、范围、条件和程序。

第五条 设定和实施行政许可，应当遵循公开、公平、公正的原则。

有关行政许可的规定应当公布；未经公布的，不得作为实施行政许可的依据。行政许可的实施和结果，除涉及国家秘密、商业秘密或者个人隐私的外，应当公开。

符合法定条件、标准的，申请人有依法取得行政许可的平等权利，行政机关不得歧视。

第六条 实施行政许可，应当遵循便民的原则，提高办事效率，提供优质服务。

第七条 公民、法人或者其他组织对行政机关实施行政许可，享有陈述权、申辩权；有权依法申请行政复议或者提起行政诉讼；其合法权益因行政机关违法实施行政许可受到损害的，有权依法要求赔偿。

第八条 公民、法人或者其他组织依法取得的行政许可受法律保护，行政机关不得擅自改变已经生效的行政许可。

行政许可所依据的法律、法规、规章修改或者废止，或者准予行政许可所依据的客观情况发生重大变化的，为了公共利益的需要，行政机关可以依法变更或者撤回已经生效的行政许可。由此给公民、法人或者其他组织造成财产损失的，行政机关应当依法给予补偿。

第九条　依法取得的行政许可，除法律、法规规定依照法定条件和程序可以转让的外，不得转让。

第十条　县级以上人民政府应当建立健全对行政机关实施行政许可的监督制度，加强对行政机关实施行政许可的监督检查。

行政机关应当对公民、法人或者其他组织从事行政许可事项的活动实施有效监督。

第二章　行政许可的设定

第十一条　设定行政许可，应当遵循经济和社会发展规律，有利于发挥公民、法人或者其他组织的积极性、主动性，维护公共利益和社会秩序，促进经济、社会和生态环境协调发展。

第十二条　下列事项可以设定行政许可：

（一）直接涉及国家安全、公共安全、经济宏观调控、生态环境保护以及直接关系人身健康、生命财产安全等特定活动，需要按照法定条件予以批准的事项；

（二）有限自然资源开发利用、公共资源配置以及直接关系公共利益的特定行业的市场准入等，需要赋予特定权利的事项；

（三）提供公众服务并且直接关系公共利益的职业、行业，需要确定具备特殊信誉、特殊条件或者特殊技能等资格、资质的事项；

（四）直接关系公共安全、人身健康、生命财产安全的重要设备、设施、产品、物品，需要按照技术标准、技术规范，通过检验、检测、检疫等方式进行审定的事项；

（五）企业或者其他组织的设立等，需要确定主体资格的事项；

（六）法律、行政法规规定可以设定行政许可的其他事项。

第十三条 本法第十二条所列事项，通过下列方式能够予以规范的，可以不设行政许可：

（一）公民、法人或者其他组织能够自主决定的；

（二）市场竞争机制能够有效调节的；

（三）行业组织或者中介机构能够自律管理的；

（四）行政机关采用事后监督等其他行政管理方式能够解决的。

第十四条 本法第十二条所列事项，法律可以设定行政许可。尚未制定法律的，行政法规可以设定行政许可。

必要时，国务院可以采用发布决定的方式设定行政许可。实施后，除临时性行政许可事项外，国务院应当及时提请全国人民代表大会及其常务委员会制定法律，或者自行制定行政法规。

第十五条 本法第十二条所列事项，尚未制定法律、行政法规的，地方性法规可以设定行政许可；尚未制定法律、行政法规和地方性法规的，因行政管理的需要，确需立即实施行政许可的，省、自治区、直辖市人民政府规章可以设定临时性的行政许可。临时性的行政许可实施满一年需要继续实施的，应当提请本级人民代表大会及其常务委员会制定地方性法规。

地方性法规和省、自治区、直辖市人民政府规章，不得设定应当由国家统一确定的公民、法人或者其他组织的资格、资质的行政许可；不得设定企业或者其他组织的设立登记及其前置性行政许可。其设定的行政许可，不得限制其他地区的个人或者企业到本地区从事生产经营和提供服务，不得限制其他地区的商品进入本地区市场。

第十六条 行政法规可以在法律设定的行政许可事项范围内，对实施该行政许可作出具体规定。

地方性法规可以在法律、行政法规设定的行政许可事项范围内，对实施该行政许可作出具体规定。

规章可以在上位法设定的行政许可事项范围内，对实施该行政许可作出具体规定。

法规、规章对实施上位法设定的行政许可作出的具体规定，不得增设行政许可；对行政许可条件作出的具体规定，不得增设违反上位法的其他条件。

第十七条　除本法第十四条、第十五条规定的外，其他规范性文件一律不得设定行政许可。

第十八条　设定行政许可，应当规定行政许可的实施机关、条件、程序、期限。

第十九条　起草法律草案、法规草案和省、自治区、直辖市人民政府规章草案，拟设定行政许可的，起草单位应当采取听证会、论证会等形式听取意见，并向制定机关说明设定该行政许可的必要性、对经济和社会可能产生的影响以及听取和采纳意见的情况。

第二十条　行政许可的设定机关应当定期对其设定的行政许可进行评价；对已设定的行政许可，认为通过本法第十三条所列方式能够解决的，应当对设定该行政许可的规定及时予以修改或者废止。

行政许可的实施机关可以对已设定的行政许可的实施情况及存在的必要性适时进行评价，并将意见报告该行政许可的设定机关。

公民、法人或者其他组织可以向行政许可的设定机关和实施机关就行政许可的设定和实施提出意见和建议。

第二十一条　省、自治区、直辖市人民政府对行政法规设定的有关经济事务的行政许可，根据本行政区域经济和社会发展情况，认为通过本法第十三条所列方式能够解决的，报国务院批准后，可以在本行政区域内停止实施该行政许可。

第三章　行政许可的实施机关

第二十二条　行政许可由具有行政许可权的行政机关在其法定职权范围内实施。

第二十三条　法律、法规授权的具有管理公共事务职能的组织，在法定授权范围内，以自己的名义实施行政许可。被授权的组织适用本法有关行政机关的规定。

第二十四条　行政机关在其法定职权范围内，依照法律、法规、规章的规定，可以委托其他行政机关实施行政许可。委托机关应当将受委托行政机关和受委托实施行政许可的内容予以公告。

委托行政机关对受委托行政机关实施行政许可的行为应当负责监督，并对该行为的后果承担法律责任。

受委托行政机关在委托范围内，以委托行政机关名义实施行政许可；不得再委托其他组织或者个人实施行政许可。

第二十五条　经国务院批准，省、自治区、直辖市人民政府根据精简、统一、效能的原则，可以决定一个行政机关行使有关行政机关的行政许可权。

第二十六条　行政许可需要行政机关内设的多个机构办理的，该行政机关应当确定一个机构统一受理行政许可申请，统一送达行政许可决定。

行政许可依法由地方人民政府两个以上部门分别实施的，本级人民政府可以确定一个部门受理行政许可申请并转告有关部门分别提出意见后统一办理，或者组织有关部门联合办理、集中办理。

第二十七条　行政机关实施行政许可，不得向申请人提出购买指定商品、接受有偿服务等不正当要求。

行政机关工作人员办理行政许可，不得索取或者收受申请人的财物，不得谋取其他利益。

第二十八条 对直接关系公共安全、人身健康、生命财产安全的设备、设施、产品、物品的检验、检测、检疫，除法律、行政法规规定由行政机关实施的外，应当逐步由符合法定条件的专业技术组织实施。专业技术组织及其有关人员对所实施的检验、检测、检疫结论承担法律责任。

第四章　行政许可的实施程序

第一节　申请与受理

第二十九条 公民、法人或者其他组织从事特定活动，依法需要取得行政许可的，应当向行政机关提出申请。申请书需要采用格式文本的，行政机关应当向申请人提供行政许可申请书格式文本。申请书格式文本中不得包含与申请行政许可事项没有直接关系的内容。

申请人可以委托代理人提出行政许可申请。但是，依法应当由申请人到行政机关办公场所提出行政许可申请的除外。

行政许可申请可以通过信函、电报、电传、传真、电子数据交换和电子邮件等方式提出。

第三十条 行政机关应当将法律、法规、规章规定的有关行政许可的事项、依据、条件、数量、程序、期限以及需要提交的全部材料的目录和申请书示范文本等在办公场所公示。

申请人要求行政机关对公示内容予以说明、解释的，行政机关应当说明、解释，提供准确、可靠的信息。

第三十一条 申请人申请行政许可，应当如实向行政机关提交有关材料和反映真实情况，并对其申请材料实质内容的真实性负责。行政机关不得要求申请人提交与其申请的行政许可事项无关的技术资料和其他材料。

第三十二条 行政机关对申请人提出的行政许可申请，应当根据下列情况分别作出处理：

（一）申请事项依法不需要取得行政许可的，应当即时告知申请人不受理；

（二）申请事项依法不属于本行政机关职权范围的，应当即时作出不予受理的决定，并告知申请人向有关行政机关申请；

（三）申请材料存在可以当场更正的错误的，应当允许申请人当场更正；

（四）申请材料不齐全或者不符合法定形式的，应当当场或者在5日内一次告知申请人需要补正的全部内容，逾期不告知的，自收到申请材料之日起即为受理；

（五）申请事项属于本行政机关职权范围，申请材料齐全、符合法定形式，或者申请人按照本行政机关的要求提交全部补正申请材料的，应当受理行政许可申请。

行政机关受理或者不予受理行政许可申请，应当出具加盖本行政机关专用印章和注明日期的书面凭证。

第三十三条 行政机关应当建立和完善有关制度，推行电子政务，在行政机关的网站上公布行政许可事项，方便申请人采取数据电文等方式提出行政许可申请；应当与其他行政机关共享有关行政许可信息，提高办事效率。

第二节 审查与决定

第三十四条 行政机关应当对申请人提交的申请材料进行审查。

申请人提交的申请材料齐全、符合法定形式，行政机关能够当场作出决定的，应当当场作出书面的行政许可决定。

根据法定条件和程序，需要对申请材料的实质内容进行核实的，行政机关应当指派两名以上工作人员进行核查。

第三十五条　依法应当先经下级行政机关审查后报上级行政机关决定的行政许可，下级行政机关应当在法定期限内将初步审查意见和全部申请材料直接报送上级行政机关。上级行政机关不得要求申请人重复提供申请材料。

第三十六条　行政机关对行政许可申请进行审查时，发现行政许可事项直接关系他人重大利益的，应当告知该利害关系人。申请人、利害关系人有权进行陈述和申辩。行政机关应当听取申请人、利害关系人的意见。

第三十七条　行政机关对行政许可申请进行审查后，除当场作出行政许可决定的外，应当在法定期限内按照规定程序作出行政许可决定。

第三十八条　申请人的申请符合法定条件、标准的，行政机关应当依法作出准予行政许可的书面决定。

行政机关依法作出不予行政许可的书面决定的，应当说明理由，并告知申请人享有依法申请行政复议或者提起行政诉讼的权利。

第三十九条　行政机关作出准予行政许可的决定，需要颁发行政许可证件的，应当向申请人颁发加盖本行政机关印章的下列行政许可证件：

（一）许可证、执照或者其他许可证书；

（二）资格证、资质证或者其他合格证书；

（三）行政机关的批准文件或者证明文件；

（四）法律、法规规定的其他行政许可证件。

行政机关实施检验、检测、检疫的，可以在检验、检测、检疫合格的设备、设施、产品、物品上加贴标签或者加盖检验、检测、检疫印章。

第四十条　行政机关作出的准予行政许可决定，应当予以公开，公众有权查阅。

第四十一条　法律、行政法规设定的行政许可，其适用范围没有地域限制的，申请人取得的行政许可在全国范围内有效。

第三节　期　　限

第四十二条　除可以当场作出行政许可决定的外，行政机关应当自受理行政许可申请之日起20日内作出行政许可决定。20日内不能作出决定的，经本行政机关负责人批准，可以延长10日，并应当将延长期限的理由告知申请人。但是，法律、法规另有规定的，依照其规定。

依照本法第二十六条的规定，行政许可采取统一办理或者联合办理、集中办理的，办理的时间不得超过45日；45日内不能办结的，经本级人民政府负责人批准，可以延长15日，并应当将延长期限的理由告知申请人。

第四十三条　依法应当先经下级行政机关审查后报上级行政机关决定的行政许可，下级行政机关应当自其受理行政许可申请之日起20日内审查完毕。但是，法律、法规另有规定的，依照其规定。

第四十四条　行政机关作出准予行政许可的决定，应当自作出决定之日起10日内向申请人颁发、送达行政许可证件，或者加贴标签、加盖检验、检测、检疫印章。

第四十五条　行政机关作出行政许可决定，依法需要听证、招标、拍卖、检验、检测、检疫、鉴定和专家评审的，所需时间不计算在本节规定的期限内。行政机关应当将所需时间书面告知申请人。

第四节　听　证

第四十六条　法律、法规、规章规定实施行政许可应当听证的事项，或者行政机关认为需要听证的其他涉及公共利益的重大行政许可事项，行政机关应当向社会公告，并举行听证。

第四十七条　行政许可直接涉及申请人与他人之间重大利益关系的，行政机关在作出行政许可决定前，应当告知申请人、利害关系人享有要求听证的权利；申请人、利害关系人在被告知听证权利之日起 5 日内提出听证申请的，行政机关应当在 20 日内组织听证。

申请人、利害关系人不承担行政机关组织听证的费用。

第四十八条　听证按照下列程序进行：

（一）行政机关应当于举行听证的 7 日前将举行听证的时间、地点通知申请人、利害关系人，必要时予以公告；

（二）听证应当公开举行；

（三）行政机关应当指定审查该行政许可申请的工作人员以外的人员为听证主持人，申请人、利害关系人认为主持人与该行政许可事项有直接利害关系的，有权申请回避；

（四）举行听证时，审查该行政许可申请的工作人员应当提供审查意见的证据、理由，申请人、利害关系人可以提出证据，并进行申辩和质证；

（五）听证应当制作笔录，听证笔录应当交听证参加人确认无误后签字或者盖章。

行政机关应当根据听证笔录，作出行政许可决定。

第五节　变更与延续

第四十九条　被许可人要求变更行政许可事项的，应当向作出行政许可决定的行政机关提出申请；符合法定条件、标准的，行政机关应当依法办理变更手续。

第五十条 被许可人需要延续依法取得的行政许可的有效期的，应当在该行政许可有效期届满 30 日前向作出行政许可决定的行政机关提出申请。但是，法律、法规、规章另有规定的，依照其规定。

行政机关应当根据被许可人的申请，在该行政许可有效期届满前作出是否准予延续的决定；逾期未作决定的，视为准予延续。

第六节 特 别 规 定

第五十一条 实施行政许可的程序，本节有规定的，适用本节规定；本节没有规定的，适用本章其他有关规定。

第五十二条 国务院实施行政许可的程序，适用有关法律、行政法规的规定。

第五十三条 实施本法第十二条第二项所列事项的行政许可的，行政机关应当通过招标、拍卖等公平竞争的方式作出决定。但是，法律、行政法规另有规定的，依照其规定。

行政机关通过招标、拍卖等方式作出行政许可决定的具体程序，依照有关法律、行政法规的规定。

行政机关按照招标、拍卖程序确定中标人、买受人后，应当作出准予行政许可的决定，并依法向中标人、买受人颁发行政许可证件。

行政机关违反本条规定，不采用招标、拍卖方式，或者违反招标、拍卖程序，损害申请人合法权益的，申请人可以依法申请行政复议或者提起行政诉讼。

第五十四条 实施本法第十二条第三项所列事项的行政许可，赋予公民特定资格，依法应当举行国家考试的，行政机关根据考试成绩和其他法定条件作出行政许可决定；赋予法人或者其他组织特定的资格、资质的，行政机关根据申请人的专业人员构成、技术条件、经营业绩和管理水平等的考核结果作出行政许可决定。但是，法律、行政法规另有规定的，依照其规定。

公民特定资格的考试依法由行政机关或者行业组织实施，公开举行。行政机关或者行业组织应当事先公布资格考试的报名条件、报考办法、考试科目以及考试大纲。但是，不得组织强制性的资格考试的考前培训，不得指定教材或者其他助考材料。

第五十五条 实施本法第十二条第四项所列事项的行政许可的，应当按照技术标准、技术规范依法进行检验、检测、检疫，行政机关根据检验、检测、检疫的结果作出行政许可决定。

行政机关实施检验、检测、检疫，应当自受理申请之日起5日内指派两名以上工作人员按照技术标准、技术规范进行检验、检测、检疫。不需要对检验、检测、检疫结果作进一步技术分析即可认定设备、设施、产品、物品是否符合技术标准、技术规范的，行政机关应当当场作出行政许可决定。

行政机关根据检验、检测、检疫结果，作出不予行政许可决定的，应当书面说明不予行政许可所依据的技术标准、技术规范。

第五十六条 实施本法第十二条第五项所列事项的行政许可，申请人提交的申请材料齐全、符合法定形式的，行政机关应当当场予以登记。需要对申请材料的实质内容进行核实的，行政机关依照本法第三十四条第三款的规定办理。

第五十七条 有数量限制的行政许可，两个或者两个以上申请人的申请均符合法定条件、标准的，行政机关应当根据受理行政许可申请的先后顺序作出准予行政许可的决定。但是，法律、行政法规另有规定的，依照其规定。

第五章 行政许可的费用

第五十八条 行政机关实施行政许可和对行政许可事项进行监督检查，不得收取任何费用。但是，法律、行政法规另有规定的，依照其规定。

行政机关提供行政许可申请书格式文本，不得收费。

行政机关实施行政许可所需经费应当列入本行政机关的预算，由本级财政予以保障，按照批准的预算予以核拨。

第五十九条 行政机关实施行政许可，依照法律、行政法规收取费用的，应当按照公布的法定项目和标准收费；所收取的费用必须全部上缴国库，任何机关或者个人不得以任何形式截留、挪用、私分或者变相私分。财政部门不得以任何形式向行政机关返还或者变相返还实施行政许可所收取的费用。

第六章 监督检查

第六十条 上级行政机关应当加强对下级行政机关实施行政许可的监督检查，及时纠正行政许可实施中的违法行为。

第六十一条 行政机关应当建立健全监督制度，通过核查反映被许可人从事行政许可事项活动情况的有关材料，履行监督责任。

行政机关依法对被许可人从事行政许可事项的活动进行监督检查时，应当将监督检查的情况和处理结果予以记录，由监督检查人员签字后归档。公众有权查阅行政机关监督检查记录。

行政机关应当创造条件，实现与被许可人、其他有关行政机关的计算机档案系统互联，核查被许可人从事行政许可事项活动情况。

第六十二条　行政机关可以对被许可人生产经营的产品依法进行抽样检查、检验、检测，对其生产经营场所依法进行实地检查。检查时，行政机关可以依法查阅或者要求被许可人报送有关材料；被许可人应当如实提供有关情况和材料。

行政机关根据法律、行政法规的规定，对直接关系公共安全、人身健康、生命财产安全的重要设备、设施进行定期检验。对检验合格的，行政机关应当发给相应的证明文件。

第六十三条　行政机关实施监督检查，不得妨碍被许可人正常的生产经营活动，不得索取或者收受被许可人的财物，不得谋取其他利益。

第六十四条　被许可人在作出行政许可决定的行政机关管辖区域外违法从事行政许可事项活动的，违法行为发生地的行政机关应当依法将被许可人的违法事实、处理结果抄告作出行政许可决定的行政机关。

第六十五条　个人和组织发现违法从事行政许可事项的活动，有权向行政机关举报，行政机关应当及时核实、处理。

第六十六条　被许可人未依法履行开发利用自然资源义务或者未依法履行利用公共资源义务的，行政机关应当责令限期改正；被许可人在规定期限内不改正的，行政机关应当依照有关法律、行政法规的规定予以处理。

第六十七条　取得直接关系公共利益的特定行业的市场准入行政许可的被许可人，应当按照国家规定的服务标准、资费标准和行政机关依法规定的条件，向用户提供安全、方便、稳定和价格合理的服务，并履行普遍服务的义务；未经作出行政许可决定的行政机关批准，不得擅自停业、歇业。

被许可人不履行前款规定的义务的，行政机关应当责令限期改正，或者依法采取有效措施督促其履行义务。

第六十八条　对直接关系公共安全、人身健康、生命财产安全的重要设备、设施，行政机关应当督促设计、建造、安装和使用单位建立相应的自检制度。

行政机关在监督检查时，发现直接关系公共安全、人身健康、生命财产安全的重要设备、设施存在安全隐患的，应当责令停止建造、安装和使用，并责令设计、建造、安装和使用单位立即改正。

第六十九条 有下列情形之一的，作出行政许可决定的行政机关或者其上级行政机关，根据利害关系人的请求或者依据职权，可以撤销行政许可：

（一）行政机关工作人员滥用职权、玩忽职守作出准予行政许可决定的；

（二）超越法定职权作出准予行政许可决定的；

（三）违反法定程序作出准予行政许可决定的；

（四）对不具备申请资格或者不符合法定条件的申请人准予行政许可的；

（五）依法可以撤销行政许可的其他情形。

被许可人以欺骗、贿赂等不正当手段取得行政许可的，应当予以撤销。

依照前两款的规定撤销行政许可，可能对公共利益造成重大损害的，不予撤销。

依照本条第一款的规定撤销行政许可，被许可人的合法权益受到损害的，行政机关应当依法给予赔偿。依照本条第二款的规定撤销行政许可的，被许可人基于行政许可取得的利益不受保护。

第七十条 有下列情形之一的，行政机关应当依法办理有关行政许可的注销手续：

（一）行政许可有效期届满未延续的；

（二）赋予公民特定资格的行政许可，该公民死亡或者丧失行为能力的；

（三）法人或者其他组织依法终止的；

（四）行政许可依法被撤销、撤回，或者行政许可证件依法被吊销的；

（五）因不可抗力导致行政许可事项无法实施的；

（六）法律、法规规定的应当注销行政许可的其他情形。

第七章　法律责任

第七十一条　违反本法第十七条规定设定的行政许可，有关机关应当责令设定该行政许可的机关改正，或者依法予以撤销。

第七十二条　行政机关及其工作人员违反本法的规定，有下列情形之一的，由其上级行政机关或者监察机关责令改正；情节严重的，对直接负责的主管人员和其他直接责任人员依法给予行政处分：

（一）对符合法定条件的行政许可申请不予受理的；

（二）不在办公场所公示依法应当公示的材料的；

（三）在受理、审查、决定行政许可过程中，未向申请人、利害关系人履行法定告知义务的；

（四）申请人提交的申请材料不齐全、不符合法定形式，不一次告知申请人必须补正的全部内容的；

（五）未依法说明不受理行政许可申请或者不予行政许可的理由的；

（六）依法应当举行听证而不举行听证的。

第七十三条　行政机关工作人员办理行政许可、实施监督检查，索取或者收受他人财物或者谋取其他利益，构成犯罪的，依法追究刑事责任；尚不构成犯罪的，依法给予行政处分。

第七十四条　行政机关实施行政许可，有下列情形之一的，由其上级行政机关或者监察机关责令改正，对直接负责的主管人员和其他直接责任人员依法给予行政处分；构成犯罪的，依法追究刑事责任：

（一）对不符合法定条件的申请人准予行政许可或者超越法定职权作出准予行政许可决定的；

（二）对符合法定条件的申请人不予行政许可或者不在法定期限内作出准予行政许可决定的；

（三）依法应当根据招标、拍卖结果或者考试成绩择优作出准予行政许可决定，未经招标、拍卖或者考试，或者不根据招标、拍卖结果或者考试成绩择优作出准予行政许可决定的。

第七十五条 行政机关实施行政许可，擅自收费或者不按照法定项目和标准收费的，由其上级行政机关或者监察机关责令退还非法收取的费用；对直接负责的主管人员和其他直接责任人员依法给予行政处分。

截留、挪用、私分或者变相私分实施行政许可依法收取的费用的，予以追缴；对直接负责的主管人员和其他直接责任人员依法给予行政处分；构成犯罪的，依法追究刑事责任。

第七十六条 行政机关违法实施行政许可，给当事人的合法权益造成损害的，应当依照国家赔偿法的规定给予赔偿。

第七十七条 行政机关不依法履行监督职责或者监督不力，造成严重后果的，由其上级行政机关或者监察机关责令改正，对直接负责的主管人员和其他直接责任人员依法给予行政处分；构成犯罪的，依法追究刑事责任。

第七十八条 行政许可申请人隐瞒有关情况或者提供虚假材料申请行政许可的，行政机关不予受理或者不予行政许可，并给予警告；行政许可申请属于直接关系公共安全、人身健康、生命财产安全事项的，申请人在一年内不得再次申请该行政许可。

第七十九条 被许可人以欺骗、贿赂等不正当手段取得行政许可的，行政机关应当依法给予行政处罚；取得的行政许可属于直接关系公共安全、人身健康、生命财产安全事项的，申请人在3年内不得再次申请该行政许可；构成犯罪的，依法追究刑事责任。

第八十条　被许可人有下列行为之一的，行政机关应当依法给予行政处罚；构成犯罪的，依法追究刑事责任：

（一）涂改、倒卖、出租、出借行政许可证件，或者以其他形式非法转让行政许可的；

（二）超越行政许可范围进行活动的；

（三）向负责监督检查的行政机关隐瞒有关情况、提供虚假材料或者拒绝提供反映其活动情况的真实材料的；

（四）法律、法规、规章规定的其他违法行为。

第八十一条　公民、法人或者其他组织未经行政许可，擅自从事依法应当取得行政许可的活动的，行政机关应当依法采取措施予以制止，并依法给予行政处罚；构成犯罪的，依法追究刑事责任。

第八章　附　　则

第八十二条　本法规定的行政机关实施行政许可的期限以工作日计算，不含法定节假日。

第八十三条　本法自2004年7月1日起施行。

本法施行前有关行政许可的规定，制定机关应当依照本法规定予以清理；不符合本法规定的，自本法施行之日起停止执行。

中华人民共和国行政处罚法

(1996 年 3 月 17 日第八届全国人民代表大会第四次会议通过 1996 年 3 月 17 日中华人民共和国主席令第 63 号公布 自 1996 年 10 月 1 日起施行)

目　　录

第一章　总　　则

第一条　为了规范行政处罚的设定和实施，保障和监督行政机关有效实施行政管理，维护公共利益和社会秩序，保护公民、法人或者其他组织的合法权益，根据宪法，制定本法。

第二条 行政处罚的设定和实施，适用本法。

第三条 公民、法人或者其他组织违反行政管理秩序的行为，应当给予行政处罚的，依照本法由法律、法规或者规章规定，并由行政机关依照本法规定的程序实施。

没有法定依据或者不遵守法定程序的，行政处罚无效。

第四条 行政处罚遵循公正、公开的原则。

设定和实施行政处罚必须以事实为依据，与违法行为的事实、性质、情节以及社会危害程度相当。

对违法行为给予行政处罚的规定必须公布；未经公布的，不得作为行政处罚的依据。

第五条 实施行政处罚，纠正违法行为，应当坚持处罚与教育相结合，教育公民、法人或者其他组织自觉守法。

第六条 公民、法人或者其他组织对行政机关所给予的行政处罚，享有陈述权、申辩权；对行政处罚不服的，有权依法申请行政复议或者提起行政诉讼。

公民、法人或者其他组织因行政机关违法给予行政处罚受到损害的，有权依法提出赔偿要求。

第七条 公民、法人或者其他组织因违法受到行政处罚，其违法行为对他人造成损害的，应当依法承担民事责任。

违法行为构成犯罪，应当依法追究刑事责任，不得以行政处罚代替刑事处罚。

第二章 行政处罚的种类和设定

第八条 行政处罚的种类：

（一）警告；

（二）罚款；

（三）没收违法所得、没收非法财物；

（四）责令停产停业；

（五）暂扣或者吊销许可证、暂扣或者吊销执照；

（六）行政拘留；

（七）法律、行政法规规定的其他行政处罚。

第九条 法律可以设定各种行政处罚。

限制人身自由的行政处罚，只能由法律设定。

第十条 行政法规可以设定除限制人身自由以外的行政处罚。

法律对违法行为已经作出行政处罚规定，行政法规需要作出具体规定的，必须在法律规定的给予行政处罚的行为、种类和幅度的范围内规定。

第十一条 地方性法规可以设定除限制人身自由、吊销企业营业执照以外的行政处罚。

法律、行政法规对违法行为已经作出行政处罚规定，地方性法规需要作出具体规定的，必须在法律、行政法规规定的给予行政处罚的行为、种类和幅度的范围内规定。

第十二条 国务院部、委员会制定的规章可以在法律、行政法规规定的给予行政处罚的行为、种类和幅度的范围内作出具体规定。

尚未制定法律、行政法规的，前款规定的国务院部、委员会制定的规章对违反行政管理秩序的行为，可以设定警告或者一定数量罚款的行政处罚。罚款的限额由国务院规定。

国务院可以授权具有行政处罚权的直属机构依照本条第一款、第二款的规定，规定行政处罚。

第十三条 省、自治区、直辖市人民政府和省、自治区人民政府所在地的市人民政府以及经国务院批准的较大的市人民政府制定的规章可以在法律、法规规定的给予行政处罚的行为、种类和幅度的范围内作出具体规定。

尚未制定法律、法规的，前款规定的人民政府制定的规章对违反行政管理秩序的行为，可以设定警告或者一定数量罚款的行政处罚。罚款的限额由省、自治区、直辖市人民代表大会常务委员会规定。

第十四条 除本法第九条、第十条、第十一条、第十二条以及第十三条的规定外，其他规范性文件不得设定行政处罚。

第三章 行政处罚的实施机关

第十五条 行政处罚由具有行政处罚权的行政机关在法定职权范围内实施。

第十六条 国务院或者经国务院授权的省、自治区、直辖市人民政府可以决定一个行政机关行使有关行政机关的行政处罚权，但限制人身自由的行政处罚权只能由公安机关行使。

第十七条 法律、法规授权的具有管理公共事务职能的组织可以在法定授权范围内实施行政处罚。

第十八条 行政机关依照法律、法规或者规章的规定，可以在其法定权限内委托符合本法第十九条规定条件的组织实施行政处罚。行政机关不得委托其他组织或者个人实施行政处罚。

委托行政机关对受委托的组织实施行政处罚的行为应当负责监督，并对该行为的后果承担法律责任。

受委托组织在委托范围内，以委托行政机关名义实施行政处罚；不得再委托其他任何组织或者个人实施行政处罚。

第十九条 受委托组织必须符合以下条件：

（一）依法成立的管理公共事务的事业组织；

（二）具有熟悉有关法律、法规、规章和业务的工作人员；

（三）对违法行为需要进行技术检查或者技术鉴定的，应当有条件组织进行相应的技术检查或者技术鉴定。

第四章　行政处罚的管辖和适用

第二十条　行政处罚由违法行为发生地的县级以上地方人民政府具有行政处罚权的行政机关管辖。法律、行政法规另有规定的除外。

第二十一条　对管辖发生争议的，报请共同的上一级行政机关指定管辖。

第二十二条　违法行为构成犯罪的，行政机关必须将案件移送司法机关，依法追究刑事责任。

第二十三条　行政机关实施行政处罚时，应当责令当事人改正或者限期改正违法行为。

第二十四条　对当事人的同一个违法行为，不得给予两次以上罚款的行政处罚。

第二十五条　不满 14 周岁的人有违法行为的，不予行政处罚，责令监护人加以管教；已满 14 周岁不满 18 周岁的人有违法行为的，从轻或者减轻行政处罚。

第二十六条　精神病人在不能辨认或者不能控制自己行为时有违法行为的，不予行政处罚，但应当责令其监护人严加看管和治疗。间歇性精神病人在精神正常时有违法行为的，应当给予行政处罚。

第二十七条　当事人有下列情形之一的，应当依法从轻或者减轻行政处罚：

（一）主动消除或者减轻违法行为危害后果的；

（二）受他人胁迫有违法行为的；

（三）配合行政机关查处违法行为有立功表现的；

（四）其他依法从轻或者减轻行政处罚的。

违法行为轻微并及时纠正，没有造成危害后果的，不予行政处罚。

第二十八条　违法行为构成犯罪，人民法院判处拘役或者有期徒刑时，行政机关已经给予当事人行政拘留的，应当依法折抵相应刑期。

违法行为构成犯罪，人民法院判处罚金时，行政机关已经给予当事人罚款的，应当折抵相应罚金。

第二十九条　违法行为在 2 年内未被发现的，不再给予行政处罚。法律另有规定的除外。

前款规定的期限，从违法行为发生之日起计算；违法行为有连续或者继续状态的，从行为终了之日起计算。

第五章　行政处罚的决定

第三十条　公民、法人或者其他组织违反行政管理秩序的行为，依法应当给予行政处罚的，行政机关必须查明事实；违法事实不清的，不得给予行政处罚。

第三十一条　行政机关在作出行政处罚决定之前，应当告知当事人作出行政处罚决定的事实、理由及依据，并告知当事人依法享有的权利。

第三十二条　当事人有权进行陈述和申辩。行政机关必须充分听取当事人的意见，对当事人提出的事实、理由和证据，应当进行复核；当事人提出的事实、理由或者证据成立的，行政机关应当采纳。

行政机关不得因当事人申辩而加重处罚。

第一节　简　易　程　序

第三十三条　违法事实确凿并有法定依据，对公民处以 50 元以下、对法人或者其他组织处以 1000 元以下罚款或者警告的行政处罚的，可以当场作出行政处罚决定。当事人应当依照本法第四十六条、第四十七条、第四十八条的规定履行行政处罚决定。

第三十四条　执法人员当场作出行政处罚决定的，应当向当事人出示执法身份证件，填写预定格式、编有号码的行政处罚决定书。行政处罚决定书应当当场交付当事人。

前款规定的行政处罚决定书应当载明当事人的违法行为、行政处罚依据、罚款数额、时间、地点以及行政机关名称，并由执法人员签名或者盖章。

执法人员当场作出的行政处罚决定，必须报所属行政机关备案。

第三十五条　当事人对当场作出的行政处罚决定不服的，可以依法申请行政复议或者提起行政诉讼。

第二节　一般程序

第三十六条　除本法第三十三条规定的可以当场作出的行政处罚外，行政机关发现公民、法人或者其他组织有依法应当给予行政处罚的行为的，必须全面、客观、公正地调查，收集有关证据；必要时，依照法律、法规的规定，可以进行检查。

第三十七条　行政机关在调查或者进行检查时，执法人员不得少于两人，并应当向当事人或者有关人员出示证件。当事人或者有关人员应当如实回答询问，并协助调查或者检查，不得阻挠。询问或者检查应当制作笔录。

行政机关在收集证据时，可以采取抽样取证的方法；在证据可能灭失或者以后难以取得的情况下，经行政机关负责人批准，可以先行登记保存，并应当在 7 日内及时作出处理决定，在此期间，当事人或者有关人员不得销毁或者转移证据。

执法人员与当事人有直接利害关系的，应当回避。

第三十八条　调查终结，行政机关负责人应当对调查结果进行审查，根据不同情况，分别作出如下决定：

（一）确有应受行政处罚的违法行为的，根据情节轻重及具体情况，作出行政处罚决定；

（二）违法行为轻微，依法可以不予行政处罚的，不予行政处罚；

（三）违法事实不能成立的，不得给予行政处罚；

（四）违法行为已构成犯罪的，移送司法机关。

对情节复杂或者重大违法行为给予较重的行政处罚，行政机关的负责人应当集体讨论决定。

第三十九条　行政机关依照本法第三十八条的规定给予行政处罚，应当制作行政处罚决定书。行政处罚决定书应当载明下列事项：

（一）当事人的姓名或者名称、地址；

（二）违反法律、法规或者规章的事实和证据；

（三）行政处罚的种类和依据；

（四）行政处罚的履行方式和期限；

（五）不服行政处罚决定，申请行政复议或者提起行政诉讼的途径和期限；

（六）作出行政处罚决定的行政机关名称和作出决定的日期。

行政处罚决定书必须盖有作出行政处罚决定的行政机关的印章。

第四十条　行政处罚决定书应当在宣告后当场交付当事人；当事人不在场的，行政机关应当在 7 日内依照民事诉讼法的有关规定，将行政处罚决定书送达当事人。

第四十一条　行政机关及其执法人员在作出行政处罚决定之前，不依照本法第三十一条、第三十二条的规定向当事人告知给予行政处罚的事实、理由和依据，或者拒绝听取当事人的陈述、申辩，行政处罚决定不能成立；当事人放弃陈述或者申辩权利的除外。

第三节 听证程序

第四十二条 行政机关作出责令停产停业、吊销许可证或者执照、较大数额罚款等行政处罚决定之前，应当告知当事人有要求举行听证的权利；当事人要求听证的，行政机关应当组织听证。当事人不承担行政机关组织听证的费用。听证依照以下程序组织：

（一）当事人要求听证的，应当在行政机关告知后3日内提出；

（二）行政机关应当在听证的7日前，通知当事人举行听证的时间、地点；

（三）除涉及国家秘密、商业秘密或者个人隐私外，听证公开举行；

（四）听证由行政机关指定的非本案调查人员主持；当事人认为主持人与本案有直接利害关系的，有权申请回避；

（五）当事人可以亲自参加听证，也可以委托1至2人代理；

（六）举行听证时，调查人员提出当事人违法的事实、证据和行政处罚建议；当事人进行申辩和质证；

（七）听证应当制作笔录；笔录应当交当事人审核无误后签字或者盖章。

当事人对限制人身自由的行政处罚有异议的，依照治安管理处罚条例有关规定执行。

第四十三条 听证结束后，行政机关依照本法第三十八条的规定，作出决定。

第六章　行政处罚的执行

第四十四条　行政处罚决定依法作出后，当事人应当在行政处罚决定的期限内，予以履行。

第四十五条　当事人对行政处罚决定不服申请行政复议或者提起行政诉讼的，行政处罚不停止执行，法律另有规定的除外。

第四十六条　作出罚款决定的行政机关应当与收缴罚款的机构分离。

除依照本法第四十七条、第四十八条的规定当场收缴的罚款外，作出行政处罚决定的行政机关及其执法人员不得自行收缴罚款。

当事人应当自收到行政处罚决定书之日起 15 日内，到指定的银行缴纳罚款。银行应当收受罚款，并将罚款直接上缴国库。

第四十七条　依照本法第三十三条的规定当场作出行政处罚决定，有下列情形之一的，执法人员可以当场收缴罚款：

（一）依法给予 20 元以下的罚款的；

（二）不当场收缴事后难以执行的。

第四十八条　在边远、水上、交通不便地区，行政机关及其执法人员依照本法第三十三条、第三十八条的规定作出罚款决定后，当事人向指定的银行缴纳罚款确有困难，经当事人提出，行政机关及其执法人员可以当场收缴罚款。

第四十九条　行政机关及其执法人员当场收缴罚款的，必须向当事人出具省、自治区、直辖市财政部门统一制发的罚款收据；不出具财政部门统一制发的罚款收据的，当事人有权拒绝缴纳罚款。

第五十条　执法人员当场收缴的罚款，应当自收缴罚款之日起 2 日内，交至行政机关；在水上当场收缴的罚款，应当自抵岸之日起 2 日内交至行政机关；行政机关应当在 2 日内将罚款缴付指定的银行。

第五十一条 当事人逾期不履行行政处罚决定的，作出行政处罚决定的行政机关可以采取下列措施：

（一）到期不缴纳罚款的，每日按罚款数额的 3% 加处罚款；

（二）根据法律规定，将查封、扣押的财物拍卖或者将冻结的存款划拨抵缴罚款；

（三）申请人民法院强制执行。

第五十二条 当事人确有经济困难，需要延期或者分期缴纳罚款的，经当事人申请和行政机关批准，可以暂缓或者分期缴纳。

第五十三条 除依法应当予以销毁的物品外，依法没收的非法财物必须按照国家规定公开拍卖或者按照国家有关规定处理。

罚款、没收违法所得或者没收非法财物拍卖的款项，必须全部上缴国库，任何行政机关或者个人不得以任何形式截留、私分或者变相私分；财政部门不得以任何形式向作出行政处罚决定的行政机关返还罚款、没收的违法所得或者返还没收非法财物的拍卖款项。

第五十四条 行政机关应当建立健全对行政处罚的监督制度。县级以上人民政府应当加强对行政处罚的监督检查。

公民、法人或者其他组织对行政机关作出的行政处罚，有权申诉或者检举；行政机关应当认真审查，发现行政处罚有错误的，应当主动改正。

第七章　法 律 责 任

第五十五条 行政机关实施行政处罚，有下列情形之一的，由上级行政机关或者有关部门责令改正，可以对直接负责的主管人员和其他直接责任人员依法给予行政处分：

（一）没有法定的行政处罚依据的；

（二）擅自改变行政处罚种类、幅度的；

（三）违反法定的行政处罚程序的；

（四）违反本法第十八条关于委托处罚的规定的。

第五十六条 行政机关对当事人进行处罚不使用罚款、没收财物单据或者使用非法定部门制发的罚款、没收财物单据的，当事人有权拒绝处罚，并有权予以检举。上级行政机关或者有关部门对使用的非法单据予以收缴销毁，对直接负责的主管人员和其他直接责任人员依法给予行政处分。

第五十七条 行政机关违反本法第四十六条的规定自行收缴罚款的，财政部门违反本法第五十三条的规定向行政机关返还罚款或者拍卖款项的，由上级行政机关或者有关部门责令改正，对直接负责的主管人员和其他直接责任人员依法给予行政处分。

第五十八条 行政机关将罚款、没收的违法所得或者财物截留、私分或者变相私分的，由财政部门或者有关部门予以追缴，对直接负责的主管人员和其他直接责任人员依法给予行政处分；情节严重构成犯罪的，依法追究刑事责任。

执法人员利用职务上的便利，索取或者收受他人财物、收缴罚款据为己有，构成犯罪的，依法追究刑事责任；情节轻微不构成犯罪的，依法给予行政处分。

第五十九条 行政机关使用或者损毁扣押的财物，对当事人造成损失的，应当依法予以赔偿，对直接负责的主管人员和其他直接责任人员依法给予行政处分。

第六十条 行政机关违法实行检查措施或者执行措施，给公民人身或者财产造成损害、给法人或者其他组织造成损失的，应当依法予以赔偿，对直接负责的主管人员和其他直接责任人员依法给予行政处分；情节严重构成犯罪的，依法追究刑事责任。

第六十一条　行政机关为牟取本单位私利，对应当依法移交司法机关追究刑事责任的不移交，以行政处罚代替刑罚，由上级行政机关或者有关部门责令纠正；拒不纠正的，对直接负责的主管人员给予行政处分；徇私舞弊、包庇纵容违法行为的，比照刑法第一百八十八条的规定追究刑事责任。

第六十二条　执法人员玩忽职守，对应当予以制止和处罚的违法行为不予制止、处罚，致使公民、法人或者其他组织的合法权益、公共利益和社会秩序遭受损害的，对直接负责的主管人员和其他直接责任人员依法给予行政处分；情节严重构成犯罪的，依法追究刑事责任。

第八章　附　　则

第六十三条　本法第四十六条罚款决定与罚款收缴分离的规定，由国务院制定具体实施办法。

第六十四条　本法自 1996 年 10 月 1 日起施行。

本法公布前制定的法规和规章关于行政处罚的规定与本法不符合的，应当自本法公布之日起，依照本法规定予以修订，在 1997 年 12 月 31 日前修订完毕。

中华人民共和国对外贸易法

（1994 年 5 月 12 日第八届全国人民代表大会常务委员会第
七次会议通过　2004 年 4 月 6 日第十届全国人民代表大会常务
委员会第八次会议修订通过　2004 年 4 月 6 日中华人民共和国
主席令第 15 号公布　自 2004 年 7 月 1 日起施行）

目　　录

第一章　总　　则

第一条　为了扩大对外开放，发展对外贸易，维护对外贸易
秩序，保护对外贸易经营者的合法权益，促进社会主义市场经济

的健康发展，制定本法。

第二条　本法适用于对外贸易以及与对外贸易有关的知识产权保护。

本法所称对外贸易，是指货物进出口、技术进出口和国际服务贸易。

第三条　国务院对外贸易主管部门依照本法主管全国对外贸易工作。

第四条　国家实行统一的对外贸易制度，鼓励发展对外贸易，维护公平、自由的对外贸易秩序。

第五条　中华人民共和国根据平等互利的原则，促进和发展同其他国家和地区的贸易关系，缔结或者参加关税同盟协定、自由贸易区协定等区域经济贸易协定，参加区域经济组织。

第六条　中华人民共和国在对外贸易方面根据所缔结或者参加的国际条约、协定，给予其他缔约方、参加方最惠国待遇、国民待遇等待遇，或者根据互惠、对等原则给予对方最惠国待遇、国民待遇等待遇。

第七条　任何国家或者地区在贸易方面对中华人民共和国采取歧视性的禁止、限制或者其他类似措施的，中华人民共和国可以根据实际情况对该国家或者该地区采取相应的措施。

第二章　对外贸易经营者

第八条　本法所称对外贸易经营者，是指依法办理工商登记或者其他执业手续，依照本法和其他有关法律、行政法规的规定从事对外贸易经营活动的法人、其他组织或者个人。

第九条　从事货物进出口或者技术进出口的对外贸易经营者，应当向国务院对外贸易主管部门或者其委托的机构办理备案登记；但是，法律、行政法规和国务院对外贸易主管部门规定不需要备案登记的除外。备案登记的具体办法由国务院对外贸易主管部门规定。

对外贸易经营者未按照规定办理备案登记的，海关不予办理进出口货物的报关验放手续。

第十条 从事国际服务贸易，应当遵守本法和其他有关法律、行政法规的规定。

从事对外工程承包或者对外劳务合作的单位，应当具备相应的资质或者资格。具体办法由国务院规定。

第十一条 国家可以对部分货物的进出口实行国营贸易管理。实行国营贸易管理货物的进出口业务只能由经授权的企业经营；但是，国家允许部分数量的国营贸易管理货物的进出口业务由非授权企业经营的除外。

实行国营贸易管理的货物和经授权经营企业的目录，由国务院对外贸易主管部门会同国务院其他有关部门确定、调整并公布。

违反本条第一款规定，擅自进出口实行国营贸易管理的货物的，海关不予放行。

第十二条 对外贸易经营者可以接受他人的委托，在经营范围内代为办理对外贸易业务。

第十三条 对外贸易经营者应当按照国务院对外贸易主管部门或者国务院其他有关部门依法作出的规定，向有关部门提交与其对外贸易经营活动有关的文件及资料。有关部门应当为提供者保守商业秘密。

第三章 货物进出口与技术进出口

第十四条 国家准许货物与技术的自由进出口。但是，法律、行政法规另有规定的除外。

第十五条 国务院对外贸易主管部门基于监测进出口情况的需要，可以对部分自由进出口的货物实行进出口自动许可并公布其目录。

实行自动许可的进出口货物，收货人、发货人在办理海关报关手续前提出自动许可申请的，国务院对外贸易主管部门或者其委托的机构应当予以许可；未办理自动许可手续的，海关不予放行。

进出口属于自由进出口的技术，应当向国务院对外贸易主管部门或者其委托的机构办理合同备案登记。

第十六条 国家基于下列原因，可以限制或者禁止有关货物、技术的进口或者出口：

（一）为维护国家安全、社会公共利益或者公共道德，需要限制或者禁止进口或者出口的；

（二）为保护人的健康或者安全，保护动物、植物的生命或者健康，保护环境，需要限制或者禁止进口或者出口的；

（三）为实施与黄金或者白银进出口有关的措施，需要限制或者禁止进口或者出口的；

（四）国内供应短缺或者为有效保护可能用竭的自然资源，需要限制或者禁止出口的；

（五）输往国家或者地区的市场容量有限，需要限制出口的；

（六）出口经营秩序出现严重混乱，需要限制出口的；

（七）为建立或者加快建立国内特定产业，需要限制进口的；

（八）对任何形式的农业、牧业、渔业产品有必要限制进口的；

（九）为保障国家国际金融地位和国际收支平衡，需要限制进口的；

（十）依照法律、行政法规的规定，其他需要限制或者禁止进口或者出口的；

（十一）根据我国缔结或者参加的国际条约、协定的规定，其他需要限制或者禁止进口或者出口的。

第十七条　国家对与裂变、聚变物质或者衍生此类物质的物质有关的货物、技术进出口，以及与武器、弹药或者其他军用物资有关的进出口，可以采取任何必要的措施，维护国家安全。

在战时或者为维护国际和平与安全，国家在货物、技术进出口方面可以采取任何必要的措施。

第十八条　国务院对外贸易主管部门会同国务院其他有关部门，依照本法第十六条和第十七条的规定，制定、调整并公布限制或者禁止进出口的货物、技术目录。

国务院对外贸易主管部门或者由其会同国务院其他有关部门，经国务院批准，可以在本法第十六条和第十七条规定的范围内，临时决定限制或者禁止前款规定目录以外的特定货物、技术的进口或者出口。

第十九条　国家对限制进口或者出口的货物，实行配额、许可证等方式管理；对限制进口或者出口的技术，实行许可证管理。

实行配额、许可证管理的货物、技术，应当按照国务院规定经国务院对外贸易主管部门或者经其会同国务院其他有关部门许可，方可进口或者出口。

国家对部分进口货物可以实行关税配额管理。

第二十条　进出口货物配额、关税配额，由国务院对外贸易主管部门或者国务院其他有关部门在各自的职责范围内，按照公开、公平、公正和效益的原则进行分配。具体办法由国务院规定。

第二十一条　国家实行统一的商品合格评定制度，根据有关法律、行政法规的规定，对进出口商品进行认证、检验、检疫。

第二十二条　国家对进出口货物进行原产地管理。具体办法由国务院规定。

第二十三条　对文物和野生动物、植物及其产品等，其他法律、行政法规有禁止或者限制进出口规定的，依照有关法律、行政法规的规定执行。

第四章　国际服务贸易

第二十四条　中华人民共和国在国际服务贸易方面根据所缔结或者参加的国际条约、协定中所作的承诺，给予其他缔约方、参加方市场准入和国民待遇。

第二十五条　国务院对外贸易主管部门和国务院其他有关部门，依照本法和其他有关法律、行政法规的规定，对国际服务贸易进行管理。

第二十六条　国家基于下列原因，可以限制或者禁止有关的国际服务贸易：

（一）为维护国家安全、社会公共利益或者公共道德，需要限制或者禁止的；

（二）为保护人的健康或者安全，保护动物、植物的生命或者健康，保护环境，需要限制或者禁止的；

（三）为建立或者加快建立国内特定服务产业，需要限制的；

（四）为保障国家外汇收支平衡，需要限制的；

（五）依照法律、行政法规的规定，其他需要限制或者禁止的；

（六）根据我国缔结或者参加的国际条约、协定的规定，其他需要限制或者禁止的。

第二十七条　国家对与军事有关的国际服务贸易，以及与裂变、聚变物质或者衍生此类物质的物质有关的国际服务贸易，可以采取任何必要的措施，维护国家安全。

在战时或者为维护国际和平与安全，国家在国际服务贸易方面可以采取任何必要的措施。

第二十八条　国务院对外贸易主管部门会同国务院其他有关部门，依照本法第二十六条、第二十七条和其他有关法律、行政法规的规定，制定、调整并公布国际服务贸易市场准入目录。

第五章　与对外贸易有关的
知识产权保护

第二十九条　国家依照有关知识产权的法律、行政法规，保护与对外贸易有关的知识产权。

进口货物侵犯知识产权，并危害对外贸易秩序的，国务院对外贸易主管部门可以采取在一定期限内禁止侵权人生产、销售的有关货物进口等措施。

第三十条　知识产权权利人有阻止被许可人对许可合同中的知识产权的有效性提出质疑、进行强制性一揽子许可、在许可合同中规定排他性返授条件等行为之一，并危害对外贸易公平竞争秩序的，国务院对外贸易主管部门可以采取必要的措施消除危害。

第三十一条　其他国家或者地区在知识产权保护方面未给予中华人民共和国的法人、其他组织或者个人国民待遇，或者不能对来源于中华人民共和国的货物、技术或者服务提供充分有效的知识产权保护的，国务院对外贸易主管部门可以依照本法和其他有关法律、行政法规的规定，并根据中华人民共和国缔结或者参加的国际条约、协定，对与该国家或者该地区的贸易采取必要的措施。

第六章　对外贸易秩序

第三十二条　在对外贸易经营活动中，不得违反有关反垄断的法律、行政法规的规定实施垄断行为。

在对外贸易经营活动中实施垄断行为，危害市场公平竞争的，依照有关反垄断的法律、行政法规的规定处理。

有前款违法行为，并危害对外贸易秩序的，国务院对外贸易主管部门可以采取必要的措施消除危害。

第三十三条　在对外贸易经营活动中，不得实施以不正当的低价销售商品、串通投标、发布虚假广告、进行商业贿赂等不正当竞争行为。

在对外贸易经营活动中实施不正当竞争行为的，依照有关反不正当竞争的法律、行政法规的规定处理。

有前款违法行为，并危害对外贸易秩序的，国务院对外贸易主管部门可以采取禁止该经营者有关货物、技术进出口等措施消除危害。

第三十四条　在对外贸易活动中，不得有下列行为：

（一）伪造、变造进出口货物原产地标记，伪造、变造或者买卖进出口货物原产地证书、进出口许可证、进出口配额证明或者其他进出口证明文件；

（二）骗取出口退税；

（三）走私；

（四）逃避法律、行政法规规定的认证、检验、检疫；

（五）违反法律、行政法规规定的其他行为。

第三十五条　对外贸易经营者在对外贸易经营活动中，应当遵守国家有关外汇管理的规定。

第三十六条　违反本法规定，危害对外贸易秩序的，国务院对外贸易主管部门可以向社会公告。

第七章　对外贸易调查

第三十七条　为了维护对外贸易秩序，国务院对外贸易主管部门可以自行或者会同国务院其他有关部门，依照法律、行政法规的规定对下列事项进行调查：

（一）货物进出口、技术进出口、国际服务贸易对国内产业及其竞争力的影响；

（二）有关国家或者地区的贸易壁垒；

（三）为确定是否应当依法采取反倾销、反补贴或者保障措施等对外贸易救济措施，需要调查的事项；

（四）规避对外贸易救济措施的行为；

（五）对外贸易中有关国家安全利益的事项；

（六）为执行本法第七条、第二十九条第二款、第三十条、第三十一条、第三十二条第三款、第三十三条第三款的规定，需要调查的事项；

（七）其他影响对外贸易秩序，需要调查的事项。

第三十八条　启动对外贸易调查，由国务院对外贸易主管部门发布公告。

调查可以采取书面问卷、召开听证会、实地调查、委托调查等方式进行。

国务院对外贸易主管部门根据调查结果，提出调查报告或者作出处理裁定，并发布公告。

第三十九条　有关单位和个人应当对对外贸易调查给予配合、协助。

国务院对外贸易主管部门和国务院其他有关部门及其工作人

员进行对外贸易调查，对知悉的国家秘密和商业秘密负有保密义务。

第八章　对外贸易救济

第四十条　国家根据对外贸易调查结果，可以采取适当的对外贸易救济措施。

第四十一条　其他国家或者地区的产品以低于正常价值的倾销方式进入我国市场，对已建立的国内产业造成实质损害或者产生实质损害威胁，或者对建立国内产业造成实质阻碍的，国家可以采取反倾销措施，消除或者减轻这种损害或者损害的威胁或者阻碍。

第四十二条　其他国家或者地区的产品以低于正常价值出口至第三国市场，对我国已建立的国内产业造成实质损害或者产生实质损害威胁，或者对我国建立国内产业造成实质阻碍的，应国内产业的申请，国务院对外贸易主管部门可以与该第三国政府进行磋商，要求其采取适当的措施。

第四十三条　进口的产品直接或者间接地接受出口国家或者地区给予的任何形式的专向性补贴，对已建立的国内产业造成实质损害或者产生实质损害威胁，或者对建立国内产业造成实质阻碍的，国家可以采取反补贴措施，消除或者减轻这种损害或者损害的威胁或者阻碍。

第四十四条　因进口产品数量大量增加，对生产同类产品或者与其直接竞争的产品的国内产业造成严重损害或者严重损害威胁的，国家可以采取必要的保障措施，消除或者减轻这种损害或者损害的威胁，并可以对该产业提供必要的支持。

第四十五条　因其他国家或者地区的服务提供者向我国提供的服务增加，对提供同类服务或者与其直接竞争的服务的国内产业造成损害或者产生损害威胁的，国家可以采取必要的救济措施，消除或者减轻这种损害或者损害的威胁。

第四十六条 因第三国限制进口而导致某种产品进入我国市场的数量大量增加，对已建立的国内产业造成损害或者产生损害威胁，或者对建立国内产业造成阻碍的，国家可以采取必要的救济措施，限制该产品进口。

第四十七条 与中华人民共和国缔结或者共同参加经济贸易条约、协定的国家或者地区，违反条约、协定的规定，使中华人民共和国根据该条约、协定享有的利益丧失或者受损，或者阻碍条约、协定目标实现的，中华人民共和国政府有权要求有关国家或者地区政府采取适当的补救措施，并可以根据有关条约、协定中止或者终止履行相关义务。

第四十八条 国务院对外贸易主管部门依照本法和其他有关法律的规定，进行对外贸易的双边或者多边磋商、谈判和争端的解决。

第四十九条 国务院对外贸易主管部门和国务院其他有关部门应当建立货物进出口、技术进出口和国际服务贸易的预警应急机制，应对对外贸易中的突发和异常情况，维护国家经济安全。

第五十条 国家对规避本法规定的对外贸易救济措施的行为，可以采取必要的反规避措施。

第九章 对外贸易促进

第五十一条 国家制定对外贸易发展战略，建立和完善对外贸易促进机制。

第五十二条 国家根据对外贸易发展的需要，建立和完善为对外贸易服务的金融机构，设立对外贸易发展基金、风险基金。

第五十三条 国家通过进出口信贷、出口信用保险、出口退税及其他促进对外贸易的方式，发展对外贸易。

第五十四条　国家建立对外贸易公共信息服务体系，向对外贸易经营者和其他社会公众提供信息服务。

第五十五条　国家采取措施鼓励对外贸易经营者开拓国际市场，采取对外投资、对外工程承包和对外劳务合作等多种形式，发展对外贸易。

第五十六条　对外贸易经营者可以依法成立和参加有关协会、商会。

有关协会、商会应当遵守法律、行政法规，按照章程对其成员提供与对外贸易有关的生产、营销、信息、培训等方面的服务，发挥协调和自律作用，依法提出有关对外贸易救济措施的申请，维护成员和行业的利益，向政府有关部门反映成员有关对外贸易的建议，开展对外贸易促进活动。

第五十七条　中国国际贸易促进组织按照章程开展对外联系，举办展览，提供信息、咨询服务和其他对外贸易促进活动。

第五十八条　国家扶持和促进中小企业开展对外贸易。

第五十九条　国家扶持和促进民族自治地方和经济不发达地区发展对外贸易。

第十章　法　律　责　任

第六十条　违反本法第十一条规定，未经授权擅自进出口实行国营贸易管理的货物的，国务院对外贸易主管部门或者国务院其他有关部门可以处五万元以下罚款；情节严重的，可以自行政处罚决定生效之日起三年内，不受理违法行为人从事国营贸易管理货物进出口业务的申请，或者撤销已给予其从事其他国营贸易管理货物进出口的授权。

第六十一条　进出口属于禁止进出口的货物的，或者未经许可擅自进出口属于限制进出口的货物的，由海关依照有关法律、行政法规的规定处理、处罚；构成犯罪的，依法追究刑事责任。

进出口属于禁止进出口的技术的，或者未经许可擅自进出口属于限制进出口的技术的，依照有关法律、行政法规的规定处理、处罚；法律、行政法规没有规定的，由国务院对外贸易主管部门责令改正，没收违法所得，并处违法所得一倍以上五倍以下罚款，没有违法所得或者违法所得不足一万元的，处一万元以上五万元以下罚款；构成犯罪的，依法追究刑事责任。

自前两款规定的行政处罚决定生效之日或者刑事处罚判决生效之日起，国务院对外贸易主管部门或者国务院其他有关部门可以在三年内不受理违法行为人提出的进出口配额或者许可证的申请，或者禁止违法行为人在一年以上三年以下的期限内从事有关货物或者技术的进出口经营活动。

第六十二条 从事属于禁止的国际服务贸易的，或者未经许可擅自从事属于限制的国际服务贸易的，依照有关法律、行政法规的规定处罚；法律、行政法规没有规定的，由国务院对外贸易主管部门责令改正，没收违法所得，并处违法所得一倍以上五倍以下罚款，没有违法所得或者违法所得不足一万元的，处一万元以上五万元以下罚款；构成犯罪的，依法追究刑事责任。

国务院对外贸易主管部门可以禁止违法行为人自前款规定的行政处罚决定生效之日或者刑事处罚判决生效之日起一年以上三年以下的期限内从事有关的国际服务贸易经营活动。

第六十三条 违反本法第三十四条规定，依照有关法律、行政法规的规定处罚；构成犯罪的，依法追究刑事责任。

国务院对外贸易主管部门可以禁止违法行为人自前款规定的行政处罚决定生效之日或者刑事处罚判决生效之日起一年以上三年以下的期限内从事有关的对外贸易经营活动。

第六十四条 依照本法第六十一条至第六十三条规定被禁止

从事有关对外贸易经营活动的，在禁止期限内，海关根据国务院对外贸易主管部门依法作出的禁止决定，对该对外贸易经营者的有关进出口货物不予办理报关验放手续，外汇管理部门或者外汇指定银行不予办理有关结汇、售汇手续。

第六十五条 依照本法负责对外贸易管理工作的部门的工作人员玩忽职守、徇私舞弊或者滥用职权，构成犯罪的，依法追究刑事责任；尚不构成犯罪的，依法给予行政处分。

依照本法负责对外贸易管理工作的部门的工作人员利用职务上的便利，索取他人财物，或者非法收受他人财物为他人谋取利益，构成犯罪的，依法追究刑事责任；尚不构成犯罪的，依法给予行政处分。

第六十六条 对外贸易经营活动当事人对依照本法负责对外贸易管理工作的部门作出的具体行政行为不服的，可以依法申请行政复议或者向人民法院提起行政诉讼。

第十一章 附　　则

第六十七条 与军品、裂变和聚变物质或者衍生此类物质的物质有关的对外贸易管理以及文化产品的进出口管理，法律、行政法规另有规定的，依照其规定。

第六十八条 国家对边境地区与接壤国家边境地区之间的贸易以及边民互市贸易，采取灵活措施，给予优惠和便利。具体办法由国务院规定。

第六十九条 中华人民共和国的单独关税区不适用本法。

第七十条 本法自 2004 年 7 月 1 日起施行。

中华人民共和国进出口商品检验法

（1989 年 2 月 21 日第七届全国人民代表大会常务委员会第六次会议通过　根据 2002 年 4 月 28 日第九届全国人民代表大会常务委员会第二十七次会议《关于修改〈中华人民共和国进出口商品检验法〉的决定》修正）

目　　录

第一章　总　　则

第一条　为了加强进出口商品检验工作，规范进出口商品检验行为，维护社会公共利益和进出口贸易有关各方的合法权益，促进对外经济贸易关系的顺利发展，制定本法。

第二条　国务院设立进出口商品检验部门（以下简称国家商检部门），主管全国进出口商品检验工作。国家商检部门设在各地的进出口商品检验机构（以下简称商检机构）管理所辖地区的进出口商品检验工作。

第三条　商检机构和经国家商检部门许可的检验机构，依法对进出口商品实施检验。

第四条　进出口商品检验应当根据保护人类健康和安全、保护动物或者植物的生命和健康、保护环境、防止欺诈行为、维护国家安全的原则，由国家商检部门制定、调整必须实施检验的进出口商品目录（以下简称目录）并公布实施。

第五条　列入目录的进出口商品，由商检机构实施检验。

前款规定的进口商品未经检验的，不准销售、使用；前款规定的出口商品未经检验合格的，不准出口。

本条第一款规定的进出口商品，其中符合国家规定的免予检验条件的，由收货人或者发货人申请，经国家商检部门审查批准，可以免予检验。

第六条　必须实施的进出口商品检验，是指确定列入目录的进出口商品是否符合国家技术规范的强制性要求的合格评定活动。

合格评定程序包括：抽样、检验和检查；评估、验证和合格保证；注册、认可和批准以及各项的组合。

第七条　列入目录的进出口商品，按照国家技术规范的强制性要求进行检验；尚未制定国家技术规范的强制性要求的，应当依法及时制定，未制定之前，可以参照国家商检部门指定的国外有关标准进行检验。

第八条　经国家商检部门许可的检验机构，可以接受对外贸易关系人或者外国检验机构的委托，办理进出口商品检验鉴定业务。

第九条　法律、行政法规规定由其他检验机构实施检验的进出口商品或者检验项目，依照有关法律、行政法规的规定办理。

第十条　国家商检部门和商检机构应当及时收集和向有关方面提供进出口商品检验方面的信息。

国家商检部门和商检机构的工作人员在履行进出口商品检验的职责中，对所知悉的商业秘密负有保密义务。

第二章　进口商品的检验

第十一条　本法规定必须经商检机构检验的进口商品的收货人或者其代理人，应当向报关地的商检机构报检。海关凭商检机构签发的货物通关证明验放。

第十二条　本法规定必须经商检机构检验的进口商品的收货人或者其代理人，应当在商检机构规定的地点和期限内，接受商检机构对进口商品的检验。商检机构应当在国家商检部门统一规定的期限内检验完毕，并出具检验证单。

第十三条　本法规定必须经商检机构检验的进口商品以外的进口商品的收货人，发现进口商品质量不合格或者残损短缺，需要由商检机构出证索赔的，应当向商检机构申请检验出证。

第十四条　对重要的进口商品和大型的成套设备，收货人应当依据对外贸易合同约定在出口国装运前进行预检验、监造或者监装，主管部门应当加强监督；商检机构根据需要可以派出检验人员参加。

第三章　出口商品的检验

第十五条　本法规定必须经商检机构检验的出口商品的发货人或者其代理人，应当在商检机构规定的地点和期限内，向商检机构报检。商检机构应当在国家商检部门统一规定的期限内检验完毕，并出具检验证单。

对本法规定必须实施检验的出口商品，海关凭商检机构签发的货物通关证明验放。

第十六条　经商检机构检验合格发给检验证单的出口商品，应当在商检机构规定的期限内报关出口；超过期限的，应当重新报检。

第十七条　为出口危险货物生产包装容器的企业，必须申请商检机构进行包装容器的性能鉴定。生产出口危险货物的企业，必须申请商检机构进行包装容器的使用鉴定。使用未经鉴定合格的包装容器的危险货物，不准出口。

第十八条　对装运出口易腐烂变质食品的船舱和集装箱，承运人或者装箱单位必须在装货前申请检验。未经检验合格的，不准装运。

第四章　监督管理

第十九条　商检机构对本法规定必须经商检机构检验的进出口商品以外的进出口商品，根据国家规定实施抽查检验。

国家商检部门可以公布抽查检验结果或者向有关部门通报抽查检验情况。

第二十条　商检机构根据便利对外贸易的需要，可以按照国家规定对列入目录的出口商品进行出厂前的质量监督管理和检验。

第二十一条　为进出口货物的收发货人办理报检手续的代理人应当在商检机构进行注册登记；办理报检手续时应当向商检机构提交授权委托书。

第二十二条　国家商检部门可以按照国家有关规定，通过考核，许可符合条件的国内外检验机构承担委托的进出口商品检验鉴定业务。

第二十三条　国家商检部门和商检机构依法对经国家商检部门许可的检验机构的进出口商品检验鉴定业务活动进行监督，可以对其检验的商品抽查检验。

第二十四条　国家商检部门根据国家统一的认证制度，对有关的进出口商品实施认证管理。

第二十五条　商检机构可以根据国家商检部门同外国有关机构签订的协议或者接受外国有关机构的委托进行进出口商品质量认证工作，准许在认证合格的进出口商品上使用质量认证标志。

第二十六条　商检机构依照本法对实施许可制度的进出口商品实行验证管理，查验单证，核对证货是否相符。

第二十七条　商检机构根据需要，对检验合格的进出口商品，可以加施商检标志或者封识。

第二十八条　进出口商品的报检人对商检机构作出的检验结果有异议的，可以向原商检机构或者其上级商检机构以至国家商检部门申请复验，由受理复验的商检机构或者国家商检部门及时作出复验结论。

第二十九条　当事人对商检机构、国家商检部门作出的复验结论不服或者对商检机构作出的处罚决定不服的，可以依法申请行政复议，也可以依法向人民法院提起诉讼。

第三十条　国家商检部门和商检机构履行职责，必须遵守法律，维护国家利益，依照法定职权和法定程序严格执法，接受监督。

国家商检部门和商检机构应当根据依法履行职责的需要，加强队伍建设，使商检工作人员具有良好的政治、业务素质。商检工作人员应当定期接受业务培训和考核，经考核合格，方可上岗执行职务。

商检工作人员必须忠于职守，文明服务，遵守职业道德，不得滥用职权，谋取私利。

第三十一条　国家商检部门和商检机构应当建立健全内部监督制度，对其工作人员的执法活动进行监督检查。

商检机构内部负责受理报检、检验、出证放行等主要岗位的职责权限应当明确，并相互分离、相互制约。

第三十二条 任何单位和个人均有权对国家商检部门、商检机构及其工作人员的违法、违纪行为进行控告、检举。收到控告、检举的机关应当依法按照职责分工及时查处，并为控告人、检举人保密。

第五章 法律责任

第三十三条 违反本法规定，将必须经商检机构检验的进口商品未报经检验而擅自销售或者使用的，或者将必须经商检机构检验的出口商品未报经检验合格而擅自出口的，由商检机构没收违法所得，并处货值金额5%以上20%以下的罚款；构成犯罪的，依法追究刑事责任。

第三十四条 违反本法规定，未经国家商检部门许可，擅自从事进出口商品检验鉴定业务的，由商检机构责令停止非法经营，没收违法所得，并处违法所得1倍以上3倍以下的罚款。

第三十五条 进口或者出口属于掺杂掺假、以假充真、以次充好的商品或者以不合格进出口商品冒充合格进出口商品的，由商检机构责令停止进口或者出口，没收违法所得，并处货值金额50%以上3倍以下的罚款；构成犯罪的，依法追究刑事责任。

第三十六条 伪造、变造、买卖或者盗窃商检单证、印章、标志、封识、质量认证标志的，依法追究刑事责任；尚不够刑事处罚的，由商检机构责令改正，没收违法所得，并处货值金额等值以下的罚款。

第三十七条 国家商检部门、商检机构的工作人员违反本法规定，泄露所知悉的商业秘密的，依法给予行政处分，有违法所得的，没收违法所得；构成犯罪的，依法追究刑事责任。

第三十八条 国家商检部门、商检机构的工作人员滥用职权，故意刁难的，徇私舞弊，伪造检验结果的，或者玩忽职守，延误检验出证的，依法给予行政处分；构成犯罪的，依法追究刑事责任。

第六章 附 则

第三十九条 商检机构和其他检验机构依照本法的规定实施检验和办理检验鉴定业务，依照国家有关规定收取费用。

第四十条 国务院根据本法制定实施条例。

第四十一条 本法自 1989 年 8 月 1 日起施行。

中华人民共和国标准化法

（1988 年 12 月 29 日第七届全国人民代表大会常务委员会第
五次会议通过　1988 年 12 月 29 日中华人民共和国主席令第 11
号公布　1989 年 4 月 1 日起施行）

目　　录

第一章　总　　则

第一条　为了发展社会主义商品经济，促进技术进步，改进
产品质量，提高社会经济效益，维护国家和人民的利益，使标准
化工作适应社会主义现代化建设和发展对外经济关系的需要，制
定本法。

第二条　对下列需要统一的技术要求，应当制定标准：

（一）工业产品的品种、规格、质量、等级或者安全、卫生
要求。

（二）工业产品的设计、生产、检验、包装、储存、运输、
使用的方法或者生产、储存、运输过程中的安全、卫生要求。

（三）有关环境保护的各项技术要求和检验方法。

（四）建设工程的设计、施工方法和安全要求。

（五）有关工业生产、工程建设和环境保护的技术术语、符号、代号和制图方法。

重要农产品和其他需要制定标准的项目，由国务院规定。

第三条 标准化工作的任务是制定标准、组织实施标准和对标准的实施进行监督。

标准化工作应当纳入国民经济和社会发展计划。

第四条 国家鼓励积极采用国际标准。

第五条 国务院标准化行政主管部门统一管理全国标准化工作。国务院有关行政主管部门分工管理本部门、本行业的标准化工作。

省、自治区、直辖市标准化行政主管部门统一管理本行政区域的标准化工作。省、自治区、直辖市政府有关行政主管部门分工管理本行政区域内本部门、本行业的标准化工作。

市、县标准化行政主管部门和有关行政主管部门，按照省、自治区、直辖市政府规定的各自的职责，管理本行政区域内的标准化工作。

第二章 标准的制定

第六条 对需要在全国范围内统一的技术要求，应当制定国家标准。国家标准由国务院标准化行政主管部门制定。对没有国家标准而又需要在全国某个行业范围内统一的技术要求，可以制定行业标准。行业标准由国务院有关行政主管部门制定，并报国务院标准化行政主管部门备案，在公布国家标准之后，该项行业标准即行废止。对没有国家标准和行业标准而又需要在省、自治区、直辖市范围内统一的工业产品的安全、卫生要求，可以制定地方标准。地方标准由省、自治区、直辖市标准化行政主管部门制定，并报国务院标准化行政主管部门和国务院有关行政主管部门备案，在公布国家标准或者行业标准之后，该项地方标准即行废止。

企业生产的产品没有国家标准和行业标准的，应当制定企业标准，作为组织生产的依据。企业的产品标准须报当地政府标准化行政主管部门和有关行政主管部门备案。已有国家标准或者行业标准的，国家鼓励企业制定严于国家标准或者行业标准的企业标准，在企业内部适用。

法律对标准的制定另有规定的，依照法律的规定执行。

第七条 国家标准、行业标准分为强制性标准和推荐性标准。保障人体健康，人身、财产安全的标准和法律、行政法规规定强制执行的标准是强制性标准，其他标准是推荐性标准。

省、自治区、直辖市标准化行政主管部门制定的工业产品的安全、卫生要求的地方标准，在本行政区域内是强制性标准。

第八条 制定标准应当有利于保障安全和人民的身体健康，保护消费者的利益，保护环境。

第九条 制定标准应当有利于合理利用国家资源，推广科学技术成果，提高经济效益，并符合使用要求，有利于产品的通用互换，做到技术上先进，经济上合理。

第十条 制定标准应当做到有关标准的协调配套。

第十一条 制定标准应当有利于促进对外经济技术合作和对外贸易。

第十二条 制定标准应当发挥行业协会、科学研究机构和学术团体的作用。

制定标准的部门应当组织由专家组成的标准化技术委员会，负责标准的草拟，参加标准草案的审查工作。

第十三条 标准实施后，制定标准的部门应当根据科学技术

190

的发展和经济建设的需要适时进行复审，以确认现行标准继续有效或者予以修订、废止。

第三章　标准的实施

第十四条　强制性标准，必须执行。不符合强制性标准的产品，禁止生产、销售和进口。推荐性标准，国家鼓励企业自愿采用。

第十五条　企业对有国家标准或者行业标准的产品，可以向国务院标准化行政主管部门或者国务院标准化行政主管部门授权的部门申请产品质量认证。认证合格的，由认证部门授予认证证书，准许在产品或者其包装上使用规定的认证标志。

已经取得认证证书的产品不符合国家标准或者行业标准的，以及产品未经认证或者认证不合格的，不得使用认证标志出厂销售。

第十六条　出口产品的技术要求，依照合同的约定执行。

第十七条　企业研制新产品、改进产品，进行技术改造，应当符合标准化要求。

第十八条　县级以上政府标准化行政主管部门负责对标准的实施进行监督检查。

第十九条　县级以上政府标准化行政主管部门，可以根据需要设置检验机构，或者授权其他单位的检验机构，对产品是否符合标准进行检验。法律、行政法规对检验机构另有规定的，依照法律、行政法规的规定执行。

处理有关产品是否符合标准的争议，以前款规定的检验机构的检验数据为准。

第四章　法　律　责　任

第二十条　生产、销售、进口不符合强制性标准的产品的，由法律、行政法规规定的行政主管部门依法处理，法律、行政法规未作规定的，由工商行政管理部门没收产品和违法所得，并处罚款；造成严重后果构成犯罪的，对直接责任人员依法追究刑事责任。

第二十一条　已经授予认证证书的产品不符合国家标准或者行业标准而使用认证标志出厂销售的，由标准化行政主管部门责令停止销售，并处罚款；情节严重的，由认证部门撤销其认证证书。

第二十二条　产品未经认证或者认证不合格而擅自使用认证标志出厂销售的，由标准化行政主管部门责令停止销售，并处罚款。

第二十三条　当事人对没收产品、没收违法所得和罚款的处罚不服的，可以在接到处罚通知之日起 15 日内，向作出处罚决定的机关的上一级机关申请复议；对复议决定不服的，可以在接到复议决定之日起 15 日内，向人民法院起诉。当事人也可以在接到处罚通知之日起 15 日内，直接向人民法院起诉。当事人逾期不申请复议或者不向人民法院起诉又不履行处罚决定的，由作出处罚决定的机关申请人民法院强制执行。

第二十四条　标准化工作的监督、检验、管理人员违法失职、徇私舞弊的，给予行政处分；构成犯罪的，依法追究刑事责任。

第五章　附　　则

第二十五条　本法实施条例由国务院制定。

第二十六条　本法自 1989 年 4 月 1 日起施行。

中华人民共和国治安管理处罚法

（2005 年 8 月 28 日第十届全国人民代表大会常务委员会第十七次会议通过　2005 年 8 月 28 日中华人民共和国主席令第 38 号公布　自 2006 年 3 月 1 日起施行）

目　　录

第一章　总　　则

第一条　为维护社会治安秩序，保障公共安全，保护公民、法人和其他组织的合法权益，规范和保障公安机关及其人民警察依法履行治安管理职责，制定本法。

第二条 扰乱公共秩序，妨害公共安全，侵犯人身权利、财产权利，妨害社会管理，具有社会危害性，依照《中华人民共和国刑法》的规定构成犯罪的，依法追究刑事责任；尚不够刑事处罚的，由公安机关依照本法给予治安管理处罚。

第三条 治安管理处罚的程序，适用本法的规定；本法没有规定的，适用《中华人民共和国行政处罚法》的有关规定。

第四条 在中华人民共和国领域内发生的违反治安管理行为，除法律有特别规定的外，适用本法。

在中华人民共和国船舶和航空器内发生的违反治安管理行为，除法律有特别规定的外，适用本法。

第五条 治安管理处罚必须以事实为依据，与违反治安管理行为的性质、情节以及社会危害程度相当。

实施治安管理处罚，应当公开、公正，尊重和保障人权，保护公民的人格尊严。

办理治安案件应当坚持教育与处罚相结合的原则。

第六条 各级人民政府应当加强社会治安综合治理，采取有效措施，化解社会矛盾，增进社会和谐，维护社会稳定。

第七条 国务院公安部门负责全国的治安管理工作。县级以上地方各级人民政府公安机关负责本行政区域内的治安管理工作。

治安案件的管辖由国务院公安部门规定。

第八条 违反治安管理的行为对他人造成损害的，行为人或者其监护人应当依法承担民事责任。

第九条 对于因民间纠纷引起的打架斗殴或者损毁他人财物等违反治安管理行为，情节较轻的，公安机关可以调解处理。经公安机关调解，当事人达成协议的，不予处罚。经调解未达成协议或者达成协议后不履行的，公安机关应当依照本法的规定对违反治安管理行为人给予处罚，并告知当事人可以就民事争议依法向人民法院提起民事诉讼。

第二章 处罚的种类和适用

第十条 治安管理处罚的种类分为：

（一）警告；

（二）罚款；

（三）行政拘留；

（四）吊销公安机关发放的许可证。

对违反治安管理的外国人，可以附加适用限期出境或者驱逐出境。

第十一条 办理治安案件所查获的毒品、淫秽物品等违禁品，赌具、赌资，吸食、注射毒品的用具以及直接用于实施违反治安管理行为的本人所有的工具，应当收缴，按照规定处理。

违反治安管理所得的财物，追缴退还被侵害人；没有被侵害人的，登记造册，公开拍卖或者按照国家有关规定处理，所得款项上缴国库。

第十二条 已满十四周岁不满十八周岁的人违反治安管理的，从轻或者减轻处罚；不满十四周岁的人违反治安管理的，不予处罚，但是应当责令其监护人严加管教。

第十三条 精神病人在不能辨认或者不能控制自己行为的时候违反治安管理的，不予处罚，但是应当责令其监护人严加看管和治疗。间歇性的精神病人在精神正常的时候违反治安管理的，应当给予处罚。

第十四条 盲人或者又聋又哑的人违反治安管理的，可以从轻、减轻或者不予处罚。

第十五条　醉酒的人违反治安管理的，应当给予处罚。

醉酒的人在醉酒状态中，对本人有危险或者对他人的人身、财产或者公共安全有威胁的，应当对其采取保护性措施约束至酒醒。

第十六条　有两种以上违反治安管理行为的，分别决定，合并执行。行政拘留处罚合并执行的，最长不超过二十日。

第十七条　共同违反治安管理的，根据违反治安管理行为人在违反治安管理行为中所起的作用，分别处罚。

教唆、胁迫、诱骗他人违反治安管理的，按照其教唆、胁迫、诱骗的行为处罚。

第十八条　单位违反治安管理的，对其直接负责的主管人员和其他直接责任人员依照本法的规定处罚。其他法律、行政法规对同一行为规定给予单位处罚的，依照其规定处罚。

第十九条　违反治安管理有下列情形之一的，减轻处罚或者不予处罚：

（一）情节特别轻微的；

（二）主动消除或者减轻违法后果，并取得被侵害人谅解的；

（三）出于他人胁迫或者诱骗的；

（四）主动投案，向公安机关如实陈述自己的违法行为的；

（五）有立功表现的。

第二十条　违反治安管理有下列情形之一的，从重处罚：

（一）有较严重后果的；

（二）教唆、胁迫、诱骗他人违反治安管理的；

（三）对报案人、控告人、举报人、证人打击报复的；

（四）六个月内曾受过治安管理处罚的。

第二十一条　违反治安管理行为人有下列情形之一，依照本法应当给予行政拘留处罚的，不执行行政拘留处罚：

（一）已满十四周岁不满十六周岁的；

（二）已满十六周岁不满十八周岁，初次违反治安管理的；

（三）七十周岁以上的；

（四）怀孕或者哺乳自己不满一周岁婴儿的。

第二十二条 违反治安管理行为在六个月内没有被公安机关发现的，不再处罚。

前款规定的期限，从违反治安管理行为发生之日起计算；违反治安管理行为有连续或者继续状态的，从行为终了之日起计算。

第三章 违反治安管理的行为和处罚

第一节 扰乱公共秩序的行为和处罚

第二十三条 有下列行为之一的，处警告或者二百元以下罚款；情节较重的，处五日以上十日以下拘留，可以并处五百元以下罚款：

（一）扰乱机关、团体、企业、事业单位秩序，致使工作、生产、营业、医疗、教学、科研不能正常进行，尚未造成严重损失的；

（二）扰乱车站、港口、码头、机场、商场、公园、展览馆或者其他公共场所秩序的；

（三）扰乱公共汽车、电车、火车、船舶、航空器或者其他公共交通工具上的秩序的；

（四）非法拦截或者强登、扒乘机动车、船舶、航空器以及其他交通工具，影响交通工具正常行驶的；

（五）破坏依法进行的选举秩序的。

聚众实施前款行为的，对首要分子处十日以上十五日以下拘留，可以并处一千元以下罚款。

第二十四条　有下列行为之一，扰乱文化、体育等大型群众性活动秩序的，处警告或者二百元以下罚款；情节严重的，处五日以上十日以下拘留，可以并处五百元以下罚款：

（一）强行进入场内的；

（二）违反规定，在场内燃放烟花爆竹或者其他物品的；

（三）展示侮辱性标语、条幅等物品的；

（四）围攻裁判员、运动员或者其他工作人员的；

（五）向场内投掷杂物，不听制止的；

（六）扰乱大型群众性活动秩序的其他行为。

因扰乱体育比赛秩序被处以拘留处罚的，可以同时责令其十二个月内不得进入体育场馆观看同类比赛；违反规定进入体育场馆的，强行带离现场。

第二十五条　有下列行为之一的，处五日以上十日以下拘留，可以并处五百元以下罚款；情节较轻的，处五日以下拘留或者五百元以下罚款：

（一）散布谣言，谎报险情、疫情、警情或者以其他方法故意扰乱公共秩序的；

（二）投放虚假的爆炸性、毒害性、放射性、腐蚀性物质或者传染病病原体等危险物质扰乱公共秩序的；

（三）扬言实施放火、爆炸、投放危险物质扰乱公共秩序的。

第二十六条　有下列行为之一的，处五日以上十日以下拘留，可以并处五百元以下罚款；情节较重的，处十日以上十五日以下拘留，可以并处一千元以下罚款：

（一）结伙斗殴的；

（二）追逐、拦截他人的；

（三）强拿硬要或者任意损毁、占用公私财物的；

（四）其他寻衅滋事行为。

第二十七条　有下列行为之一的，处十日以上十五日以下拘留，可以并处一千元以下罚款；情节较轻的，处五日以上十日以下拘留，可以并处五百元以下罚款：

（一）组织、教唆、胁迫、诱骗、煽动他人从事邪教、会道门活动或者利用邪教、会道门、迷信活动，扰乱社会秩序、损害他人身体健康的；

（二）冒用宗教、气功名义进行扰乱社会秩序、损害他人身体健康活动的。

第二十八条　违反国家规定，故意干扰无线电业务正常进行的，或者对正常运行的无线电台（站）产生有害干扰，经有关主管部门指出后，拒不采取有效措施消除的，处五日以上十日以下拘留；情节严重的，处十日以上十五日以下拘留。

第二十九条　有下列行为之一的，处五日以下拘留；情节较重的，处五日以上十日以下拘留：

（一）违反国家规定，侵入计算机信息系统，造成危害的；

（二）违反国家规定，对计算机信息系统功能进行删除、修改、增加、干扰，造成计算机信息系统不能正常运行的；

（三）违反国家规定，对计算机信息系统中存储、处理、传输的数据和应用程序进行删除、修改、增加的；

（四）故意制作、传播计算机病毒等破坏性程序，影响计算机信息系统正常运行的。

第二节　妨害公共安全的行为和处罚

第三十条　违反国家规定，制造、买卖、储存、运输、邮寄、携带、使用、提供、处置爆炸性、毒害性、放射性、腐蚀性物质或者传染病病原体等危险物质的，处十日以上十五日以下拘留；情节较轻的，处五日以上十日以下拘留。

第三十一条　爆炸性、毒害性、放射性、腐蚀性物质或者传染病病原体等危险物质被盗、被抢或者丢失，未按规定报告的，处五日以下拘留；故意隐瞒不报的，处五日以上十日以下拘留。

第三十二条　非法携带枪支、弹药或者弩、匕首等国家规定的管制器具的，处五日以下拘留，可以并处五百元以下罚款；情节较轻的，处警告或者二百元以下罚款。

非法携带枪支、弹药或者弩、匕首等国家规定的管制器具进入公共场所或者公共交通工具的，处五日以上十日以下拘留，可以并处五百元以下罚款。

第三十三条　有下列行为之一的，处十日以上十五日以下拘留：

（一）盗窃、损毁油气管道设施、电力电信设施、广播电视设施、水利防汛工程设施或者水文监测、测量、气象测报、环境监测、地质监测、地震监测等公共设施的；

（二）移动、损毁国家边境的界碑、界桩以及其他边境标志、边境设施或者领土、领海标志设施的；

（三）非法进行影响国（边）界线走向的活动或者修建有碍国（边）境管理的设施的。

第三十四条　盗窃、损坏、擅自移动使用中的航空设施，或者强行进入航空器驾驶舱的，处十日以上十五日以下拘留。

在使用中的航空器上使用可能影响导航系统正常功能的器具、工具，不听劝阻的，处五日以下拘留或者五百元以下罚款。

第三十五条　有下列行为之一的，处五日以上十日以下拘留，可以并处五百元以下罚款；情节较轻的，处五日以下拘留或者五百元以下罚款：

（一）盗窃、损毁或者擅自移动铁路设施、设备、机车车辆配件或者安全标志的；

（二）在铁路线路上放置障碍物，或者故意向列车投掷物品的；

（三）在铁路线路、桥梁、涵洞处挖掘坑穴、采石取沙的；

（四）在铁路线路上私设道口或者平交过道的。

第三十六条 擅自进入铁路防护网或者火车来临时在铁路线路上行走坐卧、抢越铁路，影响行车安全的，处警告或者二百元以下罚款。

第三十七条 有下列行为之一的，处五日以下拘留或者五百元以下罚款；情节严重的，处五日以上十日以下拘留，可以并处五百元以下罚款：

（一）未经批准，安装、使用电网的，或者安装、使用电网不符合安全规定的；

（二）在车辆、行人通行的地方施工，对沟井坎穴不设覆盖物、防围和警示标志的，或者故意损毁、移动覆盖物、防围和警示标志的；

（三）盗窃、损毁路面井盖、照明等公共设施的。

第三十八条 举办文化、体育等大型群众性活动，违反有关规定，有发生安全事故危险的，责令停止活动，立即疏散；对组织者处五日以上十日以下拘留，并处二百元以上五百元以下罚款；情节较轻的，处五日以下拘留或者五百元以下罚款。

第三十九条 旅馆、饭店、影剧院、娱乐场、运动场、展览馆或者其他供社会公众活动的场所的经营管理人员，违反安全规定，致使该场所有发生安全事故危险，经公安机关责令改正，拒不改正的，处五日以下拘留。

第三节　侵犯人身权利、财产
权利的行为和处罚

第四十条 有下列行为之一的，处十日以上十五日以下拘留，并处五百元以上一千元以下罚款；情节较轻的，处五日以上十日以下拘留，并处二百元以上五百元以下罚款：

（一）组织、胁迫、诱骗不满十六周岁的人或者残疾人进行恐怖、残忍表演的；

（二）以暴力、威胁或者其他手段强迫他人劳动的；

（三）非法限制他人人身自由、非法侵入他人住宅或者非法搜查他人身体的。

第四十一条 胁迫、诱骗或者利用他人乞讨的，处十日以上十五日以下拘留，可以并处一千元以下罚款。

反复纠缠、强行讨要或者以其他滋扰他人的方式乞讨的，处五日以下拘留或者警告。

第四十二条 有下列行为之一的，处五日以下拘留或者五百元以下罚款；情节较重的，处五日以上十日以下拘留，可以并处五百元以下罚款：

（一）写恐吓信或者以其他方法威胁他人人身安全的；

（二）公然侮辱他人或者捏造事实诽谤他人的；

（三）捏造事实诬告陷害他人，企图使他人受到刑事追究或者受到治安管理处罚的；

（四）对证人及其近亲属进行威胁、侮辱、殴打或者打击报复的；

（五）多次发送淫秽、侮辱、恐吓或者其他信息，干扰他人正常生活的；

（六）偷窥、偷拍、窃听、散布他人隐私的。

第四十三条 殴打他人的，或者故意伤害他人身体的，处五日以上十日以下拘留，并处二百元以上五百元以下罚款；情节较轻的，处五日以下拘留或者五百元以下罚款。

有下列情形之一的，处十日以上十五日以下拘留，并处五百元以上一千元以下罚款：

（一）结伙殴打、伤害他人的；

（二）殴打、伤害残疾人、孕妇、不满十四周岁的人或者六十周岁以上的人的；

（三）多次殴打、伤害他人或者一次殴打、伤害多人的。

第四十四条 猥亵他人的，或者在公共场所故意裸露身体，情节恶劣的，处五日以上十日以下拘留；猥亵智力残疾人、精神病人、不满十四周岁的人或者有其他严重情节的，处十日以上十五日以下拘留。

第四十五条 有下列行为之一的，处五日以下拘留或者警告：

（一）虐待家庭成员，被虐待人要求处理的；

（二）遗弃没有独立生活能力的被扶养人的。

第四十六条 强买强卖商品，强迫他人提供服务或者强迫他人接受服务的，处五日以上十日以下拘留，并处二百元以上五百元以下罚款；情节较轻的，处五日以下拘留或者五百元以下罚款。

第四十七条 煽动民族仇恨、民族歧视，或者在出版物、计算机信息网络中刊载民族歧视、侮辱内容的，处十日以上十五日以下拘留，可以并处一千元以下罚款。

第四十八条 冒领、隐匿、毁弃、私自开拆或者非法检查他人邮件的，处五日以下拘留或者五百元以下罚款。

第四十九条 盗窃、诈骗、哄抢、抢夺、敲诈勒索或者故意损毁公私财物的，处五日以上十日以下拘留，可以并处五百元以下罚款；情节较重的，处十日以上十五日以下拘留，可以并处一千元以下罚款。

第四节 妨害社会管理的行为和处罚

第五十条 有下列行为之一的，处警告或者二百元以下罚款；情节严重的，处五日以上十日以下拘留，可以并处五百元以下罚款：

（一）拒不执行人民政府在紧急状态情况下依法发布的决定、命令的；

（二）阻碍国家机关工作人员依法执行职务的；

（三）阻碍执行紧急任务的消防车、救护车、工程抢险车、警车等车辆通行的；

（四）强行冲闯公安机关设置的警戒带、警戒区的。

阻碍人民警察依法执行职务的，从重处罚。

第五十一条 冒充国家机关工作人员或者以其他虚假身份招摇撞骗的，处五日以上十日以下拘留，可以并处五百元以下罚款；情节较轻的，处五日以下拘留或者五百元以下罚款。

冒充军警人员招摇撞骗的，从重处罚。

第五十二条 有下列行为之一的，处十日以上十五日以下拘留，可以并处一千元以下罚款；情节较轻的，处五日以上十日以下拘留，可以并处五百元以下罚款：

（一）伪造、变造或者买卖国家机关、人民团体、企业、事业单位或者其他组织的公文、证件、证明文件、印章的；

（二）买卖或者使用伪造、变造的国家机关、人民团体、企业、事业单位或者其他组织的公文、证件、证明文件的；

（三）伪造、变造、倒卖车票、船票、航空客票、文艺演出票、体育比赛入场券或者其他有价票证、凭证的；

（四）伪造、变造船舶户牌，买卖或者使用伪造、变造的船舶户牌，或者涂改船舶发动机号码的。

第五十三条 船舶擅自进入、停靠国家禁止、限制进入的水域或者岛屿的，对船舶负责人及有关责任人员处五百元以上一千元以下罚款；情节严重的，处五日以下拘留，并处五百元以上一千元以下罚款。

第五十四条 有下列行为之一的，处十日以上十五日以下拘留，并处五百元以上一千元以下罚款；情节较轻的，处五日以下拘留或者五百元以下罚款：

（一）违反国家规定，未经注册登记，以社会团体名义进行活动，被取缔后，仍进行活动的；

（二）被依法撤销登记的社会团体，仍以社会团体名义进行活动的；

（三）未经许可，擅自经营按照国家规定需要由公安机关许可的行业的。

有前款第三项行为的，予以取缔。

取得公安机关许可的经营者，违反国家有关管理规定，情节严重的，公安机关可以吊销许可证。

第五十五条 煽动、策划非法集会、游行、示威，不听劝阻的，处十日以上十五日以下拘留。

第五十六条 旅馆业的工作人员对住宿的旅客不按规定登记姓名、身份证件种类和号码的，或者明知住宿的旅客将危险物质带入旅馆，不予制止的，处二百元以上五百元以下罚款。

旅馆业的工作人员明知住宿的旅客是犯罪嫌疑人员或者被公安机关通缉的人员，不向公安机关报告的，处二百元以上五百元以下罚款；情节严重的，处五日以下拘留，可以并处五百元以下罚款。

第五十七条 房屋出租人将房屋出租给无身份证件的人居住的，或者不按规定登记承租人姓名、身份证件种类和号码的，处二百元以上五百元以下罚款。

房屋出租人明知承租人利用出租房屋进行犯罪活动，不向公安机关报告的，处二百元以上五百元以下罚款；情节严重的，处五日以下拘留，可以并处五百元以下罚款。

第五十八条 违反关于社会生活噪声污染防治的法律规定，制造噪声干扰他人正常生活的，处警告；警告后不改正的，处二百元以上五百元以下罚款。

第五十九条 有下列行为之一的，处五百元以上一千元以下罚款；情节严重的，处五日以上十日以下拘留，并处五百元以上一千元以下罚款：

（一）典当业工作人员承接典当的物品，不查验有关证明、不履行登记手续，或者明知是违法犯罪嫌疑人、赃物，不向公安机关报告的；

（二）违反国家规定，收购铁路、油田、供电、电信、矿山、水利、测量和城市公用设施等废旧专用器材的；

（三）收购公安机关通报寻查的赃物或者有赃物嫌疑的物品的；

（四）收购国家禁止收购的其他物品的。

第六十条 有下列行为之一的，处五日以上十日以下拘留，并处二百元以上五百元以下罚款：

（一）隐藏、转移、变卖或者损毁行政执法机关依法扣押、查封、冻结的财物的；

（二）伪造、隐匿、毁灭证据或者提供虚假证言、谎报案情，影响行政执法机关依法办案的；

（三）明知是赃物而窝藏、转移或者代为销售的；

（四）被依法执行管制、剥夺政治权利或者在缓刑、保外就医等监外执行中的罪犯或者被依法采取刑事强制措施的人，有违反法律、行政法规和国务院公安部门有关监督管理规定的行为。

第六十一条 协助组织或者运送他人偷越国（边）境的，处十日以上十五日以下拘留，并处一千元以上五千元以下罚款。

第六十二条 为偷越国（边）境人员提供条件的，处五日以上十日以下拘留，并处五百元以上二千元以下罚款。

偷越国（边）境的，处五日以下拘留或者五百元以下罚款。

第六十三条 有下列行为之一的，处警告或者二百元以下罚款；情节较重的，处五日以上十日以下拘留，并处二百元以上五百元以下罚款：

（一）刻划、涂污或者以其他方式故意损坏国家保护的文物、名胜古迹的；

（二）违反国家规定，在文物保护单位附近进行爆破、挖掘等活动，危及文物安全的。

第六十四条 有下列行为之一的，处五百元以上一千元以下罚款；情节严重的，处十日以上十五日以下拘留，并处五百元以上一千元以下罚款：

（一）偷开他人机动车的；

（二）未取得驾驶证驾驶或者偷开他人航空器、机动船舶的。

第六十五条 有下列行为之一的，处五日以上十日以下拘留；情节严重的，处十日以上十五日以下拘留，可以并处一千元以下罚款：

（一）故意破坏、污损他人坟墓或者毁坏、丢弃他人尸骨、骨灰的；

（二）在公共场所停放尸体或者因停放尸体影响他人正常生活、工作秩序，不听劝阻的。

第六十六条 卖淫、嫖娼的，处十日以上十五日以下拘留，可以并处五千元以下罚款；情节较轻的，处五日以下拘留或者五百元以下罚款。

在公共场所拉客招嫖的，处五日以下拘留或者五百元以下罚款。

第六十七条 引诱、容留、介绍他人卖淫的，处十日以上十五日以下拘留，可以并处五千元以下罚款；情节较轻的，处五日以下拘留或者五百元以下罚款。

第六十八条 制作、运输、复制、出售、出租淫秽的书刊、图片、影片、音像制品等淫秽物品或者利用计算机信息网络、电话以及其他通讯工具传播淫秽信息的，处十日以上十五日以下拘留，可以并处三千元以下罚款；情节较轻的，处五日以下拘留或者五百元以下罚款。

第六十九条 有下列行为之一的，处十日以上十五日以下拘留，并处五百元以上一千元以下罚款：

（一）组织播放淫秽音像的；

（二）组织或者进行淫秽表演的；

（三）参与聚众淫乱活动的。

明知他人从事前款活动，为其提供条件的，依照前款的规定处罚。

第七十条 以营利为目的，为赌博提供条件的，或者参与赌博赌资较大的，处五日以下拘留或者五百元以下罚款；情节严重的，处十日以上十五日以下拘留，并处五百元以上三千元以下罚款。

第七十一条 有下列行为之一的，处十日以上十五日以下拘留，可以并处三千元以下罚款；情节较轻的，处五日以下拘留或者五百元以下罚款：

（一）非法种植罂粟不满五百株或者其他少量毒品原植物的；

（二）非法买卖、运输、携带、持有少量未经灭活的罂粟等毒品原植物种子或者幼苗的；

（三）非法运输、买卖、储存、使用少量罂粟壳的。

有前款第一项行为，在成熟前自行铲除的，不予处罚。

第七十二条 有下列行为之一的，处十日以上十五日以下拘留，可以并处二千元以下罚款；情节较轻的，处五日以下拘留或者五百元以下罚款：

（一）非法持有鸦片不满二百克、海洛因或者甲基苯丙胺不满十克或者其他少量毒品的；

（二）向他人提供毒品的；

（三）吸食、注射毒品的；

（四）胁迫、欺骗医务人员开具麻醉药品、精神药品的。

第七十三条 教唆、引诱、欺骗他人吸食、注射毒品的，处十日以上十五日以下拘留，并处五百元以上二千元以下罚款。

第七十四条 旅馆业、饮食服务业、文化娱乐业、出租汽车业等单位的人员，在公安机关查处吸毒、赌博、卖淫、嫖娼活动时，为违法犯罪行为人通风报信的，处十日以上十五日以下拘留。

第七十五条 饲养动物，干扰他人正常生活的，处警告；警告后不改正的，或者放任动物恐吓他人的，处二百元以上五百元以下罚款。

驱使动物伤害他人的，依照本法第四十三条第一款的规定处罚。

第七十六条 有本法第六十七条、第六十八条、第七十条的行为，屡教不改的，可以按照国家规定采取强制性教育措施。

第四章　处罚程序

第一节　调　查

第七十七条 公安机关对报案、控告、举报或者违反治安管理行为人主动投案，以及其他行政主管部门、司法机关移送的违反治安管理案件，应当及时受理，并进行登记。

第七十八条 公安机关受理报案、控告、举报、投案后，认为属于违反治安管理行为的，应当立即进行调查；认为不属于违反治安管理行为的，应当告知报案人、控告人、举报人、投案人，并说明理由。

第七十九条　公安机关及其人民警察对治安案件的调查，应当依法进行。严禁刑讯逼供或者采用威胁、引诱、欺骗等非法手段收集证据。

以非法手段收集的证据不得作为处罚的根据。

第八十条　公安机关及其人民警察在办理治安案件时，对涉及的国家秘密、商业秘密或者个人隐私，应当予以保密。

第八十一条　人民警察在办理治安案件过程中，遇有下列情形之一的，应当回避；违反治安管理行为人、被侵害人或者其法定代理人也有权要求他们回避：

（一）是本案当事人或者当事人的近亲属的；

（二）本人或者其近亲属与本案有利害关系的；

（三）与本案当事人有其他关系，可能影响案件公正处理的。

人民警察的回避，由其所属的公安机关决定；公安机关负责人的回避，由上一级公安机关决定。

第八十二条　需要传唤违反治安管理行为人接受调查的，经公安机关办案部门负责人批准，使用传唤证传唤。对现场发现的违反治安管理行为人，人民警察经出示工作证件，可以口头传唤，但应当在询问笔录中注明。

公安机关应当将传唤的原因和依据告知被传唤人。对无正当理由不接受传唤或者逃避传唤的人，可以强制传唤。

第八十三条　对违反治安管理行为人，公安机关传唤后应当及时询问查证，询问查证的时间不得超过八小时；情况复杂，依照本法规定可能适用行政拘留处罚的，询问查证的时间不得超过二十四小时。

公安机关应当及时将传唤的原因和处所通知被传唤人家属。

第八十四条　询问笔录应当交被询问人核对；对没有阅读能

力的，应当向其宣读。记载有遗漏或者差错的，被询问人可以提出补充或者更正。被询问人确认笔录无误后，应当签名或者盖章，询问的人民警察也应当在笔录上签名。

被询问人要求就被询问事项自行提供书面材料的，应当准许；必要时，人民警察也可以要求被询问人自行书写。

询问不满十六周岁的违反治安管理行为人，应当通知其父母或者其他监护人到场。

第八十五条　人民警察询问被侵害人或者其他证人，可以到其所在单位或者住处进行；必要时，也可以通知其到公安机关提供证言。

人民警察在公安机关以外询问被侵害人或者其他证人，应当出示工作证件。

询问被侵害人或者其他证人，同时适用本法第八十四条的规定。

第八十六条　询问聋哑的违反治安管理行为人、被侵害人或者其他证人，应当有通晓手语的人提供帮助，并在笔录上注明。

询问不通晓当地通用的语言文字的违反治安管理行为人、被侵害人或者其他证人，应当配备翻译人员，并在笔录上注明。

第八十七条　公安机关对与违反治安管理行为有关的场所、物品、人身可以进行检查。检查时，人民警察不得少于二人，并应当出示工作证件和县级以上人民政府公安机关开具的检查证明文件。对确有必要立即进行检查的，人民警察经出示工作证件，可以当场检查，但检查公民住所应当出示县级以上人民政府公安机关开具的检查证明文件。

检查妇女的身体，应当由女性工作人员进行。

第八十八条　检查的情况应当制作检查笔录，由检查人、被检查人和见证人签名或者盖章；被检查人拒绝签名的，人民警察应当在笔录上注明。

第八十九条　公安机关办理治安案件，对与案件有关的需要作为证据的物品，可以扣押；对被侵害人或者善意第三人合法占有的财产，不得扣押，应当予以登记。对与案件无关的物品，不得扣押。

对扣押的物品，应当会同在场见证人和被扣押物品持有人查点清楚，当场开列清单一式二份，由调查人员、见证人和持有人签名或者盖章，一份交给持有人，另一份附卷备查。

对扣押的物品，应当妥善保管，不得挪作他用；对不宜长期保存的物品，按照有关规定处理。经查明与案件无关的，应当及时退还；经核实属于他人合法财产的，应当登记后立即退还；满六个月无人对该财产主张权利或者无法查清权利人的，应当公开拍卖或者按照国家有关规定处理，所得款项上缴国库。

第九十条　为了查明案情，需要解决案件中有争议的专门性问题的，应当指派或者聘请具有专门知识的人员进行鉴定；鉴定人鉴定后，应当写出鉴定意见，并且签名。

第二节　决　　定

第九十一条　治安管理处罚由县级以上人民政府公安机关决定；其中警告、五百元以下的罚款可以由公安派出所决定。

第九十二条　对决定给予行政拘留处罚的人，在处罚前已经采取强制措施限制人身自由的时间，应当折抵。限制人身自由一日，折抵行政拘留一日。

第九十三条　公安机关查处治安案件，对没有本人陈述，但其他证据能够证明案件事实的，可以作出治安管理处罚决定。但是，只有本人陈述，没有其他证据证明的，不能作出治安管理处罚决定。

第九十四条　公安机关作出治安管理处罚决定前，应当告知违反治安管理行为人作出治安管理处罚的事实、理由及依据，并告知违反治安管理行为人依法享有的权利。

违反治安管理行为人有权陈述和申辩。公安机关必须充分听取违反治安管理行为人的意见，对违反治安管理行为人提出的事实、理由和证据，应当进行复核；违反治安管理行为人提出的事实、理由或者证据成立的，公安机关应当采纳。

公安机关不得因违反治安管理行为人的陈述、申辩而加重处罚。

第九十五条　治安案件调查结束后，公安机关应当根据不同情况，分别作出以下处理：

（一）确有依法应当给予治安管理处罚的违法行为的，根据情节轻重及具体情况，作出处罚决定；

（二）依法不予处罚的，或者违法事实不能成立的，作出不予处罚决定；

（三）违法行为已涉嫌犯罪的，移送主管机关依法追究刑事责任；

（四）发现违反治安管理行为人有其他违法行为的，在对违反治安管理行为作出处罚决定的同时，通知有关行政主管部门处理。

第九十六条　公安机关作出治安管理处罚决定的，应当制作治安管理处罚决定书。决定书应当载明下列内容：

（一）被处罚人的姓名、性别、年龄、身份证件的名称和号码、住址；

（二）违法事实和证据；

（三）处罚的种类和依据；

（四）处罚的执行方式和期限；

（五）对处罚决定不服，申请行政复议、提起行政诉讼的途径和期限；

（六）作出处罚决定的公安机关的名称和作出决定的日期。

决定书应当由作出处罚决定的公安机关加盖印章。

第九十七条　公安机关应当向被处罚人宣告治安管理处罚决定书，并当场交付被处罚人；无法当场向被处罚人宣告的，应当在二日内送达被处罚人。决定给予行政拘留处罚的，应当及时通知被处罚人的家属。

有被侵害人的，公安机关应当将决定书副本抄送被侵害人。

第九十八条　公安机关作出吊销许可证以及处二千元以上罚款的治安管理处罚决定前，应当告知违反治安管理行为人有权要求举行听证；违反治安管理行为人要求听证的，公安机关应当及时依法举行听证。

第九十九条　公安机关办理治安案件的期限，自受理之日起不得超过三十日；案情重大、复杂的，经上一级公安机关批准，可以延长三十日。

为了查明案情进行鉴定的期间，不计入办理治安案件的期限。

第一百条　违反治安管理行为事实清楚，证据确凿，处警告或者二百元以下罚款的，可以当场作出治安管理处罚决定。

第一百零一条　当场作出治安管理处罚决定的，人民警察应当向违反治安管理行为人出示工作证件，并填写处罚决定书。处罚决定书应当当场交付被处罚人；有被侵害人的，并将决定书副本抄送被侵害人。

前款规定的处罚决定书，应当载明被处罚人的姓名、违法行为、处罚依据、罚款数额、时间、地点以及公安机关名称，并由经办的人民警察签名或者盖章。

当场作出治安管理处罚决定的，经办的人民警察应当在二十四小时内报所属公安机关备案。

第一百零二条　被处罚人对治安管理处罚决定不服的，可以依法申请行政复议或者提起行政诉讼。

第三节　执　　行

第一百零三条　对被决定给予行政拘留处罚的人，由作出决定的公安机关送达拘留所执行。

第一百零四条　受到罚款处罚的人应当自收到处罚决定书之日起十五日内，到指定的银行缴纳罚款。但是，有下列情形之一的，人民警察可以当场收缴罚款：

（一）被处五十元以下罚款，被处罚人对罚款无异议的；

（二）在边远、水上、交通不便地区，公安机关及其人民警察依照本法的规定作出罚款决定后，被处罚人向指定的银行缴纳罚款确有困难，经被处罚人提出的；

（三）被处罚人在当地没有固定住所，不当场收缴事后难以执行的。

第一百零五条　人民警察当场收缴的罚款，应当自收缴罚款之日起二日内，交至所属的公安机关；在水上、旅客列车上当场收缴的罚款，应当自抵岸或者到站之日起二日内，交至所属的公安机关；公安机关应当自收到罚款之日起二日内将罚款缴付指定的银行。

第一百零六条　人民警察当场收缴罚款的，应当向被处罚人出具省、自治区、直辖市人民政府财政部门统一制发的罚款收据；不出具统一制发的罚款收据的，被处罚人有权拒绝缴纳罚款。

第一百零七条　被处罚人不服行政拘留处罚决定，申请行政复议、提起行政诉讼的，可以向公安机关提出暂缓执行行政拘留的申请。公安机关认为暂缓执行行政拘留不致发生社会危险的，由被处罚人或者其近亲属提出符合本法第一百零八条规定条件的担保人，或者按每日行政拘留二百元的标准交纳保证金，行政拘留的处罚决定暂缓执行。

第一百零八条　担保人应当符合下列条件：

（一）与本案无牵连；

（二）享有政治权利，人身自由未受到限制；

（三）在当地有常住户口和固定住所；

（四）有能力履行担保义务。

第一百零九条　担保人应当保证被担保人不逃避行政拘留处罚的执行。

担保人不履行担保义务，致使被担保人逃避行政拘留处罚的执行的，由公安机关对其处三千元以下罚款。

第一百一十条　被决定给予行政拘留处罚的人交纳保证金，暂缓行政拘留后，逃避行政拘留处罚的执行的，保证金予以没收并上缴国库，已经作出的行政拘留决定仍应执行。

第一百一十一条　行政拘留的处罚决定被撤销，或者行政拘留处罚开始执行的，公安机关收取的保证金应当及时退还交纳人。

第五章　执法监督

第一百一十二条　公安机关及其人民警察应当依法、公正、严格、高效办理治安案件，文明执法，不得徇私舞弊。

第一百一十三条　公安机关及其人民警察办理治安案件，禁止对违反治安管理行为人打骂、虐待或者侮辱。

第一百一十四条　公安机关及其人民警察办理治安案件，应当自觉接受社会和公民的监督。

公安机关及其人民警察办理治安案件，不严格执法或者有违法违纪行为的，任何单位和个人都有权向公安机关或者人民检察院、行政监察机关检举、控告；收到检举、控告的机关，应当依据职责及时处理。

第一百一十五条　公安机关依法实施罚款处罚，应当依照有关法律、行政法规的规定，实行罚款决定与罚款收缴分离；收缴的罚款应当全部上缴国库。

第一百一十六条　人民警察办理治安案件，有下列行为之一的，依法给予行政处分；构成犯罪的，依法追究刑事责任：

（一）刑讯逼供、体罚、虐待、侮辱他人的；

（二）超过询问查证的时间限制人身自由的；

（三）不执行罚款决定与罚款收缴分离制度或者不按规定将罚没的财物上缴国库或者依法处理的；

（四）私分、侵占、挪用、故意损毁收缴、扣押的财物的；

（五）违反规定使用或者不及时返还被侵害人财物的；

（六）违反规定不及时退还保证金的；

（七）利用职务上的便利收受他人财物或者谋取其他利益的；

（八）当场收缴罚款不出具罚款收据或者不如实填写罚款数额的；

（九）接到要求制止违反治安管理行为的报警后，不及时出警的；

（十）在查处违反治安管理活动时，为违法犯罪行为人通风报信的；

（十一）有徇私舞弊、滥用职权，不依法履行法定职责的其他情形的。

办理治安案件的公安机关有前款所列行为的，对直接负责的主管人员和其他直接责任人员给予相应的行政处分。

第一百一十七条　公安机关及其人民警察违法行使职权，侵犯公民、法人和其他组织合法权益的，应当赔礼道歉；造成损害的，应当依法承担赔偿责任。

第六章　附　　则

　　第一百一十八条　本法所称以上、以下、以内，包括本数。

　　第一百一十九条　本法自 2006 年 3 月 1 日起施行。1986 年 9 月 5 日公布、1994 年 5 月 12 日修订公布的《中华人民共和国治安管理处罚条例》同时废止。

中华人民共和国刑法（节录）

（1979 年 7 月 1 日第五届全国人民代表大会第二次会议通过
1997 年 3 月 14 日第八届全国人民代表大会第五次会议修订　1997
年 3 月 14 日中华人民共和国主席令第 83 号公布　自 1997 年 10 月
1 日起施行　根据 1999 年 12 月 25 日第九届全国人民代表大会常
务委员会第十三次会议通过的《中华人民共和国刑法修正案》、
2001 年 8 月 31 日第九届全国人民代表大会常务委员会第二十三次
会议通过的《中华人民共和国刑法修正案（二）》、2001 年 12 月
29 日第九届全国人民代表大会常务委员会第二十五次会议通过的
《中华人民共和国刑法修正案（三）》、2002 年 12 月 28 日第九届
全国人民代表大会常务委员会第三十一次会议通过的《中华人民
共和国刑法修正案（四）》、2005 年 2 月 28 日第十届全国人民代表
大会常务委员会第十四次会议通过的《中华人民共和国刑法修正
案（五）》、2006 年 6 月 29 日第十届全国人民代表大会常务委员会
第二十二次会议通过的《中华人民共和国刑法修正案（六）》修
订）

　　……

　　第二百二十九条　承担资产评估、验资、验证、会计、审计、
法律服务等职责的中介组织的人员故意提供虚假证明文件，情节
严重的，处 5 年以下有期徒刑或者拘役，并处罚金。

　　前款规定的人员，索取他人财物或者非法收受他人财物，犯
前款罪的，处 5 年以上 10 年以下有期徒刑，并处罚金。

　　第一款规定的人员，严重不负责任，出具的证明文件有重大

失实，造成严重后果的，处 3 年以下有期徒刑或者拘役，并处或者单处罚金。

第二百三十条 违反进出口商品检验法的规定，逃避商品检验，将必须经商检机构检验的进口商品未报经检验而擅自销售、使用，或者将必须经商检机构检验的出口商品未报经检验合格而擅自出口，情节严重的，处 3 年以下有期徒刑或者拘役，并处或者单处罚金。

……

第二百八十条 伪造、变造、买卖或者盗窃、抢夺、毁灭国家机关的公文、证件、印章的，处 3 年以下有期徒刑、拘役、管制或者剥夺政治权利；情节严重的，处 3 年以上 10 年以下有期徒刑。

伪造公司、企业、事业单位、人民团体的印章的，处 3 年以下有期徒刑、拘役、管制或者剥夺政治权利。

伪造、变造居民身份证的，处 3 年以下有期徒刑、拘役、管制或者剥夺政治权利；情节严重的，处 3 年以上 7 年以下有期徒刑。

……

第三百八十五条 国家工作人员利用职务上的便利，索取他人财物的，或者非法收受他人财物，为他人谋取利益的，是受贿罪。

国家工作人员在经济往来中，违反国家规定，收受各种名义的回扣、手续费，归个人所有的，以受贿论处。

第三百八十六条 对犯受贿罪的，根据受贿所得数额及情节，依照本法第三百八十三条的规定处罚。索贿的从重处罚。

第三百八十七条 国家机关、国有公司、企业、事业单位、人民团体，索取、非法收受他人财物，为他人谋取利益，情节严重的，对单位判处罚金，并对其直接负责的主管人员和其他直接责任人员，处 5 年以下有期徒刑或者拘役。

前款所列单位，在经济往来中，在账外暗中收受各种名义的回扣、手续费的，以受贿论，依照前款的规定处罚。

第三百八十八条 国家工作人员利用本人职权或者地位形成的便利条件，通过其他国家工作人员职务上的行为，为请托人谋取不正当利益，索取请托人财物或者收受请托人财物的，以受贿论处。

第三百八十九条 为谋取不正当利益，给予国家工作人员以财物的，是行贿罪。

在经济往来中，违反国家规定，给予国家工作人员以财物，数额较大的，或者违反国家规定，给予国家工作人员以各种名义的回扣、手续费的，以行贿论处。

因被勒索给予国家工作人员以财物，没有获得不正当利益的，不是行贿。

第三百九十条 对犯行贿罪的，处 5 年以下有期徒刑或者拘役；因行贿谋取不正当利益，情节严重的，或者使国家利益遭受重大损失的，处 5 年以上 10 年以下有期徒刑；情节特别严重的，处 10 年以上有期徒刑或者无期徒刑，可以并处没收财产。

行贿人在被追诉前主动交待行贿行为的，可以减轻处罚或者免除处罚。

第三百九十一条 为谋取不正当利益，给予国家机关、国有公司、企业、事业单位、人民团体以财物的，或者在经济往来中，违反国家规定，给予各种名义的回扣、手续费的，处 3 年以下有期徒刑或者拘役。

单位犯前款罪的，对单位判处罚金，并对其直接负责的主管人员和其他直接责任人员，依照前款的规定处罚。

第三百九十二条 向国家工作人员介绍贿赂，情节严重的，处 3 年以下有期徒刑或者拘役。

介绍贿赂人在被追诉前主动交待介绍贿赂行为的，可以减轻处罚或者免除处罚。

第三百九十三条 单位为谋取不正当利益而行贿，或者违反国家规定，给予国家工作人员以回扣、手续费，情节严重的，对单位判处罚金，并对其直接负责的主管人员和其他直接责任人员，处 5 年以下有期徒刑或者拘役。因行贿取得的违法所得归个人所有的，依照本法第三百八十九条、第三百九十条的规定定罪处罚。

第三百九十四条 国家工作人员在国内公务活动或者对外交往中接受礼物，依照国家规定应当交公而不交公，数额较大的，依照本法第三百八十二条、第三百八十三条的规定定罪处罚。

第三百九十五条 国家工作人员的财产或者支出明显超过合法收入，差额巨大的，可以责令说明来源。本人不能说明其来源是合法的，差额部分以非法所得论，处 5 年以下有期徒刑或者拘役，财产的差额部分予以追缴。

国家工作人员在境外的存款，应当依照国家规定申报。数额较大、隐瞒不报的，处 2 年以下有期徒刑或者拘役；情节较轻的，由其所在单位或者上级主管机关酌情给予行政处分。

……

第三百九十七条 国家机关工作人员滥用职权或者玩忽职守，致使公共财产、国家和人民利益遭受重大损失的，处 3 年以下有期徒刑或者拘役；情节特别严重的，处 3 年以上 7 年以下有期徒刑。本法另有规定的，依照规定。

国家机关工作人员徇私舞弊，犯前款罪的，处 5 年以下有期徒刑或者拘役；情节特别严重的，处 5 年以上 10 年以下有期徒刑。本法另有规定的，依照规定。

第三百九十八条 国家机关工作人员违反保守国家秘密法的规定，故意或者过失泄露国家秘密，情节严重的，处 3 年以下有期徒刑或者拘役；情节特别严重的，处 3 年以上 7 年以下有期徒刑。

非国家机关工作人员犯前款罪的，依照前款的规定酌情处罚。

......

第四百零二条 行政执法人员徇私舞弊，对依法应当移交司法机关追究刑事责任的不移交，情节严重的，处3年以下有期徒刑或者拘役；造成严重后果的，处3年以上7年以下有期徒刑。

......

第四百零八条 负有环境保护监督管理职责的国家机关工作人员严重不负责任，导致发生重大环境污染事故，致使公私财产遭受重大损失或者造成人身伤亡的严重后果的，处3年以下有期徒刑或者拘役。

......

中华人民共和国民用核设施
安全监督管理条例

（1986 年 10 月 29 日国务院发布）

第一章　总　　则

第一条　为了在民用核设施的建造和营运中保证安全，保障工作人员和群众的健康，保护环境，促进核能事业的顺利发展，制定本条例。

第二条　本条例适用于下列民用核设施的安全监督管理：

（一）核动力厂（核电厂、核热电厂、核供汽供热厂等）；

（二）核动力厂以外的其他反应堆（研究堆、实验堆、临界装置等）；

（三）核燃料生产、加工、贮存及后处理设施；

（四）放射性废物的处理和处置设施；

（五）其他需要严格监督管理的核设施。

第三条　民用核设施的选址、设计、建造、运行和退役必须贯彻安全第一的方针；必须有足够的措施保证质量，保证安全运行，预防核事故，限制可能产生的有害影响；必须保障工作人员、群众和环境不致遭到超过国家规定限值的辐射照射和污染，并将辐射照射和污染减至可以合理达到的尽量低的水平。

第二章 监督管理职责

第四条 国家核安全局对全国核设施安全实施统一监督，独立行使核安全监督权，其主要职责是：

（一）组织起草、制定有关核设施安全的规章和审查有关核安全的技术标准；

（二）组织审查、评定核设施的安全性能及核设施营运单位保障安全的能力，负责颁发或者吊销核设施安全许可证件；

（三）负责实施核安全监督；

（四）负责核安全事故的调查、处理；

（五）协同有关部门指导和监督核设施应急计划的制订和实施；

（六）组织有关部门开展对核设施的安全与管理的科学研究、宣传教育及国际业务联系；

（七）会同有关部门调解和裁决核安全的纠纷。

第五条 国家核安全局在核设施集中的地区可以设立派出机构，实施安全监督。

国家核安全局可以组织核安全专家委员会。该委员会协助制订核安全法规和核安全技术发展规划，参与核安全的审评、监督等工作。

第六条 核设施主管部门负责所属核设施的安全管理，接受国家核安全局的核安全监督，其主要职责是：

（一）负责所属核设施的安全管理，保证给予所属核设施的营运单位必要的支持，并对其进行督促检查；

（二）参与有关核安全法规的起草和制订，组织制订有关核安全的技术标准，并向国家核安全局备案；

（三）组织所属核设施的场内应急计划的制订和实施，参与场外应急计划的制订和实施；

（四）负责对所属核设施中各类人员的技术培训和考核；

（五）组织核能发展方面的核安全科学研究工作。

第七条　核设施营运单位直接负责所营运的核设施的安全，其主要职责是：

（一）遵守国家有关法律、行政法规和技术标准，保证核设施的安全；

（二）接受国家核安全局的核安全监督，及时、如实地报告安全情况，并提供有关资料；

（三）对所营运的核设施的安全、核材料的安全、工作人员和群众以及环境的安全承担全面责任。

第三章　安全许可制度

第八条　国家实行核设施安全许可制度，由国家核安全局负责制定和批准颁发核设施安全许可证件，许可证件包括：

（一）核设施建造许可证；

（二）核设施运行许可证；

（三）核设施操纵员执照；

（四）其他需要批准的文件。

第九条　核设施营运单位，在核设施建造前，必须向国家核安全局提交《核设施建造申请书》、《初步安全分析报告》以及其他有关资料，经审核批准获得《核设施建造许可证》后，方可动工建造。

核设施的建造必须遵守《核设施建造许可证》所规定的条件。

第十条　核设施营运单位在核设施运行前，必须向国家核安全局提交《核设施运行申请书》、《最终安全分析报告》以及其他有关资料，经审核批准获得允许装料（或投料）、调试的批准文件后，方可开始装载核燃料（或投料）进行启动调试工作；在获得《核设施运行许可证》后，方可正式运行。

核设施的运行必须遵守《核设施运行许可证》所规定的条件。

第十一条 国家核安全局在审批核设施建造申请书及运行申请书的过程中，应当向国务院有关部门以及核设施所在省、自治区、直辖市人民政府征询意见，国务院有关部门、地方人民政府应当在3个月内给予答复。

第十二条 具备下列条件的，方可批准发给《核设施建造许可证》和《核设施运行许可证》：

（一）所申请的项目已按照有关规定经主管部门及国家计划部门或省、自治区、直辖市人民政府的计划部门批准；

（二）所选定的厂址已经国务院或省、自治区、直辖市人民政府的城乡建设环境保护部门、计划部门和国家核安全局批准；

（三）所申请的核设施符合国家有关的法律及核安全法规的规定；

（四）申请者具有安全营运所申请的核设施的能力，并保证承担全面的安全责任。

第十三条 核设施操纵员执照分《操纵员执照》和《高级操纵员执照》两种。

持《操纵员执照》的人员方可担任操纵核设施控制系统的工作。

持《高级操纵员执照》的人员方可担任操纵或者指导他人操纵核设施控制系统的工作。

第十四条 具备下列条件的，方可批准发给《操纵员执照》：

（一）身体健康，无职业禁忌症；

（二）具有中专以上文化程度或同等学力，核动力厂操纵人员应具有大专以上文化程度或同等学力；

（三）经过运行操作培训，并经考核合格。

具备下列条件的，方可批准发给《高级操纵员执照》：

（一）身体健康，无职业禁忌症；

（二）具有大专以上文化程度或同等学力；

（三）经运行操作培训，并经考核合格；

（四）担任操纵员 2 年以上，成绩优秀者。

第十五条 核设施的迁移、转让或退役必须向国家核安全局提出申请，经审查批准后方可进行。

第四章　核安全监督

第十六条 国家核安全局及其派出机构可向核设施制造、建造和运行现场派驻监督组（员）执行下列核安全监督任务：

（一）审查所提交的安全资料是否符合实际；

（二）监督是否按照已批准的设计进行建造；

（三）监督是否按照已批准的质量保证大纲进行管理；

（四）监督核设施的建造和运行是否符合有关核安全法规和《核设施建造许可证》、《核设施运行许可证》所规定的条件；

（五）考察营运人员是否具备安全运行及执行应急计划的能力；

（六）其他需要监督的任务。

核安全监督员由国家核安全局任命并发给《核安全监督员证》。

第十七条 核安全监督员在执行任务时，凭其证件有权进入核设施制造、建造和运行现场，调查情况，收集有关核安全资料。

第十八条 国家核安全局在必要时有权采取强制性措施，命令核设施营运单位采取安全措施或停止危及安全的活动。

第十九条 核设施营运单位有权拒绝有害于安全的任何要求，但对国家核安全局的强制性措施必须执行。

第五章　奖励和处罚

第二十条　对保证核设施安全有显著成绩和贡献的单位和个人，国家核安全局或核设施主管部门应给予适当的奖励。

第二十一条　凡违反本条例的规定，有下列行为之一的，国家核安全局可依其情节轻重，给予警告、限期改进、停工或者停业整顿、吊销核安全许可证件的处罚：

（一）未经批准或违章从事核设施建造、运行、迁移、转让和退役的；

（二）谎报有关资料或事实，或无故拒绝监督的；

（三）无执照操纵或违章操纵的；

（四）拒绝执行强制性命令的。

第二十二条　当事人对行政处罚不服的，可在接到处罚通知之日起15日内向人民法院起诉。但是，对吊销核安全许可证件的决定应当立即执行。对处罚决定不履行逾期又不起诉的，由国家核安全局申请人民法院强制执行。

第二十三条　对于不服管理、违反规章制度，或者强令他人违章冒险作业，因而发生核事故，造成严重后果，构成犯罪的，由司法机关依法追究刑事责任。

第六章　附　　则

第二十四条　本条例中下列用语的含义是：

（一）"核设施"是指本条例第二条中所列出的各项民用核设施。

（二）"核设施安全许可证件"是指为了进行与核设施有关的选址定点、建造、调试、运行和退役等特定活动，由国家核安全局颁发的书面批准文件。

（三）"营运单位"是指申请或持有核设施安全许可证，可以经营和运行核设施的组织。

（四）"核设施主管部门"是指对核设施营运单位负有领导责任的国务院和省、自治区、直辖市人民政府的有关行政机关。

（五）"核事故"是指核设施内的核燃料、放射性产物、废料或运入运出核设施的核材料所发生的放射性、毒害性、爆炸性或其他危害性事故，或一系列事故。

第二十五条 国家核安全局应根据本条例制定实施细则。

第二十六条 本条例自发布之日起施行。

中华人民共和国进出口
商品检验法实施条例

(2005 年 8 月 10 日国务院第 101 次常务会议通过 2005 年 8 月 31 日中华人民共和国国务院令第 447 号公布 自 2005 年 12 月 1 日起施行)

第一章 总 则

第一条 根据《中华人民共和国进出口商品检验法》(以下简称商检法)的规定,制定本条例。

第二条 中华人民共和国国家质量监督检验检疫总局(以下简称国家质检总局)主管全国进出口商品检验工作。

国家质检总局设在省、自治区、直辖市以及进出口商品的口岸、集散地的出入境检验检疫局及其分支机构(以下简称出入境检验检疫机构),管理所负责地区的进出口商品检验工作。

第三条 国家质检总局应当依照商检法第四条规定,制定、调整必须实施检验的进出口商品目录(以下简称目录)并公布实施。

目录应当至少在实施之日 30 日前公布;在紧急情况下,应当不迟于实施之日公布。

国家质检总局制定、调整目录时,应当征求国务院对外贸易主管部门、海关总署等有关方面的意见。

第四条 出入境检验检疫机构对列入目录的进出口商品以及法律、行政法规规定须经出入境检验检疫机构检验的其他进出口商品实施检验（以下称法定检验）。

出入境检验检疫机构对法定检验以外的进出口商品，根据国家规定实施抽查检验。

第五条 进出口药品的质量检验、计量器具的量值检定、锅炉压力容器的安全监督检验、船舶（包括海上平台、主要船用设备及材料）和集装箱的规范检验、飞机（包括飞机发动机、机载设备）的适航检验以及核承压设备的安全检验等项目，由有关法律、行政法规规定的机构实施检验。

第六条 进出境的样品、礼品、暂准进出境的货物以及其他非贸易性物品，免予检验。但是，法律、行政法规另有规定的除外。

列入目录的进出口商品符合国家规定的免予检验条件的，由收货人、发货人或者生产企业申请，经国家质检总局审查批准，出入境检验检疫机构免予检验。

免予检验的具体办法，由国家质检总局商有关部门制定。

第七条 法定检验的进出口商品，由出入境检验检疫机构依照商检法第七条规定实施检验。

国家质检总局根据进出口商品检验工作的实际需要和国际标准，可以制定进出口商品检验方法的技术规范和标准。

进出口商品检验依照或者参照的技术规范、标准以及检验方法的技术规范和标准，应当至少在实施之日 6 个月前公布；在紧急情况下，应当不迟于实施之日公布。

第八条 出入境检验检疫机构根据便利对外贸易的需要，对进出口企业实施分类管理，并按照根据国际通行的合格评定程序确定的检验监管方式，对进出口商品实施检验。

第九条 出入境检验检疫机构对进出口商品实施检验的内容，包括是否符合安全、卫生、健康、环境保护、防止欺诈等要求以及相关的品质、数量、重量等项目。

第十条　出入境检验检疫机构依照商检法的规定，对实施许可制度和国家规定必须经过认证的进出口商品实行验证管理，查验单证，核对证货是否相符。

实行验证管理的进出口商品目录，由国家质检总局商有关部门后制定、调整并公布。

第十一条　进出口商品的收货人或者发货人可以自行办理报检手续，也可以委托代理报检企业办理报检手续；采用快件方式进出口商品的，收货人或者发货人应当委托出入境快件运营企业办理报检手续。

第十二条　进出口商品的收货人或者发货人办理报检手续，应当依法向出入境检验检疫机构备案。

代理报检企业、出入境快件运营企业从事报检业务，应当依法经出入境检验检疫机构注册登记。未依法经出入境检验检疫机构注册登记的企业，不得从事报检业务。

办理报检业务的人员应当依法办理报检从业注册，并实行凭证报检。未依法办理报检从业注册的人员，不得从事报检业务。

代理报检企业、出入境快件运营企业以及报检人员不得非法代理他人报检，或者超出其业务范围从事报检业务。

第十三条　代理报检企业接受进出口商品的收货人或者发货人的委托，以委托人的名义办理报检手续的，应当向出入境检验检疫机构提交授权委托书，遵守本条例对委托人的各项规定；以自己的名义办理报检手续的，应当承担与收货人或者发货人相同的法律责任。

出入境快件运营企业接受进出口商品的收货人或者发货人的委托，应当以自己的名义办理报检手续，承担与收货人或者发货人相同的法律责任。

委托人委托代理报检企业、出入境快件运营企业办理报检手续的，应当向代理报检企业、出入境快件运营企业提供所委托报检事项的真实情况；代理报检企业、出入境快件运营企业接受委托人的委托办理报检手续的，应当对委托人所提供情况的真实性进行合理审查。

第十四条　国家质检总局建立进出口商品风险预警机制，通过收集进出口商品检验方面的信息，进行风险评估，确定风险的类型，采取相应的风险预警措施及快速反应措施。

国家质检总局和出入境检验检疫机构应当及时向有关方面提供进出口商品检验方面的信息。

第十五条　出入境检验检疫机构工作人员依法执行职务，有关单位和个人应当予以配合，任何单位和个人不得非法干预和阻挠。

第二章　进口商品的检验

第十六条　法定检验的进口商品的收货人应当持合同、发票、装箱单、提单等必要的凭证和相关批准文件，向海关报关地的出入境检验检疫机构报检；海关放行后 20 日内，收货人应当依照本条例第十八条的规定，向出入境检验检疫机构申请检验。法定检验的进口商品未经检验的，不准销售，不准使用。

进口实行验证管理的商品，收货人应当向海关报关地的出入境检验检疫机构申请验证。出入境检验检疫机构按照国家质检总局的规定实施验证。

第十七条　法定检验的进口商品、实行验证管理的进口商品，海关凭出入境检验检疫机构签发的货物通关单办理海关通关手续。

第十八条　法定检验的进口商品应当在收货人报检时申报的目的地检验。

大宗散装商品、易腐烂变质商品、可用作原料的固体废物以及已发生残损、短缺的商品，应当在卸货口岸检验。

对前两款规定的进口商品，国家质检总局可以根据便利对外贸易和进出口商品检验工作的需要，指定在其他地点检验。

第十九条 除法律、行政法规另有规定外，法定检验的进口商品经检验，涉及人身财产安全、健康、环境保护项目不合格的，由出入境检验检疫机构责令当事人销毁，或者出具退货处理通知单并书面告知海关，海关凭退货处理通知单办理退运手续；其他项目不合格的，可以在出入境检验检疫机构的监督下进行技术处理，经重新检验合格的，方可销售或者使用。当事人申请出入境检验检疫机构出证的，出入境检验检疫机构应当及时出证。

出入境检验检疫机构对检验不合格的进口成套设备及其材料，签发不准安装使用通知书。经技术处理，并经出入境检验检疫机构重新检验合格的，方可安装使用。

第二十条 法定检验以外的进口商品，经出入境检验检疫机构抽查检验不合格的，依照本条例第十九条的规定处理。

实行验证管理的进口商品，经出入境检验检疫机构验证不合格的，参照本条例第十九条的规定处理或者移交有关部门处理。

法定检验以外的进口商品的收货人，发现进口商品质量不合格或者残损、短缺，申请出证的，出入境检验检疫机构或者其他检验机构应当在检验后及时出证。

第二十一条 对属于法定检验范围内的关系国计民生、价值较高、技术复杂的以及其他重要的进口商品和大型成套设备，应当按照对外贸易合同约定监造、装运前检验或者监装。收货人保留到货后最终检验和索赔的权利。

出入境检验检疫机构可以根据需要派出检验人员参加或者组织实施监造、装运前检验或者监装。

第二十二条 国家对进口可用作原料的固体废物的国外供货商、国内收货人实行注册登记制度，国外供货商、国内收货人在签订对外贸易合同前，应当取得国家质检总局或者出入境检验检疫机构的注册登记。国家对进口可用作原料的固体废物实行装运前检验制度，进口时，收货人应当提供出入境检验检疫机构或者经国家质检总局指定的检验机构出具的装运前检验证书。

国家允许进口的旧机电产品的收货人在签订对外贸易合同前，应当向国家质检总局或者出入境检验检疫机构办理备案手续。对价值较高，涉及人身财产安全、健康、环境保护项目的高风险进口旧机电产品，应当依照国家有关规定实施装运前检验，进口时，收货人应当提供出入境检验检疫机构或者经国家质检总局指定的检验机构出具的装运前检验证书。

进口可用作原料的固体废物、国家允许进口的旧机电产品到货后，由出入境检验检疫机构依法实施检验。

第二十三条 进口机动车辆到货后，收货人凭出入境检验检疫机构签发的进口机动车辆检验证单以及有关部门签发的其他单证向车辆管理机关申领行车牌证。在使用过程中发现有涉及人身财产安全的质量缺陷的，出入境检验检疫机构应当及时作出相应处理。

第三章　出口商品的检验

第二十四条 法定检验的出口商品的发货人应当在国家质检总局统一规定的地点和期限内，持合同等必要的凭证和相关批准文件向出入境检验检疫机构报检。法定检验的出口商品未经检验或者经检验不合格的，不准出口。

出口商品应当在商品的生产地检验。国家质检总局可以根据便利对外贸易和进出口商品检验工作的需要，指定在其他地点检验。

出口实行验证管理的商品，发货人应当向出入境检验检疫机构申请验证。出入境检验检疫机构按照国家质检总局的规定实施验证。

第二十五条　在商品生产地检验的出口商品需要在口岸换证出口的，由商品生产地的出入境检验检疫机构按照规定签发检验换证凭单。发货人应当在规定的期限内持检验换证凭单和必要的凭证，向口岸出入境检验检疫机构申请查验。经查验合格的，由口岸出入境检验检疫机构签发货物通关单。

第二十六条　法定检验的出口商品、实行验证管理的出口商品，海关凭出入境检验检疫机构签发的货物通关单办理海关通关手续。

第二十七条　法定检验的出口商品经出入境检验检疫机构检验或者经口岸出入境检验检疫机构查验不合格的，可以在出入境检验检疫机构的监督下进行技术处理，经重新检验合格的，方准出口；不能进行技术处理或者技术处理后重新检验仍不合格的，不准出口。

第二十八条　法定检验以外的出口商品，经出入境检验检疫机构抽查检验不合格的，依照本条例第二十七条的规定处理。

实行验证管理的出口商品，经出入境检验检疫机构验证不合格的，参照本条例第二十七条的规定处理或者移交有关部门处理。

第二十九条　出口危险货物包装容器的生产企业，应当向出入境检验检疫机构申请包装容器的性能鉴定。包装容器经出入境检验检疫机构鉴定合格并取得性能鉴定证书的，方可用于包装危险货物。

出口危险货物的生产企业，应当向出入境检验检疫机构申请危险货物包装容器的使用鉴定。使用未经鉴定或者经鉴定不合格的包装容器的危险货物，不准出口。

第三十条　对装运出口的易腐烂变质食品、冷冻品的集装箱、船舱、飞机、车辆等运载工具，承运人、装箱单位或者其代理人应当在装运前向出入境检验检疫机构申请清洁、卫生、冷藏、密固等适载检验。未经检验或者经检验不合格的，不准装运。

第四章　监督管理

第三十一条　出入境检验检疫机构根据便利对外贸易的需要，可以对列入目录的出口商品进行出厂前的质量监督管理和检验，对其中涉及人身财产安全、健康的重要出口商品实施出口商品注册登记管理。实施出口商品注册登记管理的出口商品，必须获得注册登记，方可出口。

出入境检验检疫机构进行出厂前的质量监督管理和检验的内容，包括对生产企业的质量保证工作进行监督检查，对出口商品进行出厂前的检验。

第三十二条　国家对进出口食品生产企业实施卫生注册登记管理。获得卫生注册登记的出口食品生产企业，方可生产、加工、储存出口食品。获得卫生注册登记的进出口食品生产企业生产的食品，方可进口或者出口。

实施卫生注册登记管理的进口食品生产企业，应当按照规定向国家质检总局申请卫生注册登记。

实施卫生注册登记管理的出口食品生产企业，应当按照规定向出入境检验检疫机构申请卫生注册登记。

出口食品生产企业需要在国外卫生注册的，依照本条第三款规定进行卫生注册登记后，由国家质检总局统一对外办理。

第三十三条　国家对进出口化妆品生产企业实施卫生注册登记管理。具体办法由国家质检总局商国务院卫生主管部门制定。

第三十四条　进出口食品、化妆品在进出口前，其经营者或者代理人应当接受出入境检验检疫机构对进出口食品、化妆品标签内容是否符合法律、行政法规规定要求以及与质量有关内容的真实性、准确性进行的检验，并取得国家质检总局或者其授权的出入境检验检疫机构签发的进出口食品、化妆品标签检验证明文件。

第三十五条 出入境检验检疫机构根据需要，对检验合格的进出口商品加施商检标志，对检验合格的以及其他需要加施封识的进出口商品加施封识。具体办法由国家质检总局制定。

第三十六条 出入境检验检疫机构按照有关规定对检验的进出口商品抽取样品。验余的样品，出入境检验检疫机构应当通知有关单位在规定的期限内领回；逾期不领回的，由出入境检验检疫机构处理。

第三十七条 进出口商品的报检人对出入境检验检疫机构作出的检验结果有异议的，可以自收到检验结果之日起15日内，向作出检验结果的出入境检验检疫机构或者其上级出入境检验检疫机构以至国家质检总局申请复验，受理复验的出入境检验检疫机构或者国家质检总局应当自收到复验申请之日起60日内作出复验结论。技术复杂，不能在规定期限内作出复验结论的，经本机构负责人批准，可以适当延长，但是延长期限最多不超过30日。

第三十八条 国家质检总局或者出入境检验检疫机构根据进出口商品检验工作的需要，可以指定符合规定资质条件的国内外检测机构承担出入境检验检疫机构委托的进出口商品检测。被指定的检测机构经检查不符合规定要求的，国家质检总局或者出入境检验检疫机构可以取消指定。

第三十九条 在中华人民共和国境内设立从事进出口商品检验鉴定业务的检验机构，应当符合有关法律、行政法规、规章规定的注册资本、技术能力、人员资格等条件，经国家质检总局和有关主管部门审核批准，获得许可，并依法办理工商登记后，方可接受委托办理进出口商品检验鉴定业务。

第四十条 对检验机构的检验鉴定业务活动有异议的，可以向国家质检总局或者出入境检验检疫机构投诉。

第四十一条　国家质检总局、出入境检验检疫机构实施监督管理或者对涉嫌违反进出口商品检验法律、行政法规的行为进行调查，有权查阅、复制当事人的有关合同、发票、账簿以及其他有关资料。出入境检验检疫机构对有根据认为涉及人身财产安全、健康、环境保护项目不合格的进出口商品，经本机构负责人批准，可以查封或者扣押，但海关监管货物除外。

第四十二条　国家质检总局、出入境检验检疫机构应当根据便利对外贸易的需要，采取有效措施，简化程序，方便进出口。

办理进出口商品报检、检验、鉴定等手续，符合条件的，可以采用电子数据文件的形式。

第四十三条　出入境检验检疫机构依照有关法律、行政法规的规定，签发出口货物普惠制原产地证明、区域性优惠原产地证明、专用原产地证明。办理原产地证明的申请人应当依法取得出入境检验检疫机构的注册登记。

出口货物一般原产地证明的签发，依照有关法律、行政法规的规定执行。

第四十四条　出入境检验检疫机构对进出保税区、出口加工区等海关特殊监管区域的货物以及边境小额贸易进出口商品的检验管理，由国家质检总局商海关总署另行制定办法。

第五章　法律责任

第四十五条　擅自销售、使用未报检或者未经检验的属于法定检验的进口商品，或者擅自销售、使用应当申请进口验证而未申请的进口商品的，由出入境检验检疫机构没收违法所得，并处商品货值金额5%以上20%以下罚款；构成犯罪的，依法追究刑事责任。

第四十六条　擅自出口未报检或者未经检验的属于法定检验

的出口商品，或者擅自出口应当申请出口验证而未申请的出口商品的，由出入境检验检疫机构没收违法所得，并处商品货值金额5%以上20%以下罚款；构成犯罪的，依法追究刑事责任。

第四十七条　销售、使用经法定检验、抽查检验或者验证不合格的进口商品，或者出口经法定检验、抽查检验或者验证不合格的商品的，由出入境检验检疫机构责令停止销售、使用或者出口，没收违法所得和违法销售、使用或者出口的商品，并处违法销售、使用或者出口的商品货值金额等值以上3倍以下罚款；构成犯罪的，依法追究刑事责任。

第四十八条　进出口商品的收货人、发货人、代理报检企业或者出入境快件运营企业、报检人员不如实提供进出口商品的真实情况，取得出入境检验检疫机构的有关证单，或者对法定检验的进出口商品不予报检，逃避进出口商品检验的，由出入境检验检疫机构没收违法所得，并处商品货值金额5%以上20%以下罚款；情节严重的，并撤销其报检注册登记、报检从业注册。

进出口商品的收货人或者发货人委托代理报检企业、出入境快件运营企业办理报检手续，未按照规定向代理报检企业、出入境快件运营企业提供所委托报检事项的真实情况，取得出入境检验检疫机构的有关证单的，对委托人依照前款规定予以处罚。

代理报检企业、出入境快件运营企业、报检人员对委托人所提供情况的真实性未进行合理审查或者因工作疏忽，导致骗取出入境检验检疫机构有关证单的结果的，由出入境检验检疫机构对代理报检企业、出入境快件运营企业处2万元以上20万元以下罚款；情节严重的，并撤销其报检注册登记、报检从业注册。

第四十九条　伪造、变造、买卖或者盗窃检验证单、印章、标志、封识、货物通关单或者使用伪造、变造的检验证单、印章、标志、封识、货物通关单，构成犯罪的，依法追究刑事责任；尚不够刑事处罚的，由出入境检验检疫机构责令改正，没收违法所得，并处商品货值金额等值以下罚款。

第五十条 擅自调换出入境检验检疫机构抽取的样品或者出入境检验检疫机构检验合格的进出口商品的，由出入境检验检疫机构责令改正，给予警告；情节严重的，并处商品货值金额10%以上50%以下罚款。

第五十一条 出口属于国家实行出口商品注册登记管理而未获得注册登记的商品的，由出入境检验检疫机构责令停止出口，没收违法所得，并处商品货值金额10%以上50%以下罚款。

第五十二条 进口或者出口国家实行卫生注册登记管理而未获得卫生注册登记的生产企业生产的食品、化妆品的，由出入境检验检疫机构责令停止进口或者出口，没收违法所得，并处商品货值金额10%以上50%以下罚款。

已获得卫生注册登记的进出口食品、化妆品生产企业，经检查不符合规定要求的，由国家质检总局或者出入境检验检疫机构责令限期整改；整改仍未达到规定要求或者有其他违法行为，情节严重的，吊销其卫生注册登记证书。

第五十三条 进口可用作原料的固体废物，国外供货商、国内收货人未取得注册登记，或者未进行装运前检验的，按照国家有关规定责令退货；情节严重的，由出入境检验检疫机构并处10万元以上100万元以下罚款。

已获得注册登记的可用作原料的固体废物的国外供货商、国内收货人违反国家有关规定，情节严重的，由出入境检验检疫机构撤销其注册登记。

进口国家允许进口的旧机电产品未办理备案或者未按照规定进行装运前检验的，按照国家有关规定予以退货；情节严重的，由出入境检验检疫机构并处100万元以下罚款。

第五十四条 提供或者使用未经出入境检验检疫机构鉴定的出口危险货物包装容器的，由出入境检验检疫机构处10万元以下罚款。

提供或者使用经出入境检验检疫机构鉴定不合格的包装容器装运出口危险货物的，由出入境检验检疫机构处 20 万元以下罚款。

第五十五条 提供或者使用未经出入境检验检疫机构适载检验的集装箱、船舱、飞机、车辆等运载工具装运易腐烂变质食品、冷冻品出口的，由出入境检验检疫机构处 10 万元以下罚款。

提供或者使用经出入境检验检疫机构检验不合格的集装箱、船舱、飞机、车辆等运载工具装运易腐烂变质食品、冷冻品出口的，由出入境检验检疫机构处 20 万元以下罚款。

第五十六条 擅自调换、损毁出入境检验检疫机构加施的商检标志、封识的，由出入境检验检疫机构处 5 万元以下罚款。

第五十七条 从事进出口商品检验鉴定业务的检验机构超出其业务范围，或者违反国家有关规定，扰乱检验鉴定秩序的，由出入境检验检疫机构责令改正，没收违法所得，可以并处 10 万元以下罚款，国家质检总局或者出入境检验检疫机构可以暂停其 6 个月以内检验鉴定业务；情节严重的，由国家质检总局吊销其检验鉴定资格证书。

第五十八条 未经注册登记擅自从事报检业务的，由出入境检验检疫机构责令停止非法经营活动，没收违法所得，并处违法所得 1 倍以上 3 倍以下罚款。

代理报检企业、出入境快件运营企业违反国家有关规定，扰乱报检秩序的，由出入境检验检疫机构责令改正，没收违法所得，可以并处 10 万元以下罚款，国家质检总局或者出入境检验检疫机构可以暂停其 6 个月以内代理报检业务；情节严重的，撤销其报检注册登记。

报检人员违反国家有关规定，扰乱报检秩序的，国家质检总局或者出入境检验检疫机构可以暂停其 6 个月以内执业；情节严重的，撤销其报检从业注册。

第五十九条 出入境检验检疫机构的工作人员滥用职权，故意刁难当事人的，徇私舞弊，伪造检验结果的，或者玩忽职守，延误检验出证的，依法给予行政处分；违反有关法律、行政法规规定签发出口货物原产地证明的，依法给予行政处分，没收违法所得；构成犯罪的，依法追究刑事责任。

第六十条 出入境检验检疫机构对没收的商品依法予以处理所得价款、没收的违法所得、收缴的罚款，全部上缴国库。

第六章 附　　则

第六十一条 当事人对出入境检验检疫机构、国家质检总局作出的复验结论不服，或者对国家质检总局、出入境检验检疫机构作出的处罚决定不服的，可以依法申请行政复议，也可以依法向人民法院提起诉讼。

当事人逾期不履行处罚决定，又不申请行政复议或者向人民法院提起诉讼的，作出处罚决定的机构可以申请人民法院强制执行。

第六十二条 出入境检验检疫机构实施法定检验、经许可的检验机构办理检验鉴定业务，按照国家有关规定收取费用。

第六十三条 本条例自 2005 年 12 月 1 日起施行。1992 年 10 月 7 日国务院批准、1992 年 10 月 23 日原国家进出口商品检验局发布的《中华人民共和国进出口商品检验法实施条例》同时废止。

特种设备安全监察条例

（2003 年 2 月 19 日国务院第 68 次常务会议通过　2003 年 3 月 11 日中华人民共和国国务院令第 373 号公布　自 2003 年 6 月 1 日起施行）

第一章　总　　则

第一条　为了加强特种设备的安全监察，防止和减少事故，保障人民群众生命和财产安全，促进经济发展，制定本条例。

第二条　本条例所称特种设备是指涉及生命安全、危险性较大的锅炉、压力容器（含气瓶，下同）、压力管道、电梯、起重机械、客运索道、大型游乐设施。

前款特种设备的目录由国务院负责特种设备安全监督管理的部门（以下简称国务院特种设备安全监督管理部门）制订，报国务院批准后执行。

第三条　特种设备的生产（含设计、制造、安装、改造、维修，下同）、使用、检验检测及其监督检查，应当遵守本条例，但本条例另有规定的除外。

军事装备、核设施、航空航天器、铁路机车、海上设施和船舶以及煤矿矿井使用的特种设备的安全监察不适用本条例。

房屋建筑工地和市政工程工地用起重机械的安装、使用的监督管理，由建设行政主管部门依照有关法律、法规的规定执行。

第四条　国务院特种设备安全监督管理部门负责全国特种设备的安全监察工作，县以上地方负责特种设备安全监督管理的部门对本行政区域内特种设备实施安全监察（以下统称特种设备安全监督管理部门）。

第五条 特种设备生产、使用单位应当建立健全特种设备安全管理制度和岗位安全责任制度。

特种设备生产、使用单位的主要负责人应当对本单位特种设备的安全全面负责。

特种设备生产、使用单位和特种设备检验检测机构，应当接受特种设备安全监督管理部门依法进行的特种设备安全监察。

第六条 特种设备检验检测机构，应当依照本条例规定，进行检验检测工作，对其检验检测结果、鉴定结论承担法律责任。

第七条 县级以上地方人民政府应当督促、支持特种设备安全监督管理部门依法履行安全监察职责，对特种设备安全监察中存在的重大问题及时予以协调、解决。

第八条 国家鼓励推行科学的管理方法，采用先进技术，提高特种设备安全性能和管理水平，增强特种设备生产、使用单位防范事故的能力，对取得显著成绩的单位和个人，给予奖励。

第九条 任何单位和个人对违反本条例规定的行为，有权向特种设备安全监督管理部门和行政监察等有关部门举报。

特种设备安全监督管理部门应当建立特种设备安全监察举报制度，公布举报电话、信箱或者电子邮件地址，受理对特种设备生产、使用和检验检测违法行为的举报，并及时予以处理。

特种设备安全监督管理部门和行政监察等有关部门应当为举报人保密，并按照国家有关规定给予奖励。

第二章　特种设备的生产

第十条 特种设备生产单位，应当依照本条例规定以及国务院特种设备安全监督管理部门制订并公布的安全技术规范（以下简称安全技术规范）的要求，进行生产活动。

特种设备生产单位对其生产的特种设备的安全性能负责。

第十一条 压力容器的设计单位应当经国务院特种设备安全监督管理部门许可，方可从事压力容器的设计活动。

压力容器的设计单位应当具备下列条件：

（一）有与压力容器设计相适应的设计人员、设计审核人员；

（二）有与压力容器设计相适应的健全的管理制度和责任制度。

第十二条 锅炉、压力容器中的气瓶（以下简称气瓶）、氧舱和客运索道、大型游乐设施的设计文件，应当经国务院特种设备安全监督管理部门核准的检验检测机构鉴定，方可用于制造。

第十三条 按照安全技术规范的要求，应当进行型式试验的特种设备产品、部件或者试制特种设备新产品、新部件，必须进行整机或者部件的型式试验。

第十四条 锅炉、压力容器、电梯、起重机械、客运索道、大型游乐设施及其安全附件、安全保护装置的制造、安装、改造单位，以及压力管道用管子、管件、阀门、法兰、补偿器、安全保护装置等（以下简称压力管道元件）的制造单位，应当经国务院特种设备安全监督管理部门许可，方可从事相应的活动。

前款特种设备的制造、安装、改造单位应当具备下列条件：

（一）有与特种设备制造、安装、改造相适应的专业技术人员和技术工人；

（二）有与特种设备制造、安装、改造相适应的生产条件和检测手段；

（三）有健全的质量管理制度和责任制度。

第十五条 特种设备出厂时，应当附有安全技术规范要求的设计文件、产品质量合格证明、安装及使用维修说明、监督检验证明等文件。

第十六条　锅炉、压力容器、电梯、起重机械、客运索道、大型游乐设施的维修单位，应当有与特种设备维修相适应的专业技术人员和技术工人以及必要的检测手段，并经省、自治区、直辖市特种设备安全监督管理部门许可，方可从事相应的维修活动。

第十七条　锅炉、压力容器、起重机械、客运索道、大型游乐设施的安装、改造、维修，必须由依照本条例取得许可的单位进行。

电梯的安装、改造、维修，必须由电梯制造单位或者其通过合同委托、同意的依照本条例取得许可的单位进行。电梯制造单位对电梯质量以及安全运行涉及的质量问题负责。

特种设备安装、改造、维修的施工单位应当在施工前将拟进行的特种设备安装、改造、维修情况书面告知直辖市或者设区的市的特种设备安全监督管理部门，告知后即可施工。

第十八条　电梯井道的土建工程必须符合建筑工程质量要求。电梯安装施工过程中，电梯安装单位应当遵守施工现场的安全生产要求，落实现场安全防护措施。电梯安装施工过程中，施工现场的安全生产监督，由有关部门依照有关法律、行政法规的规定执行。

电梯安装施工过程中，电梯安装单位应当服从建筑施工总承包单位对施工现场的安全生产管理，并订立合同，明确各自的安全责任。

第十九条　电梯的制造、安装、改造和维修活动，必须严格遵守安全技术规范的要求。电梯制造单位委托或者同意其他单位进行电梯安装、改造、维修活动的，应当对其安装、改造、维修活动进行安全指导和监控。电梯的安装、改造、维修活动结束后，电梯制造单位应当按照安全技术规范的要求对电梯进行校验和调试，并对校验和调试的结果负责。

第二十条　锅炉、压力容器、电梯、起重机械、客运索道、大型游乐设施的安装、改造、维修竣工后，安装、改造、维修的施工单位应当在验收后 30 日内将有关技术资料移交使用单位。使用单位应当将其存入该特种设备的安全技术档案。

第二十一条 锅炉、压力容器、压力管道元件、起重机械、大型游乐设施的制造过程和锅炉、压力容器、电梯、起重机械、客运索道、大型游乐设施的安装、改造、重大维修过程，必须经国务院特种设备安全监督管理部门核准的检验检测机构按照安全技术规范的要求进行监督检验；未经监督检验合格的不得出厂或者交付使用。

第二十二条 气瓶充装单位应当经省、自治区、直辖市的特种设备安全监督管理部门许可，方可从事充装活动。

气瓶充装单位应当具备下列条件：

（一）有与气瓶充装和管理相适应的管理人员和技术人员；

（二）有与气瓶充装和管理相适应的充装设备、检测手段、场地厂房、器具、安全设施和一定的气体储存能力，并能够向使用者提供符合安全技术规范要求的气瓶；

（三）有健全的充装安全管理制度、责任制度、紧急处理措施。

气瓶充装单位应当对气瓶使用者安全使用气瓶进行指导，提供服务。

第三章　特种设备的使用

第二十三条 特种设备使用单位，应当严格执行本条例和有关安全生产的法律、行政法规的规定，保证特种设备的安全使用。

第二十四条 特种设备使用单位应当使用符合安全技术规范要求的特种设备。特种设备投入使用前，使用单位应当核对其是否附有本条例第十五条规定的相关文件。

第二十五条　特种设备在投入使用前或者投入使用后 30 日内，特种设备使用单位应当向直辖市或者设区的市的特种设备安全监督管理部门登记。登记标志应当置于或者附着于该特种设备的显著位置。

第二十六条　特种设备使用单位应当建立特种设备安全技术档案。安全技术档案应当包括以下内容：

（一）特种设备的设计文件、制造单位、产品质量合格证明、使用维护说明等文件以及安装技术文件和资料；

（二）特种设备的定期检验和定期自行检查的记录；

（三）特种设备的日常使用状况记录；

（四）特种设备及其安全附件、安全保护装置、测量调控装置及有关附属仪器仪表的日常维护保养记录；

（五）特种设备运行故障和事故记录。

第二十七条　特种设备使用单位应当对在用特种设备进行经常性日常维护保养，并定期自行检查。

特种设备使用单位对在用特种设备应当至少每月进行一次自行检查，并作出记录。特种设备使用单位在对在用特种设备进行自行检查和日常维护保养时发现异常情况的，应当及时处理。

特种设备使用单位应当对在用特种设备的安全附件、安全保护装置、测量调控装置及有关附属仪器仪表进行定期校验、检修，并作出记录。

第二十八条　特种设备使用单位应当按照安全技术规范的定期检验要求，在安全检验合格有效期届满前 1 个月向特种设备检验检测机构提出定期检验要求。

检验检测机构接到定期检验要求后，应当按照安全技术规范的要求及时进行检验。

未经定期检验或者检验不合格的特种设备，不得继续使用。

第二十九条　特种设备出现故障或者发生异常情况，使用单位应当对其进行全面检查，消除事故隐患后，方可重新投入使用。

第三十条　特种设备存在严重事故隐患，无改造、维修价值，或者超过安全技术规范规定使用年限，特种设备使用单位应当及时予以报废，并应当向原登记的特种设备安全监督管理部门办理注销。

第三十一条　特种设备使用单位应当制定特种设备的事故应急措施和救援预案。

第三十二条　电梯的日常维护保养必须由依照本条例取得许可的安装、改造、维修单位或者电梯制造单位进行。

电梯应当至少每15日进行一次清洁、润滑、调整和检查。

第三十三条　电梯的日常维护保养单位应当在维护保养中严格执行国家安全技术规范的要求，保证其维护保养的电梯的安全技术性能，并负责落实现场安全防护措施，保证施工安全。

电梯的日常维护保养单位，应当对其维护保养的电梯的安全性能负责。接到故障通知后，应当立即赶赴现场，并采取必要的应急救援措施。

第三十四条　电梯、客运索道、大型游乐设施等为公众提供服务的特种设备运营使用单位，应当设置特种设备安全管理机构或者配备专职的安全管理人员；其他特种设备使用单位，应当根据情况设置特种设备安全管理机构或者配备专职、兼职的安全管理人员。

特种设备的安全管理人员应当对特种设备使用状况进行经常性检查，发现问题的应当立即处理；情况紧急时，可以决定停止使用特种设备并及时报告本单位有关负责人。

第三十五条　客运索道、大型游乐设施的运营使用单位在客运索道、大型游乐设施每日投入使用前，应当进行试运行和例行安全检查，并对安全装置进行检查确认。

电梯、客运索道、大型游乐设施的运营使用单位应当将电梯、客运索道、大型游乐设施的安全注意事项和警示标志置于易于为乘客注意的显著位置。

第三十六条　客运索道、大型游乐设施的运营使用单位的主要负责人应当熟悉客运索道、大型游乐设施的相关安全知识，并全面负责客运索道、大型游乐设施的安全使用。

客运索道、大型游乐设施的运营使用单位的主要负责人至少应当每月召开一次会议，督促、检查客运索道、大型游乐设施的安全使用工作。

客运索道、大型游乐设施的运营使用单位，应当结合本单位的实际情况，配备相应数量的营救装备和急救物品。

第三十七条　电梯、客运索道、大型游乐设施的乘客应当遵守使用安全注意事项的要求，服从有关工作人员的指挥。

第三十八条　电梯投入使用后，电梯制造单位应当对其制造的电梯的安全运行情况进行跟踪调查和了解，对电梯的日常维护保养单位或者电梯的使用单位在安全运行方面存在的问题，提出改进建议，并提供必要的技术帮助。发现电梯存在严重事故隐患的，应当及时向特种设备安全监督管理部门报告。电梯制造单位对调查和了解的情况，应当作出记录。

第三十九条　锅炉、压力容器、电梯、起重机械、客运索道、大型游乐设施的作业人员及其相关管理人员（以下统称特种设备作业人员），应当按照国家有关规定经特种设备安全监督管理部门考核合格，取得国家统一格式的特种作业人员证书，方可从事相应的作业或者管理工作。

第四十条　特种设备使用单位应当对特种设备作业人员进行特种设备安全教育和培训，保证特种设备作业人员具备必要的特种设备安全作业知识。

特种设备作业人员在作业中应当严格执行特种设备的操作规程和有关的安全规章制度。

第四十一条 特种设备作业人员在作业过程中发现事故隐患或者其他不安全因素,应当立即向现场安全管理人员和单位有关负责人报告。

第四章 检 验 检 测

第四十二条 从事本条例规定的监督检验、定期检验、型式试验检验检测工作的特种设备检验检测机构,应当经国务院特种设备安全监督管理部门核准。

特种设备使用单位设立的特种设备检验检测机构,经国务院特种设备安全监督管理部门核准,负责本单位一定范围内的特种设备定期检验、型式试验工作。

第四十三条 特种设备检验检测机构,应当具备下列条件:

(一)有与所从事的检验检测工作相适应的检验检测人员;

(二)有与所从事的检验检测工作相适应的检验检测仪器和设备;

(三)有健全的检验检测管理制度、检验检测责任制度。

第四十四条 特种设备的监督检验、定期检验和型式试验应当由依照本条例经核准的特种设备检验检测机构进行。

特种设备检验检测工作应当符合安全技术规范的要求。

第四十五条 从事本条例规定的监督检验、定期检验和型式试验的特种设备检验检测人员应当经国务院特种设备安全监督管理部门组织考核合格,取得检验检测人员证书,方可从事检验检测工作。

检验检测人员从事检验检测工作,必须在特种设备检验检测机构执业,但不得同时在两个以上检验检测机构中执业。

第四十六条 特种设备检验检测机构和检验检测人员进行特种设备检验检测,应当遵循诚信原则和方便企业的原则,为特种设备生产、使用单位提供可靠、便捷的检验检测服务。

特种设备检验检测机构和检验检测人员对涉及的被检验检测单位的商业秘密，负有保密义务。

第四十七条 特种设备检验检测机构和检验检测人员应当客观、公正、及时地出具检验检测结果、鉴定结论。检验检测结果、鉴定结论经检验检测人员签字后，由检验检测机构负责人签署。

特种设备检验检测机构和检验检测人员对检验检测结果、鉴定结论负责。

国务院特种设备安全监督管理部门应当组织对特种设备检验检测机构的检验检测结果、鉴定结论进行监督抽查。县以上地方负责特种设备安全监督管理的部门在本行政区域内也可以组织监督抽查，但是要防止重复抽查。监督抽查结果应当向社会公布。

第四十八条 特种设备检验检测机构和检验检测人员不得从事特种设备的生产、销售，不得以其名义推荐或者监制、监销特种设备。

第四十九条 特种设备检验检测机构进行特种设备检验检测，发现严重事故隐患，应当及时告知特种设备使用单位，并立即向特种设备安全监督管理部门报告。

第五十条 特种设备检验检测机构和检验检测人员利用检验检测工作故意刁难特种设备生产、使用单位，特种设备生产、使用单位有权向特种设备安全监督管理部门投诉，接到投诉的特种设备安全监督管理部门应当及时进行调查处理。

第五章　监督检查

第五十一条 特种设备安全监督管理部门依照本条例规定，对特种设备生产、使用单位和检验检测机构实施安全监察。

对学校、幼儿园以及车站、客运码头、商场、体育场馆、展

255

览馆、公园等公众聚集场所的特种设备，特种设备安全监督管理部门应当实施重点安全监察。

第五十二条 特种设备安全监督管理部门根据举报或者取得的涉嫌违法证据，对涉嫌违反本条例规定的行为进行查处时，可以行使下列职权：

（一）向特种设备生产、使用单位和检验检测机构的法定代表人、主要负责人和其他有关人员调查、了解与涉嫌从事违反本条例的生产、使用、检验检测有关的情况；

（二）查阅、复制特种设备生产、使用单位和检验检测机构的有关合同、发票、账簿以及其他有关资料；

（三）对有证据表明不符合安全技术规范要求的或者有其他严重事故隐患的特种设备或者其主要部件，予以查封或者扣押。

第五十三条 依照本条例规定，实施许可、核准、登记的特种设备安全监督管理部门，应当严格依照本条例规定条件和安全技术规范要求对有关事项进行审查；不符合本条例规定条件和安全技术规范要求的，不得许可、核准、登记。

未依法取得许可、核准、登记的单位擅自从事特种设备的生产、使用或者检验检测活动的，特种设备安全监督管理部门应当予以取缔或者依法予以处理。

已经取得许可、核准、登记的特种设备的生产、使用单位和检验检测机构，特种设备安全监督管理部门发现其不再符合本条例规定条件和安全技术规范要求的，应当依法撤销原许可、核准、登记。

第五十四条 特种设备安全监督管理部门在办理本条例规定的有关行政审批事项时，其受理、审查、许可、核准的程序必须公开，并应当自受理申请之日起30日内，作出许可、核准或者不予许可、核准的决定；不予许可、核准的，应当书面向申请人说明理由。

第五十五条　地方各级特种设备安全监督管理部门不得以任何形式进行地方保护和地区封锁，不得对已经依照本条例规定在其他地方取得许可的特种设备生产单位重复进行许可，也不得要求对依照本条例规定在其他地方检验检测合格的特种设备，重复进行检验检测。

第五十六条　特种设备安全监督管理部门的安全监察人员（以下简称特种设备安全监察人员）应当熟悉相关法律、法规、规章和安全技术规范，具有相应的专业知识和工作经验，并经国务院特种设备安全监督管理部门考核，取得特种设备安全监察人员证书。

特种设备安全监察人员应当忠于职守、坚持原则、秉公执法。

第五十七条　特种设备安全监督管理部门对特种设备生产、使用单位和检验检测机构实施安全监察时，应当有两名以上特种设备安全监察人员参加，并出示有效的特种设备安全监察人员证件。

第五十八条　特种设备安全监督管理部门对特种设备生产、使用单位和检验检测机构实施安全监察，应当对每次安全监察的内容、发现的问题及处理情况，作出记录，并由参加安全监察的特种设备安全监察人员和被检查单位的有关负责人签字后归档。被检查单位的有关负责人拒绝签字的，特种设备安全监察人员应当将情况记录在案。

第五十九条　特种设备安全监督管理部门对特种设备生产、使用单位和检验检测机构进行安全监察时，发现有违反本条例和安全技术规范的行为或者在用的特种设备存在事故隐患的，应当以书面形式发出特种设备安全监察指令，责令有关单位及时采取措施，予以改正或者消除事故隐患。紧急情况下需要采取紧急处置措施的，应当随后补发书面通知。

第六十条　特种设备安全监督管理部门对特种设备生产、使用单位和检验检测机构进行安全监察，发现重大违法行为或者严重事故隐患时，应当在采取必要措施的同时，及时向上级特种设备安全监督管理部门报告。接到报告的特种设备安全监督管理部门应当采取必要措施，及时予以处理。

对违法行为或者严重事故隐患的处理需要当地人民政府和有关部门的支持、配合时，特种设备安全监督管理部门应当报告当地人民政府，并通知其他有关部门。当地人民政府和其他有关部门应当采取必要措施，及时予以处理。

第六十一条　国务院特种设备安全监督管理部门和省、自治区、直辖市特种设备安全监督管理部门应当定期向社会公布特种设备安全状况。

公布特种设备安全状况，应当包括下列内容：

（一）在用的特种设备数量；

（二）特种设备事故的情况、特点、原因分析、防范对策；

（三）其他需要公布的情况。

第六十二条　特种设备发生事故，事故发生单位应当迅速采取有效措施，组织抢救，防止事故扩大，减少人员伤亡和财产损失，并按照国家有关规定，及时、如实地向负有安全生产监督管理职责的部门和特种设备安全监督管理部门等有关部门报告。不得隐瞒不报、谎报或者拖延不报。

第六十三条　特种设备发生事故的，按照国家有关规定进行事故调查，追究责任。

第六章　法　律　责　任

第六十四条　未经许可，擅自从事压力容器设计活动的，由特种设备安全监督管理部门予以取缔，处 5 万元以上 20 万元以下罚款；有违法所得的，没收违法所得；触犯刑律的，对负有责任的主管人员和其他直接责任人员依照刑法关于非法经营罪或者其他罪的规定，依法追究刑事责任。

第六十五条　锅炉、气瓶、氧舱和客运索道、大型游乐设施的设计文件，未经国务院特种设备安全监督管理部门核准的检验检测机构鉴定，擅自用于制造的，由特种设备安全监督管理部门责令改正，没收非法制造的产品，处5万元以上20万元以下罚款；触犯刑律的，对负有责任的主管人员和其他直接责任人员依照刑法关于生产、销售伪劣产品罪、非法经营罪或者其他罪的规定，依法追究刑事责任。

第六十六条　按照安全技术规范的要求应当进行型式试验的特种设备产品、部件或者试制特种设备新产品、新部件，未进行整机或者部件型式试验的，由特种设备安全监督管理部门责令限期改正；逾期未改正的，处2万元以上10万元以下罚款。

第六十七条　未经许可，擅自从事锅炉、压力容器、电梯、起重机械、客运索道、大型游乐设施及其安全附件、安全保护装置的制造、安装、改造以及压力管道元件的制造活动的，由特种设备安全监督管理部门予以取缔，没收非法制造的产品，已经实施安装、改造的，责令恢复原状或者责令限期由取得许可的单位重新安装、改造，处5万元以上20万元以下罚款；触犯刑律的，对负有责任的主管人员和其他直接责任人员依照刑法关于生产、销售伪劣产品罪、非法经营罪、重大责任事故罪或者其他罪的规定，依法追究刑事责任。

第六十八条　特种设备出厂时，未按照安全技术规范的要求附有设计文件、产品质量合格证明、安装及使用维修说明、监督检验证明等文件的，由特种设备安全监督管理部门责令改正；情节严重的，责令停止生产、销售，处违法生产、销售货值金额30%以下罚款；有违法所得的，没收违法所得。

第六十九条　未经许可，擅自从事锅炉、压力容器、电梯、起重机械、客运索道、大型游乐设施的维修或者日常维护保养的，由特种设备安全监督管理部门予以取缔，处1万元以上5万元以下罚款；有违法所得的，没收违法所得；触犯刑律的，对负有责任的主管人员和其他直接责任人员依照刑法关于非法经营罪、重大责任事故罪或者其他罪的规定，依法追究刑事责任。

第七十条　锅炉、压力容器、电梯、起重机械、客运索道、大型游乐设施的安装、改造、维修的施工单位，在施工前未将拟进行的特种设备安装、改造、维修情况书面告知直辖市或者设区的市的特种设备安全监督管理部门即行施工的，或者在验收后30日内未将有关技术资料移交锅炉、压力容器、电梯、起重机械、客运索道、大型游乐设施的使用单位的，由特种设备安全监督管理部门责令限期改正；逾期未改正的，处2000元以上1万元以下罚款。

第七十一条　锅炉、压力容器、压力管道元件、起重机械、大型游乐设施的制造过程和锅炉、压力容器、电梯、起重机械、客运索道、大型游乐设施的安装、改造、重大维修过程，未经国务院特种设备安全监督管理部门核准的检验检测机构按照安全技术规范的要求进行监督检验，出厂或者交付使用的，由特种设备安全监督管理部门责令改正，没收违法生产、销售的产品，已经实施安装、改造或者重大维修的，责令限期进行监督检验，处5万元以上20万元以下的罚款；有违法所得的，没收违法所得；情节严重的，撤销制造、安装、改造或者维修单位已经取得的许可，并由工商行政管理部门吊销其营业执照；触犯刑律的，对负有责任的主管人员和其他直接责任人员依照刑法关于生产、销售伪劣产品罪或者其他罪的规定，依法追究刑事责任。

第七十二条　未经许可，擅自从事气瓶充装活动的，由特种设备安全监督管理部门予以取缔，没收违法充装的气瓶，处5万元以上20万元以下罚款；有违法所得的，没收违法所得；触犯刑律的，对负有责任的主管人员和其他直接责任人员依照刑法关于非法经营罪或者其他罪的规定，依法追究刑事责任。

第七十三条　电梯制造单位有下列情形之一的，由特种设备安全监督管理部门责令限期改正；逾期未改正的，予以通报批评：

（一）未依照本条例第十九条的规定对电梯进行校验、调试的；

（二）对电梯的安全运行情况进行跟踪调查和了解时，发现存在严重事故隐患，未及时向特种设备安全监督管理部门报告的。

第七十四条　特种设备使用单位有下列情形之一的，由特种设备安全监督管理部门责令限期改正；逾期未改正的，处 2000 元以上 2 万元以下罚款；情节严重的，责令停止使用或者停产停业整顿：

（一）特种设备投入使用前或者投入使用后 30 日内，未向特种设备安全监督管理部门登记，擅自将其投入使用的；

（二）未依照本条例第二十六条的规定，建立特种设备安全技术档案的；

（三）未依照本条例第二十七条的规定，对在用特种设备进行经常性日常维护保养和定期自行检查的，或者对在用特种设备的安全附件、安全保护装置、测量调控装置及有关附属仪器仪表进行定期校验、检修，并作出记录的；

（四）未按照安全技术规范的定期检验要求，在安全检验合格有效期届满前 1 个月向特种设备检验检测机构提出定期检验要求的；

（五）使用未经定期检验或者检验不合格的特种设备的；

（六）特种设备出现故障或者发生异常情况，未对其进行全面检查、消除事故隐患，继续投入使用的；

（七）未制定特种设备的事故应急措施和救援预案的；

（八）未依照本条例第三十二条第二款的规定，对电梯进行清洁、润滑、调整和检查的。

第七十五条 特种设备存在严重事故隐患，无改造、维修价值，或者超过安全技术规范规定的使用年限，特种设备使用单位未予以报废，并向原登记的特种设备安全监督管理部门办理注销的，由特种设备安全监督管理部门责令限期改正；逾期未改正的，处5万元以上20万元以下罚款。

第七十六条 电梯、客运索道、大型游乐设施的运营使用单位有下列情形之一的，由特种设备安全监督管理部门责令限期改正；逾期未改正的，责令停止使用或者停产停业整顿，处1万元以上5万元以下罚款：

（一）客运索道、大型游乐设施每日投入使用前，未进行试运行和例行安全检查，并对安全装置进行检查确认的；

（二）未将电梯、客运索道、大型游乐设施的安全注意事项和警示标志置于易于为乘客注意的显著位置的。

第七十七条 特种设备使用单位有下列情形之一的，由特种设备安全监督管理部门责令限期改正；逾期未改正的，责令停止使用或者停产停业整顿，处2000元以上2万元以下罚款：

（一）未依照本条例规定设置特种设备安全管理机构或者配备专职、兼职的安全管理人员的；

（二）从事特种设备作业的人员，未取得相应特种作业人员证书，上岗作业的；

（三）未对特种设备作业人员进行特种设备安全教育和培训的。

第七十八条 特种设备使用单位的主要负责人在本单位发生重大特种设备事故时，不立即组织抢救或者在事故调查处理期间擅离职守或者逃匿的，给予降职、撤职的处分；触犯刑律的，依照刑法关于重大责任事故罪或者其他罪的规定，依法追究刑事责任。

特种设备使用单位的主要负责人对特种设备事故隐瞒不报、谎报或者拖延不报的，依照前款规定处罚。

第七十九条　特种设备作业人员违反特种设备的操作规程和有关的安全规章制度操作，或者在作业过程中发现事故隐患或者其他不安全因素，未立即向现场安全管理人员和单位有关负责人报告的，由特种设备使用单位给予批评教育、处分；触犯刑律的，依照刑法关于重大责任事故罪或者其他罪的规定，依法追究刑事责任。

第八十条　未经核准，擅自从事本条例所规定的监督检验、定期检验、型式试验等检验检测活动的，由特种设备安全监督管理部门予以取缔，处 5 万元以上 20 万元以下罚款；有违法所得的，没收违法所得；触犯刑律的，对负有责任的主管人员和其他直接责任人员依照刑法关于非法经营罪或者其他罪的规定，依法追究刑事责任。

第八十一条　特种设备检验检测机构，有下列情形之一的，由特种设备安全监督管理部门处 2 万元以上 10 万元以下罚款；情节严重的，撤销其检验检测资格：

（一）检验检测工作不符合安全技术规范的要求；

（二）聘用未经特种设备安全监督管理部门组织考核合格并取得检验检测人员证书的人员，从事相关检验检测工作的；

（三）在进行特种设备检验检测中，发现严重事故隐患，未及时告知特种设备使用单位，并立即向特种设备安全监督管理部门报告的。

第八十二条　特种设备检验检测机构和检验检测人员，出具虚假的检验检测结果、鉴定结论或者检验检测结果、鉴定结论严重失实的，由特种设备安全监督管理部门对检验检测机构没收违法所得，处 5 万元以上 20 万元以下罚款，情节严重的，撤销其检验检测资格；对检验检测人员处 5000 元以上 5 万元以下罚款，情节严重的，撤销其检验检测资格，触犯刑律的，依照刑法关于中介组织人员提供虚假证明文件罪、中介组织人员出具证明文件重大失实罪或者其他罪的规定，依法追究刑事责任。

特种设备检验检测机构和检验检测人员，出具虚假的检验检测结果、鉴定结论或者检验检测结果、鉴定结论严重失实，造成损害的，应当承担赔偿责任。

第八十三条 特种设备检验检测机构或者检验检测人员从事特种设备的生产、销售，或者以其名义推荐或者监制、监销特种设备的，由特种设备安全监督管理部门撤销特种设备检验检测机构和检验检测人员的资格，处5万元以上20万元以下罚款；有违法所得的，没收违法所得。

第八十四条 特种设备检验检测机构和检验检测人员利用检验检测工作故意刁难特种设备生产、使用单位，由特种设备安全监督管理部门责令改正；拒不改正的，撤销其检验检测资格。

第八十五条 检验检测人员，从事检验检测工作，不在特种设备检验检测机构执业或者同时在两个以上检验检测机构中执业的，由特种设备安全监督管理部门责令改正，情节严重的，给予停止执业6个月以上2年以下的处罚；有违法所得的，没收违法所得。

第八十六条 特种设备安全监督管理部门及其特种设备安全监察人员，有下列违法行为之一的，对直接负责的主管人员和其他直接责任人员，依法给予降级或者撤职的行政处分；触犯刑律的，依照刑法关于受贿罪、滥用职权罪、玩忽职守罪或者其他罪的规定，依法追究刑事责任：

（一）不按照本条例规定的条件和安全技术规范要求，实施许可、核准、登记的；

（二）发现未经许可、核准、登记擅自从事特种设备的生产、使用或者检验检测活动不予取缔或者不依法予以处理的；

（三）发现特种设备生产、使用单位不再具备本条例规定的条件而不撤销其原许可，或者发现特种设备生产、使用违法行为不予查处的；

（四）发现特种设备检验检测机构不再具备本条例规定的条件而不撤销其原核准，或者对其出具虚假的检验检测结果、鉴定结论或者检验检测结果、鉴定结论严重失实的行为不予查处的；

（五）对依照本条例规定在其他地方取得许可的特种设备生产单位重复进行许可，或者对依照本条例规定在其他地方检验检测合格的特种设备，重复进行检验检测的；

（六）发现有违反本条例和安全技术规范的行为或者在用的特种设备存在严重事故隐患，不立即处理的；

（七）发现重大的违法行为或者严重事故隐患，未及时向上级特种设备安全监督管理部门报告，或者接到报告的特种设备安全监督管理部门不立即处理的。

第八十七条 特种设备的生产、使用单位或者检验检测机构，拒不接受特种设备安全监督管理部门依法实施的安全监察的，由特种设备安全监督管理部门责令限期改正；逾期未改正的，责令停产停业整顿，处 2 万元以上 10 万元以下的罚款；触犯刑律的，依照刑法关于妨害公务罪或者其他罪的规定，依法追究刑事责任。

第七章　附　　则

第八十八条 本条例下列用语的含义是：

锅炉，是指利用各种燃料、电或者其他能源，将所盛装的液体加热到一定的参数，并承载一定压力的密闭设备，其范围规定为容积大于或者等于 30L 的承压蒸汽锅炉；出口水压大于或者等于 0.1MPa（表压），且额定功率大于或者等于 0.1MW 的承压热水锅炉；有机热载体锅炉。

压力容器，是指盛装气体或者液体，承载一定压力的密闭设备，其范围规定为最高工作压力大于或者等于0.1MPa（表压），且压力与容积的乘积大于或者等于2.5MPa·L的气体、液化气体和最高工作温度高于或者等于标准沸点的液体的固定式容器和移动式容器；盛装公称工作压力大于或者等于0.2MPa（表压），且压力与容积的乘积大于或者等于1.0MPa·L的气体、液化气体和标准沸点等于或者低于60℃液体的气瓶；氧舱等。

压力管道，是指利用一定的压力，用于输送气体或者液体的管状设备，其范围规定为最高工作压力大于或者等于0.1MPa（表压）的气体、液化气体、蒸汽介质或者可燃、易爆、有毒、有腐蚀性、最高工作温度高于或者等于标准沸点的液体介质，且公称直径大于25mm的管道。

电梯，是指动力驱动，利用沿刚性导轨运行的箱体或者沿固定线路运行的梯级（踏步），进行升降或者平行运送人、货物的机电设备，包括载人（货）电梯、自动扶梯、自动人行道等。

起重机械，是指用于垂直升降或者垂直升降并水平移动重物的机电设备，其范围规定为额定起重量大于或者等于0.5t的升降机；额定起重量大于或者等于1t，且提升高度大于或者等于2m的起重机和承重形式固定的电动葫芦等。

客运索道，是指动力驱动，利用柔性绳索牵引箱体等运载工具运送人员的机电设备，包括客运架空索道、客运缆车、客运拖牵索道等。

大型游乐设施，是指用于经营目的，承载乘客游乐的设施，其范围规定为设计最大运行线速度大于或者等于2m/s，或者运行高度距地面高于或者等于2m的载人大型游乐设施。

特种设备包括其附属的安全附件、安全保护装置和与安全保护装置相关的设施。

第八十九条　压力管道设计、安装、使用的安全监督管理办法由国务院另行制定。

第九十条　特种设备检验检测机构依照本条例规定实施检验检测，收取费用，依照国家有关规定执行。

第九十一条　本条例自 2003 年 6 月 1 日起施行。1982 年 2 月 6 日国务院发布的《锅炉压力容器安全监察暂行条例》同时废止。

核动力厂设计安全规定 （HAF102）

（2004 年 4 月 18 日国家核安全局批准发布，2004 年修改）

本规定自 2004 年 4 月 18 日起实施

本规定由国家核安全局负责解释

1 引　言

1.1 目的

本规定提出了陆上固定式热中子反应堆核动力厂的核安全原则，确定了保证核安全所必需的基本要求。这些要求适用于核动力厂安全功能及相关的构筑物、系统和部件，并适用于核动力厂中的安全重要规程。规定中只强调设计中必须满足的要求，对于如何满足这些要求则不作具体规定。

附件Ⅰ、Ⅱ与本规定具有同等法律效力。

附录Ⅰ是对本规定的说明和补充。

本规定适用于核动力厂设计、制造、建造、运行和监督管理。

1.2 范围

1.2.1 本规定阐述了安全重要构筑物、系统和部件为实现核动力厂的安全运行和防止或减轻可能危及安全的事件后果所必须满足的设计要求。本规定还提出了进行全面安全评价的要求，以确定核动力厂在各种运行状态和事故工况下可能产生的潜在危险。这种安全评价过程涉及确定论安全分析和概率论安全分析这两种互补的技术。这些分析必须考虑假设始发事件，包括可能单独地或组合地影响安全的诸多因素。这些事件有如下几种类型：

（1）源自核动力厂运行本身；

（2）由人员行动引起；

（3）直接与核动力厂及其环境有关。

1.2.2 本规定还涉及到极不可能发生的事件，例如可能导致大量放射性释放的严重事故，设计中对此类事件提供预防或缓解措施是适当的和可行的。

1.2.3 本规定不考虑下列事件：

（1）极不可能发生的外部自然事件或人为事件（诸如陨石或人造卫星撞击）；

（2）极不可能影响核动力厂安全的工业事故；

（3）由核动力厂运行引起的非放射性影响。

1.2.4 本规定中的核动力厂主要系指用于发电或其他供热应用（诸如集中供热或海水淡化）而设计的，采用水冷反应堆的陆上固定式核动力厂。

本规定原则上也适用于其他类型的陆上固定式热中子反应堆核动力厂。

2 安全目标和纵深防御概念

2.1 安全目标

2.1.1 总的核安全目标：在核动力厂中建立并保持对放射性危害的有效防御，以保护人员、社会和环境免受危害。

2.1.2 总的核安全目标由辐射防护目标和技术安全目标所支持，这两个目标互相补充、相辅相成，技术措施与管理性和程序性措施一起保证对电离辐射危害的防御。

（1）辐射防护目标：保证在所有运行状态下核动力厂内的辐射照射或由于该核动力厂任何计划排放放射性物质引起的辐射照射保持低于规定限值并且合理可行尽量低，保证减轻任何事故的放射性后果。

(2) 技术安全目标：采取一切合理可行的措施防止核动力厂事故，并在一旦发生事故时减轻其后果；对于在设计该核动力厂时考虑过的所有可能事故，包括概率很低的事故，要以高可信度保证任何放射性后果尽可能小且低于规定限值；并保证有严重放射性后果的事故发生的概率极低。

2.1.3 安全目标要求核动力厂的设计和运行使得所有辐射照射的来源都处在严格的技术和管理措施控制之下。辐射防护目标不排除人员受到有限的照射，也不排除法规许可数量的放射性物质从处于运行状态的核动力厂向环境的排放。此种照射和排放必须受到严格控制，并且必须符合运行限值和辐射防护标准。

2.1.4 为了实现上述安全目标，在设计核动力厂时，要进行全面的安全分析，以便确定所有照射的来源，并评估核动力厂工作人员和公众可能受到的辐射剂量，以及对环境的可能影响（见4.4.1条）。此种安全分析要考察以下内容：（1）核动力厂所有计划的正常运行模式；（2）发生预计运行事件时核动力厂的性能；（3）设计基准事故；（4）可能导致严重事故的事件序列。在分析的基础上，确认工程设计抵御假设始发事件和事故的能力，验证安全系统和安全相关物项或系统的有效性，以及确定应急响应的要求。

2.1.5 尽管采取措施将所有运行状态下的辐射照射控制在合理可行尽量低，并将能导致辐射来源失控事故的可能性减至最小，但仍然存在发生事故的可能性。这就需要采取措施以保证减轻放射性后果。这些措施包括：专设安全设施、营运单位制定的厂内事故处理规程以及国家和地方有关部门制定的厂外干预措施。核动力厂的安全设计适用以下原则：能导致高辐射剂量或大量放射性释放的核动力厂状态的发生概率极低；具有大的发生概率的核动力厂状态只有较小或者没有潜在的放射性后果。

2.2 纵深防御概念

2.2.1 纵深防御概念贯彻于安全有关的全部活动，包括与组织、人员行为或设计有关的方面，以保证这些活动均置于重叠措施的防御之下，即使有一种故障发生，它将由适当的措施探测、补偿或纠正。在整个设计和运行中贯彻纵深防御，以便对由厂内设备故障或人员活动及厂外事件等引起的各种瞬变、预计运行事件及事故提供多层次的保护。

2.2.2 纵深防御概念应用于核动力厂的设计，提供一系列多层次的防御（固有特性、设备及规程），用以防止事故并在未能防止事故时保证提供适当的保护。

（1）第一层次防御的目的是防止偏离正常运行及防止系统失效。这一层次要求：按照恰当的质量水平和工程实践，例如多重性、独立性及多样性的应用，正确并保守地设计、建造、维修和运行核动力厂。为此，应十分注意选择恰当的设计规范和材料，并控制部件的制造和核动力厂的施工。能有利于减少内部灾害的可能、减轻特定假设始发事件的后果或减少事故序列之后可能的释放源项的设计措施均在这一层次的防御中起作用。还应重视涉及设计、制造、建造、在役检查、维修和试验的过程，以及进行这些活动时良好的可达性、核动力厂的运行方式和运行经验的利用等方面。整个过程是以确定核动力厂运行和维修要求的详细分析为基础。

（2）第二层次防御的目的是检测和纠正偏离正常运行状态，以防止预计运行事件升级为事故工况。尽管注意预防，核动力厂在其寿期内仍然可能发生某些假设始发事件。这一层次要求设置在安全分析中确定的专用系统，并制定运行规程以防止或尽量减小这些假设始发事件所造成的损害。

（3）设置第三层次防御是基于以下假定：尽管极少可能，某些预计运行事件或假设始发事件的升级仍有可能未被前一层次防御所制止，而演变成一种较严重的事件。这些不大可能的事件在核动力厂设计基准中是可预计的，并且必须通过固有安全特性、故障安全设计、附加的设备和规程来控制这些事件的后果，使核动力厂在这些事件后达到稳定的、可接受的状态。这就要求设置的专设安全设施能够将核动力厂首先引导到可控制状态，然后引导到安全停堆状态，并且至少维持一道包容放射性物质的屏障。

（4）第四层次防御的目的是针对设计基准可能已被超过的严重事故的，并保证放射性释放保持在尽实际可能的低。这一层次最重要的目的是保护包容功能。除了事故管理规程之外，这可以由防止事故进展的补充措施与规程，以及减轻选定的严重事故后果的措施来达到。由包容提供的保护可用最佳估算方法来验证。

（5）第五层次，即最后层次防御的目的是减轻可能由事故工况引起潜在的放射性物质释放造成的放射性后果。这方面要求有适当装备的应急控制中心及厂内、厂外应急响应计划。

2.2.3 纵深防御概念应用的另一方面是在设计中设置一系列的实体屏障，以包容规定区域的放射性物质。所必需的实体屏障的数目取决于可能的内部及外部灾害和故障的可能后果。就典型的水冷反应堆而言，这些屏障可能是燃料基体、燃料包壳、反应堆冷却剂系统压力边界和安全壳。

3 安全管理要求

3.1 管理职责

营运单位对安全负全面责任。但是，所有从事安全重要活动的单位，都有责任保证将安全事务放在最优先的位置。设计单位必须保证核动力厂设计满足营运单位的要求，包括用户①的标准化

---

① 这里用户系指营运单位、电力公司和供热公司等。

要求；保证设计考虑了安全方面的最新进展；保证设计与设计规格书和安全分析一致；保证设计满足国家有关监管要求；保证设计满足有效的质量保证大纲的各项要求；并保证正确地考虑了任何设计变更的安全性。为此，设计单位必须遵循下述要求：

（1）明确划分职责以及相应的权限范围与联系渠道；

（2）保证它在所有层次上都拥有足够的技术上合格且受过适当培训的人员；

（3）明确地规定负责设计的不同部分的各个小组之间的接口，并明确设计单位、用户、设备供应厂商、建造单位和其他承包单位之间恰当的接口；

（4）制定并严格遵守完备的程序；

（5）定期审查、监督和监查一切与安全有关的设计事务；

（6）保证保持良好的安全文化水平。

3.2 设计管理

3.2.1 核动力厂设计管理必须保证安全重要构筑物、系统和部件有合适的性能、技术规范和材料成份，使得安全功能得到执行，并使核动力厂在其整个设计寿命期间能够安全运行和具有必要的可靠性，且能防止事故的发生和把保护厂区人员、公众和环境作为首要任务。

3.2.2 设计管理必须保证满足营运单位的要求，并对营运单位人员的能力和局限性给予适当的考虑。设计单位必须提供充分的安全设计资料，以保证核动力厂的安全运行、维修和允许以后能对核动力厂进行修改，同时推荐可纳入核动力厂的管理规程和运行规程（即运行限值和条件）的实践。

3.2.3 设计管理必须考虑确定论安全分析和补充性的概率论安全分析的结果，并通过合适的迭代过程以保证适当考虑防止事故的发生及减轻其后果。

3.2.4 设计管理必须保证采用合适的设计措施以及运行与退役

实践，使产生的放射性废物的活度和体积保持尽可能的小。

3.3 经验证的工程实践

3.3.1 只要可能，安全重要构筑物、系统和部件就必须按照经批准的最新的或当前适用的规范和标准进行设计；其设计必须是此前在相当使用条件下验证过的；并且这些物项的选择必须与安全所要求的核动力厂可靠性目标相一致。对于用作设计准则的规范和标准必须加以鉴别和评价，以确定其适用性、恰当性和充分性，并根据需要进行补充或修改，以保证最后的质量与所需的安全功能相适应。

3.3.2 当引入未经验证的设计或设施，或存在着偏离已有的工程实践时，必须借助适当的支持性研究计划，或通过其他相关的应用中获得的运行经验的检验，来证明其安全性是合适的。这种开发性工作必须在投入使用前经过充分的试验，并在使用中进行监测，以便验证已达到了预期效果。

3.3.3 选择设备时必须考虑到误动作和不安全的故障模式（例如要求脱扣时不能脱扣）。对构筑物、系统和部件预期会发生故障并需采取设计措施的地方，必须优先选择具有可预见的和已揭示的故障模式的且便于修理或更换的设备。

3.4 运行经验和安全研究

设计必须充分考虑从运行的核动力厂中取得的相关运行经验和相关研究的成果。

3.5 安全评价

3.5.1 必须进行全面的安全评价，以证实交付制造、建造和竣工的设计满足设计过程开始时提出的安全要求。

3.5.2 安全评价必须成为设计过程的一部分，同时在设计和证实性分析活动之间存在迭代过程，而且随着设计计划的进展其范围不断扩大和详细程度不断提高。

3.5.3 安全评价必须基于安全分析得到的数据、以往的运行经验、支持性研究的成果，以及经验证的工程实践。

3.6 安全评价的独立验证

在提交国家核安全监管部门以前，营运单位必须保证由未参与相关设计的个人或团体对安全评价进行独立验证。

3.7 质量保证

3.7.1 必须制定和实施描述核动力厂设计的管理、执行和评价的总体安排的质量保证大纲。这个大纲必须由每个构筑物、系统和部件的更详细计划来支持，以便始终保证设计质量。

3.7.2 设计，包括后来的变更或安全的改进，必须按照合适的工程规范和标准所确定的程序进行，并必须体现适用的要求和设计基准。必须确定和控制设计接口。

3.7.3 设计（包括设计手段和设计输入与输出）的恰当与否，必须由原先从事此工作的人员以外的个人或团体进行验证或核实。验证、确认和批准必须在做施工设计之前完成。

4 主要技术要求

4.1 纵深防御要求

4.1.1 第2章中所描述的纵深防御概念必须在设计过程中加以体现：

（1）设计必须提供多重的实体屏障，防止放射性物质不受控制地释放到环境；

（2）设计必须是保守的，建造必须是高质量的，从而为使核动力厂的故障和偏离正常运行减至最少并为防止事故提供了可信度；

（3）设计必须利用固有特性和专设设施在发生假设始发事件期间及之后控制核动力厂的行为，即必须通过设计尽可能地使不受控制的瞬变过程减至最少甚至排除；

（4）设计必须对核动力厂提供附加控制，这些附加控制采用安全系统的自动触发，以便在假设始发事件的早期阶段尽量减少操纵员的动作，附加控制包括操纵员的动作；

（5）设计必须尽实际可能提供控制事故过程和限制其后果的设备和规程；

（6）设计必须提供多种手段来保证实现每项基本安全功能，即控制反应性、排出热量和包容放射性物质，从而保证各道屏障的有效性和减轻任何假设始发事件的后果。

4.1.2 为了贯彻纵深防御概念，设计必须尽实际可能地防止：

（1）出现影响实体屏障完整性的情况；

（2）屏障在需要它发挥作用时失效；

（3）一道屏障因另一道屏障的失效而失效。

4.1.3 除极不可能的假设始发事件外，设计必须使第一层次至多第二层次防御能够阻止所有假设始发事件升级为事故工况。

4.1.4 设计必须考虑到这样的事实：当缺少某一层次防御时，多层次防御的存在并不是继续进行功率运行的充分条件。虽然对于除功率运行以外的各种运行模式来说，可视情况规定某些放松条件，但在功率运行下所有各层次防御都必须总是可用的。

4.2 安全功能

4.2.1 整个安全措施的目标必须是：提供充分的手段使核动力厂保持正常的运行状态；保证发生假设始发事件之后立即作出正确的短期响应；以及发生任何设计基准事故期间和之后及发生那些所选定的超设计基准事故的事故工况之后便于对核动力厂进行管理。

4.2.2 为了保证安全，在各种运行状态下、在发生设计基准事故期间和之后，以及尽实际可能在发生所选定的超设计基准事故的事故工况下，都必须执行下列基本安全功能：

（1）控制反应性；

（2）排出堆芯热量；

（3）包容放射性物质和控制运行排放，以及限制事故释放。

这三项基本安全功能进一步详细划分的实例见附录I。

4.2.3 必须用全面的、系统的方法来确定在发生假设始发事件后的各个时期中完成这些安全功能所必需的构筑物、系统和部件。

4.3 事故预防和核动力厂安全特性

核动力厂设计必须使其对假设始发事件的敏感性减到最小。核动力厂对任何假设始发事件的预期响应，必须是下列可合理达到的情况（以重要性为序）：

（1）依靠核动力厂的固有特性，使假设始发事件不会产生与安全有关的重大影响，或只使核动力厂产生趋向于安全状态的变化；

（2）发生假设始发事件后，核动力厂借助非能动安全设施或在此状态下连续运行的安全系统的作用，以控制该事件，使核动力厂趋于安全；

（3）发生假设始发事件后，借助为了响应该事件而必需投入运行的那些安全系统的作用使核动力厂趋于安全；

（4）发生假设始发事件后，借助专门规程使核动力厂趋于安全。

4.4 辐射防护和验收准则

4.4.1 为了在设计核动力厂时实现2.1.1—2.1.2条中给出的安全目标，必须逐一确定并适当考虑所有现实的和潜在的辐射来源，并必须采取措施，保证这些辐射来源保持在严格的技术和管理控制之下。

4.4.2 必须采取措施保证实现2.1.2条中给出的辐射防护目标和技术安全目标，并保证公众和厂区人员在包括维修和退役的所有运行状态下受到的辐射剂量不超过规定限值并且合理可行尽量低。

4.4.3 设计必须以防止或减轻（在无法防止时）由设计基准事故和选定的严重事故引起的辐射照射作为目标。设计必须采取措施保证公众和厂区人员可能受到的辐射剂量不超过可接受限值并且合理可行尽量低。

4.4.4 必须将有可能导致高辐射剂量或放射性释放的核动力厂状态发生的概率限制在很低的水平，并必须保证发生概率高的核动力厂状态仅产生微小的潜在放射性后果。必须以这些要求为基础，规定核动力厂设计的放射性验收准则。

4.4.5 通常有为数有限的几组放射性验收准则，并与核动力厂不同的状态相对应。这些核动力厂状态一般包括：正常运行、预计运行事件、设计基准事故和严重事故。这几种状态的放射性验收准则，作为一个最低的安全水平，必须满足国家核安全监管部门的要求。

5 核动力厂设计要求

5.1 安全分级

5.1.1 必须首先确定属于安全重要物项的所有构筑物、系统和部件，包括仪表和控制软件，然后根据其安全功能和安全重要性分级。它们的设计、建造和维修必须使其质量和可靠性与这种分级相适应。

5.1.2 划分某一构筑物、系统或部件安全重要性的方法必须主要基于确定论方法，适当时辅以概率论方法和工程判断，同时考虑如下因素：

（1）该物项要执行的安全功能；

（2）未能执行其功能的后果；

（3）需要该物项执行某一安全功能的可能性；

（4）假设始发事件后需要该物项投入运行的时刻或持续运行

时间。

5.1.3 必须在不同级别的构筑物、系统和部件之间提供合适的接口设计，以保证划分为较低级别的系统中的任何故障不会蔓延到划分为较高级别的系统。

5.2 总的设计基准

5.2.1 概述

5.2.1.1 设计基准必须规定核动力厂的必备能力，以适应在规定的辐射防护要求范围内所确定的运行状态和设计基准事故。设计基准必须包括正常运行技术规格、假设始发事件造成的核动力厂状态、安全分级、重要假设，以及在某些情况下特定的分析方法。

5.2.1.2 在正常运行、预计运行事件和设计基准事故的设计基准中，必须采用保守的设计措施和良好的工程实践，以保障不会发生反应堆堆芯的任何重大损坏；辐射剂量保持在规定限值内，并合理可行尽量低。

5.2.1.3 除设计基准外，设计中还必须考虑核动力厂在特定的超设计基准事故包括选定的严重事故中的行为。这些评价所使用的假设和方法可以最佳估算为基础。

5.2.2 核动力厂状态分类

必须确定核动力厂状态并按其发生的概率分成几类。这些类别通常包括正常运行、预计运行事件、设计基准事故和严重事故。必须为每个类别确定验收准则，并且这些准则考虑到如下要求：频繁发生的假设始发事件必须仅有微小的或根本没有放射性的后果，而可能导致严重后果的事件的发生概率必须很低。

5.2.3 假设始发事件

设计核动力厂时，必须认识到纵深防御的各层次都可能受到考验，因而必须提供设计措施，以保证完成所需的安全功能和满足安全目标。这些考验来源于假设始发事件，这些事件是根据确定论方法或概率论方法或这两者的组合选定的。在设计中通常不考虑概率很低的各种独立事件同时发生。

5.2.4 内部事件

必须分析假设始发事件（见附件I），以便确定所有可能影响核动力厂安全的内部事件。这些事件可能包括设备故障或误操作。

5.2.4.1 火灾和爆炸

设计和布置安全重要构筑物、系统和部件时，除满足其他安全要求外，还必须尽量降低外部或内部事件引发火灾和爆炸的可能性及其后果。必须保持停堆、排出余热、包容放射性物质和监测核动力厂状态的能力。为满足这些要求，必须通过采用多重部件、多样系统、实体分隔和故障安全设计的适当组合，以便实现下述目标：

（1）防止火灾发生；

（2）及时探测发生的火灾并迅速灭火，以限制火灾后果；

（3）防止未扑灭的火势蔓延，以使其对核动力厂重要功能的影响减至最小。

必须进行核动力厂火灾危害性分析，以确定所需的防火屏障耐火能力，并且提供必要能力的火灾探测系统和灭火系统。

必要时，灭火系统必须能自动启动，系统的设计和布置必须保证在其出现破裂、误动作或意外操作时不至于显著损害安全重要构筑物、系统和部件的功能，并不会同时影响多重安全组合而使为满足单一故障准则所采取的措施变得无效。

在整个核动力厂中，尤其是在诸如安全壳和控制室等场所中，只要可行，必须采用不可燃的或阻燃的和耐热的材料。

5.2.4.2 其他内部灾害

核动力厂设计必须考虑发生诸如以下内部灾害的可能性：内部水淹、飞射物、管道甩动、喷射流冲击或者破损系统或现场其他设施中的流体释放。必须提供适当的预防和缓解措施，以保证核安全不受到损害。一些外部事件可能引发内部火灾或水灾和可能导致飞射物的产生。适当时，也必须在设计中考虑这种外部和内部事件的相互影响。

如果不同压力下运行的两个流体系统是相互连接的，那么这两个系统或者都必须按较高的压力设计，或者必须采取措施，防止发生单一故障时在较低压力下运行的系统超过设计压力。

5.2.5 外部事件

5.2.5.1 必须针对计划的厂址和核动力厂的组合确定作为设计基准的外部自然事件和外部人为事件。必须考虑所有那些可能造成重大放射性风险的事件。必须组合使用确定论方法和概率论方法来选定核动力厂设计应承受的一组外部事件，并确定设计基准。

5.2.5.2 必须考虑的外部自然事件包括在描述厂址特征时已确定的那些事件，如地震、洪水、狂风、龙卷风、海啸（潮汐波）和极端气象条件。必须考虑的外部人为事件包括描述厂址特征时已确定的那些事件和由此导出设计基准的事件。在设计过程初期必须重新评价这些事件清单的完整性。

5.2.6 厂址特征

5.2.6.1 在确定核动力厂设计基准时，必须考虑核动力厂与环境之间的各种相互作用，包括人口、气象、水文、地质和地震等因素。还必须考虑核动力厂安全和保护公众可能依赖的电力供应和消防服务之类的厂外服务的可用性。

5.2.6.2 必须对在热带、干旱或火山附近地区选址的核动力厂项目进行专门评价，以确定因该厂址的特征可能需要的特殊设计设施。

5.2.7 事件的组合

若随机发生的单个事件的组合能可信地导致预计运行事件或事故工况，则必须在设计中考虑到这种组合。某些事件可能是其他事件的后果，如地震后发生水灾。这种随之发生的效应必须视为原假设始发事件的一部分。

5.2.8 设计规范

5.2.8.1 必须规定构筑物、系统和部件的工程设计规范，并且必须使其符合国家有关监管机构认可的合适的国家标准和工程实践（见 3.3 条），或国际上使用的、其使用是合适的、而且是国家有关监管机构认可的标准或实践。

5.2.8.2 核动力厂的抗震设计必须提供充分的安全裕度，以抵御地震事件的影响。

5.2.9 设计限值

必须为各种运行状态和设计基准事故规定一套与每个构筑物、系统或部件的主要物理参数相适应的设计限值。

5.2.10 运行状态

5.2.10.1 核动力厂必须设计成能够在规定的各种参数（例如压力、温度和功率参数）范围内安全运行，并且最低限度必须有一套特定的安全系统辅助设施（例如辅助给水能力和应急电源）是可用的。核动力厂的设计必须是，对范围广泛的预计运行事件的响应允许核动力厂安全运行或必要时停堆，不必采取超出纵深防御第一层次或至多不超出第二层次的措施。

5.2.10.2 在诸如启动、换料和维修之类的低功率和停堆状态下，安全系统的可用性可能降低，在设计中必须考虑此时发生事故的可能性，并且必须规定对安全系统不可用性的适当限制。

5.2.10.3 设计过程中必须针对核动力厂安全运行的要求，制定一组运行要求和限制，包括：

（1）安全系统整定值；

（2）工艺变量和其他重要参数的控制系统和过程限制；

（3）为保证各构筑物、系统和部件执行设计中预定的功能，对核动力厂规定维修、试验和检查的要求，并考虑合理可行尽量低的辐射防护原则；

（4）明确地规定运行配置，包括安全系统停役情况下的运行限制。

5.2.10.4 这些要求和限制必须是营运单位制定核动力厂的运行限值和条件的依据，在这种条件下，营运单位将获准运行核动力厂。

5.2.11 设计基准事故

5.2.11.1 必须根据假设始发事件（见附件I）清单得出一套设计基准事故，以便设定设计安全重要构筑物、系统和部件的边界条件。

5.2.11.2 在为响应某一假设始发事件而需要立即采取可靠行动时，必须采取措施自动启动所需的安全系统，以防止发展成可能威胁下一道屏障的更严重工况。在不需要立即动作的情况下，可允许手动启动系统或操纵员的其他行动，条件是需要有足够的时间来判断这种行动的必要性和确定合适的规程（如管理规程、运行规程和应急规程），以保证这些行动的可靠性。

5.2.11.3 必须考虑诊断核动力厂状态和使核动力厂及时地进入长期稳定停堆工况可能需要的操纵员行动，并必须通过设置适当的仪表以有利于监测核动力厂状态和监控设备的手动操作。

5.2.11.4 手动响应和恢复过程所需的任何设备必须放置在最合适的位置，以保证需要时随时能用和在预计环境条件下允许人员接近。

5.2.12 严重事故

超设计基准事故中的某些概率很低的核动力厂状态，可能由安全系统多重故障而引起，并导致堆芯明显恶化，它们可能危及多层或所有用于防止放射性物质释放的屏障的完整性。这些事件序列被称之为严重事故。必须采用工程判断和概率论相结合的方法来考虑这些严重事故序列，针对这些序列确定合理可行的预防或缓解措施。可接受的方法应该基于现实的或最佳估算的假设、方法和分析准则，而不必运用确定和评价设计基准事故时所采用的保守的工程方法。根据运行经验、有关的安全分析和安全研究的结果，针对严重事故，设计中必须考虑的事项有：

（1）必须采用概率论、确定论和正确的工程判断相结合的方法，确定可能导致严重事故的重要事件序列。

（2）必须对照有关准则审查这些事件序列，以确定必须在设计中考虑哪些严重事故。

（3）对于能降低这些选定事件发生的概率或者当这些选定事件发生时能减轻其后果的可能的设计修改或规程修改，必须加以评价，如属合理可行则必须实施这种修改。

（4）必须考虑核动力厂整个设计能力，包括超过其原来预定功能和预计运行状态下可能使用某些系统（即安全系统和非安全系统）和使用附加的临时系统，使核动力厂回到受控状态和/或减轻严重事故的后果，条件是可以表明这些系统能够在预计的环境条件下起作用。

（5）对于多机组核动力厂，必须考虑使用其他机组可利用的手段和/或支持，条件是其他机组的安全运行不会受到损害。

（6）必须在计及有代表性和起主导作用的严重事故情况下制定事故管理规程。

5.3 构筑物、系统和部件的可靠性设计

安全重要构筑物、系统和部件必须设计成能以足够的可靠性承受所有确定的假设始发事件（见附件I）。

5.3.1 共因故障

必须考虑安全重要物项发生共因故障的可能性，以确定应该在哪些地方应用多样性、多重性和独立性原则来实现所需的可靠性。

5.3.2 单一故障准则

5.3.2.1 必须对核动力厂设计中所包括的每个安全组合都应用

单一故障准则。

5.3.2.2 为检验核动力厂是否符合单一故障准则，必须对有关安全组合进行下述分析：假设单一故障（及其全部继发故障）依次发生在安全组合的各个单元上，直至分析了全部可能故障为止。然后对各有关安全组合逐一进行分析，直至考虑了所有安全组合和全部故障为止。（在本规定中，为获得所必需的可靠性而必须采用多重性设计的那些安全功能或执行这些安全功能的系统均须由"假设单一故障"加以确认）在上述系统中假设单一故障是所述过程中的一部分。单一故障分析中，不考虑同时发生一个以上的随机故障。

5.3.2.3 当把此概念运用于一个安全组合或系统时，误动作必须视为故障的一种模式。

5.3.2.4 当按照下列条件应用上述分析时，如果表明每个安全组合均能完成各自的安全功能，则认为符合了单一故障准则的要求：

（1）假定假设始发事件对该安全组合会发生任何可能的有害后果；

（2）假设执行所需安全功能的安全系统处于许可的最不利配置，并考虑到维护、试验、检查和修理以及允许的设备停役时间。

5.3.2.5 不符合单一故障准则的情况必须是极个别的，并必须在安全分析中明确证明是正当的。

5.3.2.6 某一非能动部件的设计、制造、在役检查和维修均达到很高的质量水平，并且保持不受到假设始发事件的影响，则在单一故障分析中可以不必假设它会发生故障。但是，当假定某一非能动部件不发生故障时，必须从该部件所受的载荷、所处的环境以及始发事件发生后要求该部件执行其功能的全时程的角度来论证这种分析方法的合理性。

5.3.3 故障安全设计

故障安全设计原则必须恰当地考虑，并贯彻到核动力厂安全重要系统和部件的设计中。核动力厂系统必须设计成在该系统或其部件发生故障时不需要采取任何操作而使核动力厂进入安全状态。

5.3.4 辅助设施

辅助设施用于支持构成安全重要系统部分的设备时，必须视作安全重要系统的一部分，并必须相应地分级。它们的可靠性、多重性、多样性和独立性以及用于隔离和功能试验的措施必须与其所支持的系统的可靠性相当。保持核动力厂安全状态所必需的辅助设施包括供应电力、冷却水和压缩空气或其他气体的设施以及润滑设施等。

5.3.5 设备停役

设计必须通过采用诸如增加多重性等措施保证在毋需核动力厂停堆的情况下进行安全重要系统合理的在线维修和试验。必须考虑设备停役，包括系统或部件由于故障而不能使用，并且在这种考虑中必须包括预计的维护、试验和修理工作对各个安全系统的可靠性所产生的影响，以便保证仍能以所必需的可靠性实现该安全功能。在核动力厂开始运行前，必须分析和确定每种情况下允许设备停役的时间和要采取的行动，并将其包括在核动力厂运行规程中。

5.4 在役试验、维护、修理、检查和监测的措施

5.4.1 除5.4.2条所述的以外，为保持安全重要构筑物、系统和部件执行功能的能力，其设计必须符合下列要求：能在核动力厂整个寿期内进行标定、试验、维护、修理或更换、检查和监测，以证明满足可靠性目标。核动力厂布置必须便于进行这些活动，并能按照与所执行的安全功能的重要性一致的标准进行，同时系统可用性没有显著减少，且厂区人员不致于受到过量的照射。

5.4.2 安全重要构筑物、系统和部件的设计不能满足试验、检

查或监测的要求时，必须采取下列方法：

（1）规定其他一些经验证的替代方法和（或）间接方法，如监视参考物项或使用经验证和确认的计算方法。

（2）应用保守的安全裕度或采取其他适当的预防措施，以消除可能的预计不到的故障影响。

5.5 设备鉴定

5.5.1 必须采用设备鉴定的程序来确认安全重要物项能够在其整个设计运行寿期内满足处于需要起作用时的环境条件（如振动、温度、压力、喷射流冲击、电磁干扰、辐照、湿度或这些因素的任何可能组合）下执行其安全功能的要求。考虑的环境条件必须包括预计到的正常运行、预计运行事件和设计基准事故期间的变化。鉴定程序中，必须考虑到设备预期寿期内由各种环境因素（如振动、辐照和极端温度）引起的老化效应。对于位于易遭受到外部自然事件的影响并且需要在这种事件中及事件后执行其安全功能的设备，鉴定程序必须尽可能地取与有关自然现象对该设备影响的相同条件，通过试验或通过分析或两者的组合进行。

5.5.2 此外，在鉴定程序中必须列入可合理预计的和可能由特定运行工况（如安全壳泄漏率定期试验）引起的异常环境条件。在可能的范围内，应该以合理的可信度表明在严重事故中必须运行的设备（如某些仪表）能够达到设计要求。

5.6 老化

设计中必须为所有安全重要构筑物、系统和部件提供适当的裕度，以便考虑到有关的老化和磨损机理以及与服役期有关的可能的性能劣化，从而保证这些构筑物、系统或部件在其整个设计寿期内能够执行所必需的安全功能的能力。必须考虑到在所有正常运行工况、试验、维修、维修停役、以及在假设始发事件中和其后的核动力厂状态下的老化和磨损效应。必须采取监测、试验、取样和检查措施，以便评价设计阶段预计的老化机理和鉴别在使用中可能发生的预计不到的情况或性能劣化。

5.7 优化运行人员操作的设计

5.7.1 人机的界面设计必须对操纵员是"友好的"，并必须以限制人为差错的影响为目标。必须优化核动力厂的布置和规程（管理规程、运行规程和应急规程），包括维修和检查，以利于运行人员和核动力厂之间的接口。

5.7.2 厂区人员的工作场所和工作环境必须按照人机工程学原则设计。

5.7.3 必须在设计过程初期就系统地考虑人为因素和人机接口，并贯彻于设计全过程，以保证适当而明确地区分运行人员与所提供的自动化系统之间的各项功能。

5.7.4 人机接口必须设计成不但能够为操纵员提供全面而易处理的信息，而且与作出决定和采取行动所需的时间相适应。必须为辅助控制室采取类似措施。

5.7.5 在适当阶段必须对人为因素进行验证和确认，以证实设计完全适合操纵员所有必要的操作。

5.7.6 为有助于制定信息显示和控制的设计准则，必须考虑操纵员能够承担系统管理者（包括事故管理）和设备操纵员的双重任务。

5.7.7 在操纵员作为系统管理者时，必须为其提供能够进行下列工作的信息：

（1）在任何工况（即正常运行、预计运行事件或事故工况）下，迅速评估核动力厂的总体状态，并确认预定的自动安全动作正在进行；

（2）确定操纵员要采取的适当的安全动作。

5.7.8 操纵员作为设备操纵员时，必须为其提供核动力厂各系统和设备有关参数的充分信息，以确认能够安全启动所必需的安全动作。

5.7.9 设计必须适当考虑有利于操纵员执行行动可利用的时间、预计的环境和对操纵员有心理压力的情况下成功地完成各种行动。必须把对操纵员在短时间内进行干预的要求降至最低。设计中必须考虑到这种干预可以接受的前提是：设计者能够证明操纵员有足够的时间作出决定和采取行动；向操纵员简单而明确地提供决定行动所需的信息；以及事件发生后，控制室内或辅助控制室内及通往辅助控制点的通道的环境是可以接受的。

5.8 其他设计考虑

5.8.1 反应堆之间构筑物、系统和部件的共享

安全重要构筑物、系统和部件通常不得在核动力厂内两座或多座反应堆之间共享。如果在特殊情况下，这种安全重要构筑物、系统和部件要在两座或多座反应堆之间共享，则必须证明对于全部反应堆来说在所有运行状态（包括维修）下和在设计基准事故中的所有安全要求都得到满足。在其中一个反应堆发生严重事故情况下，其他反应堆必须能够有序地完成停堆、冷却和余热排出。

5.8.2 含有易裂变或放射性物质的系统

设计必须保证核动力厂内可能含有易裂变或放射性物质的所有系统在运行状态和设计基准事故下均有足够的安全性。

5.8.3 用于热电联供、供热或海水淡化的核动力厂

拥有热利用装置（如地区集中供热）和/或海水淡化装置的核动力厂的设计必须防止放射性物质在正常运行、预计运行事件、设计基准事故和选定的严重事故的任何状态下从核动力厂转移到海水淡化装置或集中供热装置。

5.8.4 核燃料和放射性废物的运输和包装

设计中必须包括适当的设施，以便于新燃料、乏燃料和放射性废物的运输和装卸。必须考虑设施的可达性、吊装和包装能力。

5.8.5 撤离路线和通信手段

核动力厂必须设置足够数量的、具有醒目而持久标识的安全

撤离路线，并配备为安全使用这些路线所必需的应急照明、通风和其他辅助设施。撤离路线必须符合有关的辐射分区和防火要求，以及有关的工业安全和核动力厂保安方面的要求。

为使核动力厂厂内和厂区全部人员即使在事故工况下也能得到报警和通知，必须设置适当的报警系统和通信手段。

核动力厂范围内、邻近地区内以及与应急计划中所规定的厂区外机构安全必需的通信手段必须保持昼夜畅通。在通信设计和选择通信方法的多样性时，必须考虑这一要求。

5.8.6 出入口控制

为严密控制出入口，必须以适当的构筑物的布置方式，使核动力厂与其周围相隔离。尤其是在进行厂房设计和厂区布置时，必须为控制出入口的保卫人员和/或监测设备作出安排，并注意防止未经批准的人员和物品进入核动力厂。

必须防止未经批准接近或以任何理由影响安全重要构筑物、系统和部件。在维修、试验或检查需要出入的情况下，设计中必须保证所需活动的进行不致明显降低安全相关设备的可靠性。

5.8.7 系统的相互作用

如果存在较大的可能性需要安全重要系统同时运行时，必须对其可能的相互作用进行评价。在分析中，不仅必须考虑实体的相互连接，还必须考虑一个系统的运行、误操作或故障对其他重要系统的物理环境的影响，以保证环境的变化不会影响到系统部件预定的在执行功能方面的可靠性。

5.8.8 电网与核动力厂之间的相互作用

核动力厂设计中，必须考虑与所要求的给核动力厂安全重要系统供电的可靠性有关的电网与核动力厂的相互作用，包括电网供电母线的独立性和数量。

5.8.9 退役

在设计阶段必须专门考虑核动力厂便于退役和拆除的措施。

特别是设计中必须考虑以下事项：

（1）材料的选取，以便把放射性废物的最终数量降至最少程度，并便于去污；

（2）必要的可达性；

（3）贮存核动力厂运行和退役中产生的放射性废物所需的设施。

5.9 安全分析

必须对核动力厂设计进行安全分析，在分析中必须采用确定论和概率论分析方法。在这种分析的基础上，必须制定和确认安全重要物项的设计基准。还必须论证所设计的核动力厂能够满足各类核动力厂状态（见5.2.2条）下放射性释放的所有规定限值和潜在的辐射剂量的可接受限值，并论证纵深防御已起到作用。

安全分析中应用的计算机程序、分析方法和核动力厂模型必须加以验证和确认，并必须充分考虑各种不确定性。

5.9.1 确定论方法

确定论安全分析必须包括：

（1）确认核动力厂运行限值和条件符合核动力厂正常运行设计的假设和要求；

（2）适合于核动力厂设计和厂址假设始发事件（见附件I）的特征；

（3）源自假设始发事件的事件序列的分析和评价；

（4）各项分析结果与放射性的验收准则和设计限值的比较；

（5）设计基准的制定和确认；

（6）论证通过安全系统的自动响应结合所规定的操纵员动作能够管理预计运行事件和设计基准事故。

必须验证所采用的各项分析假设、方法和保守程度的适用性。根据核动力厂配置的重大变动、运行经验、技术知识的进步或物理现象的了解，核动力厂的安全分析必须不断更新，并必须与当时的状态或竣工状态相一致。

5.9.2 概率论方法

必须完成核动力厂的概率安全分析，以达到下述目的：

（1）提供系统性的分析，以确信设计符合总的安全目标；

（2）证明整个设计是平衡的，没有任何一个设施或假设始发事件对于总的风险会有过大的或明显不确定的贡献，并且保证纵深防御的第一和第二层次承担核安全的主要责任；

（3）确认核动力厂参数小的偏离不会引起核动力厂性能严重异常（陡边效应）；

（4）提供发生堆芯严重损坏状态的概率评价以及要求厂外早期响应的（特别是与安全壳早期失效相关的）放射性物质向厂外大量释放的风险的评价；

（5）提供外部灾害事件（特别是核动力厂厂址特有的那些灾害）发生概率和后果的评价；

（6）鉴别出通过设计改进或运行规程的修改可能降低严重事故概率或减轻其后果的系统；

（7）评价核动力厂应急规程的充分性；

（8）核实是否符合概率目标（如果已有的话）。

6 核动力厂系统设计要求

6.1 反应堆堆芯和相关设施

6.1.1 总体设计

6.1.1.1 反应堆堆芯和有关冷却剂系统、控制和保护系统的设计必须留有适当的裕量，以保证在考虑到现有不确定性条件下所有运行状态和设计基准事故中不超过规定的设计限值并符合辐射安全标准。

6.1.1.2 反应堆压力容器内的反应堆堆芯和其他相关的内部部

件的设计和装配，必须符合下述要求：在运行状态、设计基准事故和外部事件中所预期到的静、动载荷的作用下，可保持必要的结构稳定性，以保证反应堆安全停堆、保持次临界状态和保证堆芯冷却。

6.1.1.3 在运行状态和设计基准事故中必须对最大的正反应性引入量及其引入速率加以限制，以保证不致引起反应堆压力边界失效，保持冷却能力和不会发生反应堆堆芯显著损坏。

6.1.1.4 设计中必须保证把假设始发事件后发生重返临界或反应性急剧上升的可能性减至最小。

6.1.1.5 反应堆堆芯和有关冷却剂系统、控制和保护系统的设计必须在整个核动力厂运行寿期内能对其进行充分的检查和试验。

6.1.2 燃料元件和组件

6.1.2.1 燃料元件和组件必须设计成能满意地承受伴随在正常运行和预计运行事件中可能发生的各种劣化过程所预计的堆芯内辐照和环境条件。

6.1.2.2 设计燃料元件时必须考虑下列劣化因素：膨胀差和形变差、冷却剂外压、燃料元件内裂变产物所造成的附加内压、燃料组件中燃料和其他材料的辐照效应、功率变化所造成的压力和温度的变化、化学效应、静载荷、包括流致振动和机械振动在内的动载荷以及可能由变形或化学效应引起的传热性能的变化等。设计必须为数据、计算和制造中的不确定因素留有裕量。

6.1.2.3 燃料元件在正常运行中不得超过规定的设计限值（包括裂变产物的允许泄漏量）；并且，必须保证可能受预计运行事件影响的各种运行状态不得造成燃料元件显著的进一步劣化。裂变产物的泄漏量必须限于设计限值之内，并保持在最低值。

6.1.2.4 燃料组件的设计必须考虑到在辐照后对其结构和零件能进行适当的检查。在设计基准事故中，燃料元件必须保持在原位，其变形不得达到有碍于堆芯在事故后保持足够有效冷却的程度，并且不得超过燃料元件在设计基准事故下的规定限值。

6.1.2.5 在核动力厂整个运行寿期内，即使燃料管理方案改变或运行状态发生变化时，也必须保持上述的反应堆和燃料元件设计的各项要求。

6.1.3 反应堆堆芯控制

6.1.3.1 在各种堆芯的中子注量率水平和分布状态下，包括停堆后、换料期间和换料后、预计运行事件和设计基准事故引起的状态，必须符合 6.1.1 - 6.1.2 条的规定。用于检测上述中子注量率分布的适当手段必须总能保证堆芯内不存在任何未能检测到的违反 6.1.1 - 6.1.2 条规定的部位。堆芯设计应尽量减少依赖控制系统使中子注量率分布、水平和稳定性在各种运行状态下保持在规定限值内。

6.1.3.2 必须采取措施清除包括腐蚀产物在内的非放射性物质，以免危及系统的安全（如堵塞冷却剂通道）。

6.1.4 反应堆停堆

6.1.4.1 必须备有在运行状态和设计基准事故下安全停堆的手段。必须保证即使在堆芯具有最大反应性的情况下，仍能保持停堆状态。停堆手段的有效性、动作速度和停堆深度必须足以保证不超出规定限值。如果停堆能力总是保持有足够裕量，则在正常功率运行期间部分停堆手段可用于反应性控制和中子注量率分布的整形。

6.1.4.2 停堆手段必须至少由两个不同的系统组成，以提供多样性。

6.1.4.3 两个系统中，至少有一个系统能在假设单一故障下独立执行使反应堆从运行状态和设计基准事故迅速进入有足够深度的次临界的功能。如果不超出燃料和部件的规定限值，可例外地允许瞬态重返临界。

6.1.4.4 即使在堆芯具有最大反应性的情况下，两个系统中至少有一个系统能独立使反应堆从正常运行状态、预计运行事件和设计基准事故进入次临界，并以足够的深度和高的可靠度保持次临界状态。

6.1.4.5 判断停堆手段是否足够时，必须考虑到发生在核动力厂任何部位的、可导致一部分停堆手段失去作用（如控制棒不能插入）或引起共因失效的故障。

6.1.4.6 停堆手段必须足以防止或承受停堆期间（包括该状态期间的换料）的反应性意外增加。为满足这一要求，必须考虑到停堆期间能增加反应性的各种预定操作（诸如维修时移动中子吸收体、硼稀释操作和换料操作等）及停堆手段的单一故障。

6.1.4.7 必须设置仪表并规定各项试验，以保证停堆手段总是处于核动力厂工况所要求的状态。

6.1.4.8 反应性控制装置的设计必须考虑到磨损以及辐照（如燃耗）、物理性质改变和气体产生的各种效应。

6.2 反应堆冷却剂系统

6.2.1 反应堆冷却剂系统的设计

6.2.1.1 反应堆冷却剂系统及其有关的辅助系统、控制和保护系统的设计必须具有足够的裕量，以保证反应堆冷却剂的压力边界在任何运行状态不超过设计条件。必须采取措施，以保证即使在设计基准事故下，卸压装置的动作也不得导致核动力厂放射性物质的不可接受的释放。反应堆冷却剂压力边界必须设置足够的隔离装置，以限制放射性流体的任何流失。

6.2.1.2 包容反应堆冷却剂的部件，如反应堆压力容器或压力管、管道和接头、阀门、配件、泵、循环装置和热交换器以及用于固定这些部件的器件，必须能在所有运行状态和设计基准事故下承受预计的静、动载荷。用于部件制造的材料必须选用在辐照下最不易活化的材料。

6.2.1.3 反应堆压力容器、压力管的设计和制造必须在材料选择、设计标准、可检查性和加工等方面均具有最高质量。

6.2.1.4 反应堆冷却剂压力边界的设计必须使微裂纹发生的可能性极小；已产生的裂纹也极不易于按快速裂纹扩展方式发展成为失稳断裂，以便允许及时探测到裂纹（例如，应用先漏后破概念）。必须避免使反应堆冷却剂压力边界的部件可能出现脆性行为的设计和核动力厂状态。

6.2.1.5 设计中必须考虑到反应堆冷却剂压力边界材料在运行状态包括维修、试验工况以及设计基准事故下的所有条件，并考虑到预期受到侵蚀、蠕变、疲劳、化学环境、辐射环境和老化等众多因素影响后的寿期末特性以及在确定部件初始状态和可能的劣化速率时的任何不确定因素。

6.2.1.6 设计必须尽量减少反应堆冷却剂压力边界范围内的部件，诸如泵的叶轮和阀门零件在各种运行状态和设计基准事故下发生故障的可能性以及此种故障对一回路系统内其他安全重要物项造成的损伤，并为使用中可能发生的劣化留有适当的裕量。

6.2.2 反应堆冷却剂压力边界的在役检查

6.2.2.1 反应堆冷却剂压力边界的部件的设计、制造和布置必须便于在核动力厂整个寿期内对压力边界定期进行充分检查和试验。必须采取措施，执行反应堆冷却剂压力边界（特别是处于高辐射区域）和其他重要部件的材料监督大纲，以确定结构材料的辐照、应力腐蚀开裂、热脆化和老化等诸多因素的冶金学效应。

6.2.2.2 必须保证能够按照反应堆冷却剂压力边界的部件的安全重要性直接或间接地对其进行检查和试验，以验明不存在不可接受的缺陷或对安全有影响的劣化。

6.2.2.3 必须对用于反应堆冷却剂压力边界的完整性的指标（如泄漏率）进行监测。在确定哪些检查对安全来说是必要时，必须考虑这些测量的结果。

6.2.2.4 如果核动力厂的安全分析表明二回路冷却剂系统中的

某些特定故障有可能导致严重后果时，其有关部分必须具有可检查性。

6.2.3 反应堆冷却剂装量

必须采取措施来控制冷却剂装量和压力，以便在任何运行状态下包括计及容积变化和泄漏的情况下使其均保持在设计规定的限值之内。为满足这一要求，执行上述功能的系统必须具有足够的容量（流量和储量）。这些系统可由动力生产过程所需的部件或专门为此而设置的部件组成。

6.2.4 反应堆冷却剂净化

必须设置足够的设施，以清除反应堆冷却剂中的放射性物质，包括活化腐蚀产物和从燃料泄漏的裂变产物。所需系统的能力必须基于燃料设计规定的容许泄漏限值和保守的裕量，以保证核动力厂可在回路中的放射性水平处于合理可行尽量低的情况下运行，同时保证放射性释放量低于规定限值，并符合合理可行尽量低的原则。

6.2.5 堆芯余热的排出

6.2.5.1 必须为排出堆芯的余热提供手段。它们的安全功能是在不超过规定的燃料设计限值和反应堆冷却剂压力边界设计基准限值条件下，以一定的速率从堆芯排出裂变产物的衰变热和其他余热。

6.2.5.2 为了在假设单一故障、失去厂外电源的前提下，并结合适当的多重性、多样性和独立性足够可靠地实现6.2.5.1条的要求，余热排出系统的设计必须具备相互连接和隔离能力以及其他适当的设计特征（如泄漏检测）。

6.2.6 应急堆芯冷却

6.2.6.1 为了在冷却剂丧失事故中使燃料损伤最少和限制裂变产物的外逸，必须设置应急堆芯冷却系统。所提供的冷却必须保证：

（1）包壳或燃料完整性参数（如温度）极限值不得超过设计基准事故下的可接受值（针对适用的反应堆设计而言）；

（2）可能出现的化学反应限制在容许水平内；

（3）燃料和堆内构件的变形不致于显著降低应急堆芯冷却手段的有效性；

（4）堆芯冷却保持足够长的时间。

6.2.6.2 为了在假设单一故障的前提下对于每个假设始发事件足够可靠地实现上述要求，应急堆芯冷却系统的设计必须具备部件的适当的多重性和多样性，以及诸如泄漏检测、适当的相互连接和隔离能力等设计特征。

6.2.6.3 必须充分考虑在严重事故下从堆芯排出余热的能力。

6.2.7 应急堆芯冷却系统的检查和试验

应急堆芯冷却系统的设计必须能够对重要部件进行定期检查和对系统进行定期试验，以便确认：

（1）系统中各部件的结构和密封的完整性；

（2）正常运行期内系统中各能动部件能达到的可运行性和工作性能；

（3）作为一个整体，系统按实际可能在设计基准中规定的核动力厂状态下的可运行性。

6.2.8 余热向最终热阱的输送

6.2.8.1 必须设置传热系统，向最终热阱输送来自安全重要构筑物、系统和部件的余热。这些系统在各种运行状态和设计基准事故下都必须具有很高的可靠性。用于输送热量的各系统，包括传送热量、提供动力以及向余热输送系统供应流体的设计都必须与它们在整个余热输送系统中所分担的功能相适应。

6.2.8.2 为实现系统的可靠性，必须恰当地选择包括使用经验证的部件、多重性、多样性、实体分隔、相互连接和隔离等措施。

6.2.8.3 在设计这些系统、选择最终热阱和传热流体贮存系统的多样性方案时，必须考虑到自然事件和人为事件的影响。

6.2.8.4 必须充分考虑在严重事故下向最终热阱输送堆芯余热的能力，以保证一旦发生严重事故时，在具有包容放射性物质的安全重要功能的构筑物、系统和部件的温度能够保持在可接受的范围内。

6.3 安全壳系统

6.3.1 安全壳系统设计

6.3.1.1 为保证设计基准事故下释放到环境中的放射性物质低于规定限值，必须设置安全壳系统。根据设计要求，安全壳系统可包括：密封的构筑物；用于控制压力和温度的有关系统；以及用于隔离、管理与排除可能释放到安全壳大气中的裂变产物、氢、氧和其他物质的设施。

6.3.1.2 安全壳系统设计中，必须考虑到所有已确定的设计基准事故。此外，为了限制放射性物质向环境释放，还必须考虑设置用于减轻某些选定的严重事故后果的设施。

6.3.2 安全壳结构的强度

6.3.2.1 安全壳结构（包括通道闸门、贯穿件和隔离阀）的强度必须根据预期由设计基准事故下可能产生的内部超压、负压力、温度、飞射物撞击之类动态效应以及反作用力等进行计算，并留有足够的安全裕量。设计中还必须考虑到其他潜在的能量来源，如化学和辐射分解反应的影响。安全壳结构强度计算中还必须计及自然事件和人为事件的作用。必须采取措施监测安全壳及其相关构件的状态。

6.3.2.2 必须考虑严重事故下保持安全壳完整性的措施。特别是必须考虑预计发生的各种可燃气体的燃烧效应。

6.3.3 安全壳压力试验的能力

安全壳构筑物的设计和建造必须适应核动力厂运行前和整个寿期内在规定压力下进行压力试验的要求，从而验证其结构的完整性。

6.3.4 安全壳泄漏

6.3.4.1 安全壳系统必须按设计基准事故中的泄漏率不超过规定的最大值的要求进行设计。第二层包容壳可部分或全部包容承压的第一层安全壳,以收集和有控制地释放或储存第一层安全壳在设计基准事故中的可能的泄漏物。

6.3.4.2 安全壳构筑物以及对系统的密封性有影响的设备和部件的设计和施工,必须适应在贯穿件全部安装完毕后在设计压力下进行泄漏率测试的要求。安全壳系统还必须能够在堆的整个寿期内定期在设计压力或在能估算出安全壳设计压力的泄漏率的较低压力下测定泄漏率。

6.3.4.3 必须充分考虑在严重事故下控制放射性物质从安全壳向外泄漏的能力。

6.3.5 安全壳贯穿件

6.3.5.1 安全壳的贯穿件的数量必须保持在实际可行的最少水平。

6.3.5.2 安全壳的所有贯穿件必须满足与安全壳构筑物本身相同的设计要求。必须采取保护措施防止管道位移或飞射物、喷射力和管道甩动等事故载荷所产生的作用力损伤贯穿件。

6.3.5.3 带有弹性密封(如弹性体密封件或电缆贯穿件)或膨胀补偿波纹管的贯穿件,必须设计成有可能在安全壳设计压力下进行独立于测定安全壳整体泄漏率的泄漏试验,以验证贯穿件在核动力厂整个寿期内保持完整性。

6.3.5.4 必须充分考虑在严重事故下贯穿件保持执行功能的能力。

6.3.6 安全壳隔离

6.3.6.1 为在设计基准事故下保持安全壳的密封性,防止放射性物质向环境的释放超过可接受限值,贯穿安全壳且属于反应堆冷却剂压力边界组成部分的或直接与安全壳空间相通的管线在设计基准事故下必须能可靠地自动封闭。为达到此目的，在这些管线上必须至少串联设置两个合适的安全壳隔离阀（通常，一个阀装在安全壳外侧，另一个装在内侧，但是，根据设计，也可采用其他布置）。每个阀门必须能可靠地独立动作。隔离阀必须尽实际可能靠近安全壳。安全壳的隔离必须在假设单一故障下完成。应用上述要求有损于贯穿安全壳的安全系统的可靠性时，可采用其他的隔离方式。

6.3.6.2 贯穿安全壳，但既非反应堆冷却剂压力边界的组成部分，又不直接与安全壳空间相通的管线，必须至少设置一个合适的隔离阀。隔离阀必须位于安全壳外侧，并尽可能靠近安全壳。

6.3.6.3 必须充分考虑在严重事故下隔离装置保持执行功能的能力。

6.3.7 安全壳气密闸门

6.3.7.1 人员进入安全壳必须通过双道气密闸门。两道气密闸门必须相互联锁，以保证反应堆运行和设计基准事故期间至少有一道闸门处于密闭状态。当在低功率运行期间为监督目的需要人员进入安全壳时，必须采取措施，以保证操作期间人员的安全。如果有设备气密闸门，上述要求也适用于设备的气密闸门。

6.3.7.2 必须充分考虑在严重事故下安全壳气密闸门保持执行功能的能力。

6.3.8 安全壳内部结构

6.3.8.1 安全壳内的隔间之间必须提供足够的气流通道，以保持气流畅通。隔间之间气流通道的截面尺寸必须足以保证设计基准事故下压力平衡过程中的压差不损坏承压结构或其他对限制设计基准事故影响有重要作用的系统。

6.3.8.2 必须充分考虑安全壳内部结构承受严重事故的各种效应的能力。

6.3.9 安全壳的排热

6.3.9.1 反应堆安全壳必须具有排出热量的能力。安全壳排热系统必须实现在发生任何高能流体排放的设计基准事故后，降低安全壳内的压力和温度的安全功能，并使之保持在可接受的低水平。执行安全壳排热功能的系统必须在假设单一故障下要求具有足够的可靠性和多重性，以保证完成其功能。

6.3.9.2 必须充分考虑在严重事故下反应堆安全壳的排热能力。

6.3.10 安全壳内气体的控制和净化

6.3.10.1 必要时，必须设置用以控制可能释放到反应堆安全壳内的裂变产物、氢、氧和其他物质的系统，借以：

（1）减少设计基准事故下可能释放到环境的裂变产物的数量；

（2）控制设计基准事故下安全壳气体中的氢或氧和其它物质的浓度，以防止可能危及安全壳完整性的爆燃或爆炸。

6.3.10.2 安全壳气体净化系统的部件和设施必须在假设单一故障下要求具有适当的多重性，以保证安全组合完成所要求的安全功能。

6.3.10.3 必须充分考虑在严重事故下控制可能产生或释放的裂变产物、氢和其他物质的措施。

6.3.11 覆盖层和涂层

为保证实现安全壳系统内构筑物和部件的覆盖层和涂层的安全功能，并尽量降低在其劣化时对其他安全功能的影响，必须审慎地选择覆盖层和涂层的材料，并必须规定专门的施工方法。

6.4 仪表和控制

6.4.1 安全重要仪表和控制系统总的要求

6.4.1.1 必须设置能在正常运行、预计运行事件、设计基准事故和在严重事故下对核动力厂变量和系统进行全程监测的仪表，以保证获取核动力厂状态的充分信息。必须设置能测量所有影响裂变过程、反应堆堆芯完整性、反应堆冷却剂系统和安全壳完整性的主要变量的仪表，以及借以获取核动力厂的安全可靠运行所必需的任何信息的仪表。对任何安全重要的导出参数，如冷却水的欠热度，必须配置自动记录装置。针对所涉及的核动力厂各种状态的安全重要仪表必须经过环境鉴定，并且为应急响应需要，仪表必须适合于测量核动力厂各种参数，从而对各类事件进行分类。

6.4.1.2 必须设置检测仪表和记录装置，用以获取为监测设计基准事故过程和主要设备现状所需的基本信息；按安全要求，预测放射性物质可能从设计预期部位外逸的数量和位置。仪表和记录装置必须足以为严重事故期间确定核动力厂状态和为事故管理期间作出决策提供尽实际可能的信息。

6.4.1.3 必须提供适当的和可靠的控制手段，以便将上述变量（见6.4.1.1条）保持在规定的运行范围以内。

6.4.2 控制室

6.4.2.1 必须设置控制室，借以进行下述活动：在各种运行状态下安全地运行核动力厂；出现预计运行事件、设计基准事故和严重事故后，采取相应措施，以保持核动力厂的安全状态或使之返回安全状态。必须采取适当措施和提供足够的信息保护控制室内的人员，防止事故工况下形成的过量照射、放射性物质的释放或爆炸性物质或有毒气体之类险情的继发性危害，以保持其采取必要行动的能力。

6.4.2.2 对于确定控制室内部和外部可能直接威胁其连续运行的事件必须给予特别的关注。设计中必须采取合理可行的措施，尽量减少这些事件的影响。

6.4.2.3 控制室内仪表的布置和信息显示的方式必须便于运行人员正确掌握核动力厂现状和性能的全貌。在控制室设计中必须考虑人机工程学的因素。

6.4.2.4 必须设置有效的可视装置和适当的声响装置，用于指示偏离正常和可能危及安全的运行状态和过程。

6.4.3 辅助控制室

必须在与控制室在电气分隔和实体隔离的一个独立的地点（辅助控制室）配置足够的仪表和控制设备，借以在控制室丧失执行重要安全功能时完成下述任务：使反应堆进入并保持在停堆状态，排出余热并监测核动力厂的主要变量。

6.4.4 基于计算机的系统在安全重要系统中的应用

6.4.4.1 当安全重要系统设计成依赖于基于计算机的系统的可靠性时，必须确定或制定有关开发和试验/验证计算机硬件和软件的相应的标准，并在系统的整个寿期，特别是软件在开发期间，就必须加以实施。整个开发过程必须执行适当的质量保证大纲。

6.4.4.2 系统所要求的可靠性水平必须与其安全重要性相适应，并必须在研制开发过程中每个阶段通过采用各种互补手段（包括有效的分析和试验）的综合性方法以及通过证实系统设计达到要求的确认方法来实现。

6.4.4.3 在安全分析中对基于计算机的系统所假设的可靠性水平必须包括规定的保守性，以考虑特有的技术复杂性和由此引起的分析上的困难。

6.4.5 自动控制

各种安全动作必须是自动的，以便在预计运行事件或设计基准事故开始的一段合理的时间内，不需要操纵员的干预。此外，操纵员必须能够获取适当的信息以监视自动动作的效果。

6.4.6 保护系统的功能

保护系统必须具有下述功能：

（1）自动触发相应的系统动作，必要时包括自动触发停堆系统动作，以保证在发生预计运行事件时不超出规定的设计限值；

（2）检测到设计基准事故，并触发为把该事故后果限制在设计基准范围内所需的系统动作；

（3）抑制控制系统自身的不安全动作。

6.4.7 保护系统的可靠性和可试验性

6.4.7.1 保护系统必须具有与所执行的功能相适应的高度可靠性和定期可试验性。保护系统所具有的多重性和独立性至少必须足以保证：

（1）单一故障不会导致保护功能的丧失；

（2）保护系统的运行可靠性未经其他方法证明确实可接受时，其任一部件或通道的停役不得导致所需最低限度多重性的丧失。

6.4.7.2 必须保证正常运行、预计运行事件和设计基准事故对多通道的影响不会导致保护系统功能的丧失，或者必须根据其他基准证明该功能的丧失是可以接受的。必须在实际可行的范围内采用各种设计技术，如可试验性（必要时包括自检能力）、故障安全性能、功能的多样性、部件设计或工作原理的多样性等以防止保护功能的丧失。

6.4.7.3 除非能通过其他方法获取必要的可靠性，否则保护系统必须具有可在反应堆运行时进行定期功能试验的条件，包括各通道分别进行试验的可能性，以查明可能发生的故障和多重性丧失的缺陷。设计必须允许在运行期间对于从传感器到最终的执行元件的输入信号的所有环节进行试验。

6.4.7.4 设计中必须采取措施，在正常运行和预计运行事件中尽量减少由于操纵员的行动引起保护系统失效的可能性，但在设计基准事故中不限制操纵员采取正确的行动。

6.4.8 基于计算机的系统在保护系统中的应用

如果确定保护系统中应用基于计算机的系统，在 6.4.4.1 - 6.4.4.3 条中必须补充下述要求；

（1）必须使用最高质量和最佳实践的硬件和软件；

（2）整个开发过程，包括设计修改的控制、试验和调试，必须系统地形成文件，并可供检查；

（3）为了确认基于计算机的系统可靠性的可信度，必须由独立于设计者和供应商的专家对基于计算机的系统进行评价；

（4）在不能论证所需系统的完整性具有高可信度时，必须具备保证执行保护功能的其他不同的手段。

6.4.9 保护系统和控制系统的分隔

为防止保护系统和控制系统之间的相互干扰，必须避免两者之间的相互连接或采用适当的功能隔离。如果保护系统和控制系统共用相同的信号，必须采取适当的分隔措施（如有效的去耦），并证明6.4.6－6.4.8条所列各项安全要求均已得到满足。

6.5 应急控制中心

必须设置一个与核动力厂控制室相分离的厂内应急控制中心，作为发生应急情况时在此工作的应急人员汇集的场所。应急控制中心内应能获得核动力厂重要参数和核动力厂内及其外围放射性状况的信息。应急控制中心应具有联络核动力厂控制室、辅助控制室及其他重要地点和厂内外应急机构的通信手段，以及实时在线传输核动力厂安全重要参数的能力。必须采取适当措施，在长时间内保护在场的人员，以便防止严重事故对他们的危害。

6.6 应急动力供应

6.6.1 安全重要的各种系统和部件，在发生某些假设始发事件后，需要应急动力。在任何运行状态或设计基准事故下并在假设同时发生丧失厂外电源的情况下必须保证应急动力供应满足要求。对动力的需求因假设始发事件的性质而异。选择各种安全功能所需动力的手段时，包括其数量、可用率、持续时间、容量和不间断性等，需要考虑所执行的安全功能的性质。

6.6.2 提供应急动力的组合手段（如水轮机、汽轮机、燃气轮机、柴油机和蓄电池等）的可靠性和方式，必须与作为其供应对象的安全系统对安全的全部要求相一致，并在假设单一故障下执

行其功能。应急动力供应必须能够进行功能能力试验。

6.7 放射性废物处理和控制系统

6.7.1 概述

6.7.1.1 为使放射性物质的排出量及其浓度保持在规定限值以内，必须设置适当的处理液态和气态放射性排出流的系统。必须贯彻合理可行尽量低的原则。

6.7.1.2 必须设置适当的系统，以处理放射性废物和在一段期限内在现场安全地贮存这些废物，该期限与在厂区具备的处置途径的时间相一致。向厂外运输固态废物，必须遵守国家核安全监管部门的规定。

6.7.2 液态放射性物质向环境释放的控制

核动力厂必须具备有适当手段，以控制液态放射性物质向环境的释放，从而保证排放量和浓度保持在规定限值之内，并符合合理可行尽量低的原则。

6.7.3 气载放射性物质的控制

必须设置具有适当过滤能力的通风系统，以实现：

（1）防止气载放射性物质在核动力厂内不可接受的扩散；

（2）降低特定区域内气载放射性物质的浓度，使之符合进入该区域的规定要求；

（3）在正常运行、预计运行事件和设计基准事故中，保持核动力厂内气载放射性物质的放射性水平在规定限值之内，并符合合理可行尽量低的原则；

（4）在不损害控制放射性物质释放能力的条件下，维持含有惰性气体或有毒气体的房间的通风。

6.7.4 气态放射性物质向环境释放的控制

6.7.4.1 必须设置具有适当过滤系统的通风系统，以控制气载放射性物质向环境的释放，并保持在规定限值之内，以及保证符合合理可行尽量低的原则。

6.7.4.2 过滤系统必须足够可靠,并在预计的主导条件下能得到必需的滞留因子。过滤系统必须具有测试其效率的条件。

6.8 燃料装卸和贮存系统

6.8.1 未辐照燃料的装卸和贮存

未辐照燃料装卸和贮存系统的设计必须符合下述要求:

(1)通过采用物理手段或工艺(以几何安全布置为宜)并留有规定的裕量,以防止在最佳慢化的核动力厂状态下达到临界;

(2)对安全重要部件可进行适当的维修、定期检查和试验;

(3)尽量防止燃料丢失或损坏的可能性。

6.8.2 已辐照燃料的装卸和贮存

6.8.2.1 已辐照燃料装卸和贮存系统的设计必须符合下述要求:

(1)采用物理手段或工艺(以几何安全布置为宜),以防止在最佳慢化的核动力厂状态下达到临界;

(2)在运行状态和设计基准事故下能充分排出热量;

(3)对已辐照燃料能进行检查;

(4)对安全重要部件可进行适当的定期检查和试验;

(5)防止乏燃料在转运过程中跌落;

(6)防止装卸时在燃料元件或燃料组件上产生不可接受的应力;

(7)防止乏燃料运输容器、起重设备或其他可能损坏物体等重物意外地跌落在燃料组件上;

(8)能安全地贮存怀疑损坏或已损坏燃料元件或燃料组件;

(9)具有正确的辐射防护措施;

(10)每个燃料组件有适当的标识;

(11)控制可溶吸收体的浓度水平(如果用于临界安全);

(12)燃料贮存和装卸设施便于维修和退役;

(13)必要时燃料装卸和贮存场所及设备便于去污;

（14）保证能执行适当的操作程序和衡算计量程序，以防止燃料的丢失。

6.8.2.2 对于采用水池系统贮存已辐照燃料的反应堆，其设计必须提供下列措施：

（1）控制已辐照燃料在装卸或贮存水池中的水化学和放射性活度；

（2）监测和控制燃料贮存水池的水位及检测水池泄漏；

（3）防止在管道破裂事件中水池排空（即反虹吸措施）。

6.9 辐射防护

6.9.1 总的要求

6.9.1.1 辐射防护的目的在于防止任何可避免的照射，并使不可避免的照射保持在合理可行尽量低的水平。为实现这一目标，设计中必须采用下述办法：

（1）含有放射性物质的构筑物、系统和部件采用适当的布置方式，并设置屏蔽；

（2）核动力厂和设备设计中注意把辐射区内人员活动的次数和停留时间减至最少，以及减少厂区人员遭受污染的可能性；

（3）把放射性物质处理成适当的形态，以便放射性废物的处置、在厂区内的贮存或发往厂外；

（4）采取措施，以降低厂内所产生的散布于厂内或释放到环境的放射性物质的数量和浓度。

6.9.1.2 必须充分考虑到人员停留区域内辐射水平随时间可能累积并需尽量减少放射性废物的产生。

6.9.2 辐射防护设计

6.9.2.1 核动力厂的设计和布置中必须采取合适的措施，以尽量减少来自各种辐射来源的照射和污染。这类措施必须包括以下诸方面的构筑物、系统和部件的恰当设计：尽量降低维修和检查期间的照射、屏蔽直接的和散射的照射、控制气载放射性物质的通风和过滤、采用技术规格适当的材料限制腐蚀产物的活化、监测手段、核动力厂出入口的控制及相应的去污设施。

6.9.2.2 屏蔽设计必须使得操作区的辐射水平不超过规定限值，并必须便于维修和检查，以尽量降低维修人员所受的照射。必须贯彻合理可行尽量低的原则。

6.9.2.3 核动力厂的布置和规程必须符合下述要求：辐射区和可能污染区的出入要有控制措施，并把厂内放射性物质的转移和人员流动所引起的污染减少至最低限度。核动力厂的布置必须保证高效率的运行、检查、维修和部件必要时的更换，以尽量减少辐射照射。

6.9.2.4 必须为人员和设备提供合适的去污设施，并为处理在去污活动中所产生的放射性废物采取适当措施。

6.9.3 辐射监测设备

6.9.3.1 必须配置设备以保证在运行状态和设计基准事故下以及尽实际可能的在严重事故下有适当的辐射监测。其具体要求如下：

（1）在运行人员常驻之处以及在正常运行或预计运行事件期间由于辐射水平的变化可能必须在一定时间内限制进入的场所，必须设置固定式剂量率仪表进行就地的辐射剂量率监测。此外，必须在适当的地点安装固定式剂量率仪表，用以指示在设计基准事故和尽实际可能的在严重事故下总的辐射水平；这些仪表必须向控制室或有关控制点提供足够的信息，以便运行人员及时采取必要的纠正措施；

（2）在人员常驻之处及气载放射性水平可能高至要求防护措施的场所，必须设置监测系统测量空气中放射性物质的活度。测得高浓度核素时，这些系统必须向控制室或其他的相应控制点发出指示；

（3）必须设置固定式设备和实验室装置，以便在运行状态或事故工况下及时测定流体处理系统中和取自核动力厂系统或空间的气体或液体样品中所选定的放射性核素的浓度；

（4）必须设置固定式设备，以便监测向环境排放前或排放过程中的排出流；

（5）必须设置用于测量放射性表面污染的仪器；

（6）必须设置用于测量人员所受剂量和污染的装置。

6.9.3.2 除了在核动力厂内进行监测外，还必须为确定核动力厂对邻近地区可能产生的任何放射性影响作出安排。特别是：

（1）包括食物链在内的影响到居民的各类途径；

（2）对当地生态系统的放射性影响（如果有的话）；

（3）放射性物质在实体环境中可能的积聚；

（4）任何可能的未经批准的排放途径。

附件I

假设始发事件

I.1 本附件详细描述假设始发事件的定义及其概念的应用。

I.2 假设始发事件定义为在设计时确定的能导致预计运行事件或事故工况的事件。这意味假设始发事件本身并不是事故；它是一个引发了一个序列的事件，并由不同的附加故障而导致运行事件、设计基准事故或严重事故的事件。典型的例子是设备故障（包括管道破裂）、人员差错、人为事件和自然事件。

I.3 假设始发事件的后果可能较小（如某一多重部件的失效），也可能很严重（如反应堆冷却剂系统主管道的破裂）。设计的主要安全目标在于追求核动力厂所具有的特性能够保证：大部分假设始发事件的后果较小或甚至无足轻重；其余的假设始发事件导致设计基准事故，其后果是可以接受的；而如果导致严重事故，其后果可以通过设计措施和事故管理加以限制。

I.4 对各类假设始发事件必须作出全面考虑，以保证潜在后果严重的和发生概率大的全部可信事件均在预计范围之内，且核动力厂设计足以承受这些事件。假设始发事件的选择并无严格的准则可供遵循。更确切地说，此种选择过程无非是一种综合运行设计和分析之间的迭代、工程判断以及以前核动力厂设计和运行经验的过程。排除某一特定事件序列需要论证。

I.5 用于制定安全重要物项的性能要求和核动力厂总的安全评价的假设始发事件的数量应该加以限制。为使执行该项任务切实可行，详细分析可限于若干代表性的事件序列。具有代表性的事件序列包络所有同类事件，并为安全重要构筑物、系统和部件的设计的数字限值提供依据。

I.6 某些假设始发事件可基于已有核动力厂的经验、国家核安全监管部门的特殊要求或潜在后果的严重程度等种种因素，通过确定论法确定。另外一些假设始发事件，由于设计特征、核动力厂所在厂址或运行经验等因素可通过概率值加以定量表示，则可借助于诸如概率分析的系统方法加以确定。

假设始发事件的类型

内部事件

设备故障

I.7 能直接或间接影响核动力厂安全的各个设备的故障可视为始发事件。列入清单的事件足以代表核动力厂系统和部件的全部可信故障。

I.8 需要考虑的故障类型取决于所涉及系统和部件的类型。广义而言，故障包括如下两类：系统和部件丧失执行功能的能力；功能的执行情况与所期望的不符。例如，管道故障的表现形式可能是泄漏、破裂或流道堵塞。能动部件，例如阀门的故障形式有：在需要时不开启或不关闭，在不需要时开启或关闭，开不足或关不住，开启或关闭的速度不当。仪表或传送器之类的装置的故障有如下形式：误差大于允许范围、无输出、不变的最大输出、不稳定的输出或上述形式的组合。

I.9 随着基于计算机的系统在安全领域和重大安全问题上的应用日益扩大，硬件故障或不正确的软件程序可导致有重大影响的控制动作，应该考虑这种可能性。

人员差错

I.10 人员差错的后果往往与部件故障的后果相类似。属于人员差错范畴的有：错误的和不良的维修、控制限值的错误整定和操纵员的其他错误行动或疏忽（执行差错和疏忽差错）。

其他内部事件

I.11 内部原因引起的火灾、爆炸和水淹对核动力厂安全也可能产生重要影响。通常将这些事件列入假设始发事件的清单。

外部事件

I.12 核动力厂外部事件的事例以及设计基准输入的确定见核动力厂厂址选择安全规定（HAF101）及其有关导则。这些事件通常要求核动力厂物项设计考虑附加的振动、冲击和脉动型载荷。

I.13 如能断定自然事件或人为外部事件引起某一安全重要构筑物、系统或部件故障的可能性通过设计和建造中所采取的措施可降低到可接受的程度，则由此引起的故障不必列入核动力厂的设计基准。

事件组合

I.14 事故分析中对于单个事件的组合需要谨慎处理，以保证特定的组合有其合理性。事件的随机组合可表现为一种极不可能的情景，在概率安全评价中应证明此种情景发生概率极低，则可不作为假想事故考虑。在概率安全评价中，对于严重事故采用最佳估计分析方法；而对于具有相对较高发生可能性的假想事故，分析中应采用保守分析方法。

I.15 在决定事件组合时，考虑以下三个时期是有益的：

（1）事件发生前的长时期；

（2）从事件发生到它的短期效应起作用的近期；

（3）事件后的恢复期。

I.16 如在核动力厂设计中已为识别第一个时期内发生的事件采取了正确的措施，且纠正行动可在短期内完成，则可以设想，在第一个时期发生的事件可在发生另一次事件前得到纠正。在这种情况下不必考虑此种事件的组合。

I.17 上述第二个时期（通常持续几小时）内，根据每个单个事件的预计发生概率推断可以认为随机发生的组合是不可信的。

I.18 事件后的恢复期（几天或更长）内，是否需要考虑附加的事件，视恢复期的长短和事件预计的概率而定。恢复期内必须考虑事件组合中附加事件的严重程度，按低于核动力厂全寿期内所考虑的同类事故来考虑可能是合乎实际的。以失水事故后恢复期内需考虑的地震随机组合为例，其严重程度可按低于核动力厂设计基准地震计。

多重性、多样性和独立性

Ⅱ.1 本附件所列的几种设计措施可用于达到和保持与有关纵深防御层次上所执行安全功能的重要性相当的可靠性。如有必要，可使用这些措施的组合。

Ⅱ.2 表示纵深防御每个层次的可靠性要求时，虽然没有通用的定量指标，但第一层次无疑应视作重点。这与营运单位保持核动力厂高可用率的目标也是吻合的。

Ⅱ.3 为保证执行安全功能所必需的可靠性，经国家核安全监管部门同意，对某些安全系统可制定最大不可用率的限值作为基准或用作验收准则。

共因故障

Ⅱ.4 若干装置或部件的功能可能由于出现单一特定事件或原因而失效。这种失效可能同时影响到若干不同的安全重要物项。这种事件或原因可能是设计缺陷、制造缺陷、运行或维修差错、自然现象、人为事件、或核动力厂内任何其他操作或故障所引起的意外的级联效应。

Ⅱ.5 若干同类型部件同时失效时，也可能发生共因故障。这可能由诸如环境条件的变化、信号饱和、重复的维修差错或设计缺陷等原因所引起。

Ⅱ.6 在设计中尽实际可能采取适当的措施，如应用多重性、多样性和独立性等，使共因故障的影响降低到最小程度。

多重性

Ⅱ.7 为完成一项特定安全功能而采用多于最少套数的设备，即多重性，它是达到安全重要系统高可靠性和满足单一故障准则的重要设计原则。在运用多重性原则的条件下，至少一套设备出现故障或失效是可承受的，不致于导致功能的丧失。例如，在某一特定功能可由任意两台泵完成之外，设置三台或四台泵。为满足多重性要求，可采用相同或不同的部件。

多样性

Ⅱ.8 采用多样性原则能减少某些共因故障的可能，从而提高某些系统的可靠性。

Ⅱ.9 多样性应用于执行同一功能的多重系统或部件，通过多重系统或部件中引入不同属性而实现。获得不同属性的方式有：采用不同的工作原理、不同的物理变量、不同的运行条件或使用不同制造厂的产品等。

Ⅱ.10 为保证所采用的多样性能提高所完成设计的可靠性，在运用多样性原则时必须审慎。例如，为降低共因故障的可能性，设计人员应用多样性原则时必须对材料、部件和制造工艺中有无任何相似之处，运行原理或公用的辅助设施中有无细微的类似之处给予关注。采用多样性的系统或部件时，应考虑诸如运行、维修和试验程序中额外的复杂性，或使用可靠性较低设备所带来的缺点，并取得此种附加措施有利于总体效益的合理保证。

独立性

Ⅱ.11 为提高系统的可靠性可在设计中保持下列独立性特征：

（1）多重系统部件之间的独立性；

（2）系统中各部件与假设始发事件效应之间的独立性，例如，假设始发事件不得引起为减轻该事故后果而设置的安全系统或安全功能的失效或丧失；

（3）不同安全等级的系统或部件之间适当的独立性；

（4）安全重要物项与非安全重要物项之间的独立性。

Ⅱ.12 独立性可在系统设计中通过采用功能隔离或实体分隔来实现。

（1）功能隔离

应采取功能隔离，以减少多重系统或相连接系统中由正常运行或异常运行，或这些系统中任一部件的故障引起的设备和部件间不良相互作用的可能性。

（2）部件的实体分隔和布置

在系统布置和设计中，应尽实际可能采用实体分隔原则以增强实现独立性的保证，对于某些共因故障尤其如此。

这些原则包括：

几何分隔（如距离、方位等）；

屏障分隔；

上述两种分隔的组合。

分隔方法的选择取决于设计基准中所考虑的假设始发事件，例如火灾、化学爆炸、飞机坠毁、飞射物、水淹、极值温度和湿度等效应。

Ⅱ.13 核动力厂的某些场所，有可能成为不同级别安全重要性的各种设备或线路的自然汇合点，例如安全壳贯穿区、电动机控制中心、电缆走廊、设备间、控制室和核动力厂的工艺控制计算机等。在这些场所，应尽实际可能采取适当的措施以防止共因故障。

附录Ⅰ 沸水堆、压水堆和压力管式反应堆的安全功能

Ⅰ-1 本附录给出 4.2.2 条中定义的三种基本安全功能的详细分类的示例。

Ⅰ-2 这些安全功能包括为预防事故工况以及为减轻事故工况后果所必需的安全功能。根据情况利用为正常运行、为防止预计运行事件发展为事故工况或为减轻事故工况的后果而设置的构筑物、系统或部件，就能完成这些安全功能。

Ⅰ-3 对各种反应堆设计的审查表明具有执行下述安全功能的构筑物、系统或部件就能满足现行的设计安全要求：

（1）防止发生不可接受的反应性瞬变；

（2）在所有停堆动作完成后，将反应堆保持在安全停堆状态；

（3）在需要时停堆以防止预计运行事件发展为设计基准事故和停堆以减轻设计基准事故的后果；

（4）在事故工况（不包括反应堆压力边界失效）期间和之后，保持足够的反应堆冷却剂总量用以冷却堆芯；

（5）在设计基准中所考虑的所有假设始发事件期间和之后，保持足够的反应堆冷却剂总量用以冷却堆芯；

（6）在反应堆冷却剂压力边界失效之后，从堆芯排出热量以限制燃料损坏；

（7）在反应堆冷却剂压力边界完整的情况下，在适当的运行状态和事故工况期间，从堆芯排出余热①；

（8）将其他安全系统的热量传递到最终热阱②；

（9）作为一种支持性功能，为安全系统提供必要的公用设施

_____

① 该安全功能系指热量排出系统的第一阶段。其余阶段包括在安全功能（8）中；

② 这里指当其他安全系统必须执行其安全功能时所需要的支持功能。

（如电、气、液压、润滑等）；

（10）保持堆芯内的燃料包壳可接受的完整性；

（11）保持反应堆冷却剂压力边界的完整性；

（12）限制放射性物质在事故工况期间和之后从反应堆安全壳内向外释放；

（13）在设计基准事故和选定的严重事故期间和之后，限制由反应堆安全壳以外的辐射源释放的放射性物质对于公众和厂区人员的辐射照射；

（14）在所有运行状态下将放射性废物和气载放射性物质的排放或释放限制在规定限值以内；

（15）对核动力厂内的环境状况保持控制，以便各安全系统能够正常运行，并为进行安全上重要操作的运行人员提供必要的可居留性；

（16）在所有运行状态下，对在反应堆冷却剂系统以外，但仍在厂区以内运输或贮存中的已辐照燃料的放射性释放进行控制；

（17）从贮存在反应堆冷却剂系统以外，但仍在厂区以内的已辐照燃料中排出衰变热；

（18）使贮存在反应堆冷却剂系统以外，但仍在厂区以内的燃料保持足够的次临界度；

（19）当某一构筑物、系统或部件的损坏会损害某一安全功能时，防止其发生损坏或限制其损坏所引起的后果。

I-4 上述安全功能的清单可用来作为确定某一构筑物、系统或部件是否执行或有助于执行某一项或多项安全功能的基础，并为确定有助于执行安全功能的安全重要构筑物、系统或部件的适当分类提供基础。

名词解释（略）

核动力厂运行安全规定（HAF103）

（2004 年 4 月 18 日国家核安全局批准发布，2004 年修改）

本规定自 2004 年 4 月 18 日起实施

本规定由国家核安全局负责解释

1 引　言

1.1 目的

本规定提出了确保陆上固定式热中子反应堆核动力厂运行所必须满足的基本安全要求，以保护人员、社会、环境免受危害。

1.2 范围

核动力厂的安全是以核动力厂的选址、设计、建造、调试、运行和管理均符合核安全要求为前提的，本规定的内容只涉及核动力厂的管理、调试、运行和退役等方面的安全问题。

2 核动力厂营运单位

2.1 总的要求

2.1.1 作为许可证持有者，营运单位必须对核动力厂的安全运行负全面责任。营运单位可以把核动力厂的安全运行授权给核动力厂运行管理者，但仍必须保持对安全负有首要的责任。在此情况下，营运单位必须提供必要的资源和支持。核动力厂的管理必须保证核动力厂安全运行，遵守法律、法规要求。

2.1.2 营运单位必须特别强调核动力厂的运行安全，必须贯彻安全第一的原则。核动力厂营运单位的组织机构必须适合核动力厂安全运行管理的特点，绝不可将管理非核动力厂的原有组织加以简单扩充来管理核动力厂。

2.1.3 在建立营运单位组织机构时，必须考虑如下的管理职能：

（1）决策职能，包括确定管理目标、确定核安全和质量政策、分配财力、物力和人力资源、批准管理大纲内容、制定使员工状态胜任其工作的制度、并根据实现管理目标过程中的业绩对上述各项制定必要的修改计划；

（2）运行职能，包括在运行状态和事故工况下为核动力厂运行作出管理决定和采取行动；

（3）支持职能，包括从厂内外组织获得为执行运行职能所需要的技术和管理服务及设施；

（4）审查职能，包括对履行运行职能和支持职能的情况进行严格监察，并进行设计审查。监察的目的在于验证是否符合核动力厂安全运行的规定目标，发现偏离、缺陷和设备故障，并为及时采取纠正措施及进行改进提供信息。审查职能还包括对营运单位的整个安全业绩进行审查，以便评价安全管理的有效性和确定改进的可能性。

2.1.4 必须建立并以文件确定组织机构，以保证履行实现核动力厂安全运行的如下职责：

（1）在营运单位内部划清职责并授予职权；

（2）确定并验证管理大纲的满意实施；

（3）提供充分的人员培训；

（4）建立与国家核安全监管部门、其他有关部门以及地方政府的联络渠道，以处理好与安全有关的事宜；

（5）建立与设计、建造、制造、核动力厂运行和必要的其他（国内和国际）组织机构的联络渠道，以保证传递信息、专门知识和经验以及响应安全问题的能力；

（6）提供足够的资源、服务和设施；

（7）提供适当的公众咨询和联络渠道。

2.1.5 描述营运单位组织机构及履行所有这些职责的管理安排的文件必须可供国家核安全监管部门审查。此外，营运单位必须系统地审查那些可能是安全重要的、在组织机构及管理安排上的变动，并必须提交给国家核安全监管部门审查。

2.1.6 必须明文规定直接从事运行人员和支持性人员中的人员配备。必须明确规定各级职责权限以处理对核动力厂安全有影响的事项。必须以职能机构图，包括人力安排及关键岗位职责的描述，来说明由核动力厂本身或依靠核动力厂外部机构完成支持性职能。

2.1.7 为保证核动力厂在所有运行状态下安全运行、减轻事故后果并对应急状态作出正确的响应，必须以书面形式明确规定岗位职责、授权级别和内、外联络渠道。

2.1.8 营运单位必须配备称职的管理人员和足够数量的合格工作人员，他们应熟知有关安全的技术和管理要求，并具有高度的安全意识。当聘用和提升管理人员时，对待核安全的态度必须是选择的标准之一。对工作人员业绩评价的内容必须包括对待安全的态度。

2.1.9 营运单位必须制订核安全政策并由所有厂区人员贯彻执行。核安全政策必须把核动力厂安全放在首位，必要时可不考虑生产和计划进度的要求。核安全政策中必须承诺对安全重要的所有活动都要达到优良效能，并鼓励采取质疑的态度。

2.1.10 可能影响安全的所有活动必须由合格而有经验的人员来完成。与安全有关的某些活动可以由核动力厂机构以外（如承包商）的合格人员来完成。这些活动必须以书面形式明确地规定。在厂区内或厂区外实施这些活动必须由核动力厂运行管理者批准。

核动力厂工作人员必须有效地控制和监管承包商的工作人员。

2.1.11 必须根据已制订的程序进行可能影响安全并能预先计划的所有活动。有要求时，营运单位须将该程序提交国家核安全监管部门批准。

2.1.12 当建议进行已正常使用的程序以外的活动时，必须根据已制订的管理程序编写专门的程序。这些专门的程序必须包括所建议活动的内容和操作细节。必须仔细审查这样的活动和专门程序的安全问题。这些专门程序的批准必须遵循与核动力厂正常程序批准同样的过程。有要求时，涉及安全的专门程序必须提交国家核安全监管部门批准。

2.1.13 营运单位必须保证定期审查核动力厂的运行情况，其目的在于强化安全意识及提高安全文化水平，遵守为增强安全而制定的规定，及时更新文件并防止过分自信和自满的情绪。实际可行时，必须采用适宜的客观的业绩评价方法。核动力厂运行管理者必须获得定期审查结果并采取恰当的纠正措施。

2.2 与国家核安全监管部门的关系

2.2.1 核动力厂的安全运行必须接受国家核安全监管部门的监督。

2.2.2 国家核安全监管部门和核动力厂营运单位必须严格履行各自的职责，并建立起相互理解、相互尊重、坦诚、透明的工作关系。

2.2.3 营运单位必须按照国家核安全监管部门的要求提交（或供其随时调用）文件和资料。

2.2.4 营运单位必须制订和实施根据规定的准则向国家核安全监管部门报告异常事件的程序。

2.2.5 为了使国家核安全监管部门能履行其职能，营运单位必须给予必要的协助，并允许其监督人员进入核动力厂和获得相关文件。当国家核安全监管部门要求时，营运单位必须进行专门的分析、试验和检查。鉴于安全责任，当营运单位认为国家核安全监管部门要求的行动有害于安全时，则必须将意见告知国家核安全监管部门，以作为进一步讨论的基础。营运单位必须执行国家核安全监管部门的强制性措施。

2.3 质量保证

2.3.1 营运单位必须编制和实施一项覆盖可能影响核动力厂安全运行的所有活动的全面的质量保证大纲。必须使质量保证成为可能影响安全的所有活动的必不可少的部分。质量保证的原则和方法必须系统地用于下述方面：

——管理过程；

——运行活动；

——管理过程以及运行业绩的评价。

2.3.2 营运单位及其他有关组织和人员必须遵守核动力厂质量保证有关规定的要求。

2.4 运行经验反馈

2.4.1 营运单位必须系统地评价核动力厂的运行经验。必须调查研究安全重要的异常事件以确定其直接原因和根本原因。调查必须向核动力厂运行管理者提出明确的建议，核动力厂运行管理者必须及时地采取恰当的纠正行动。这些评价及调查所得的信息必须反馈给核动力厂工作人员。

2.4.2 营运单位必须获得并评价其他核动力厂的运行经验和教训，以作为借鉴。为此，应十分重视与国内和国际机构的经验交流及信息共享。

2.4.3 必须指定胜任的人员认真研究运行经验，以发现不利于安全的先兆，从而在出现严重情况之前采取必要的纠正行动。

2.4.4 必须要求所有的核动力厂工作人员报告所有的事件，并鼓励报告与核动力厂安全有关的"几乎要发生的事件"。①

2.4.5 核动力厂运行管理者必须与设计有关单位（制造者、研究单位、设计者）保持适当联系，以向其反馈运行经验的信息及获得与处理设备故障或异常事件有关的建议。

2.4.6 必须收集和保存运行经验的数据，以用作核动力厂老化管理、核动力厂剩余寿期评价、概率安全评价和定期安全审查的输入数据。

2.5 实物保护

2.5.1 必须采取一切合理的预防措施来防止有人蓄意未经授权进行可能危害安全的行动。

2.5.2 营运单位必须采取适当的工业保安和实物保护措施，以预防或阻止非授权进入、闯入、偷窃、地面攻击以及内部或外部对安全有关系统及核材料的破坏。

2.5.3 营运单位必须有适当的计划和程序能在突发的外部人为事件时对厂区提供保卫和实物保护。

2.6 防火安全

营运单位必须根据定期更新的防火安全分析来作出保证防火安全的安排。此安排必须包括应用纵深防御、评价核动力厂的修改对消防的影响、对可燃物和点燃源的控制、防火手段的检查、维修和试验、建立人工消防能力以及培训核动力厂工作人员。

2.7 应急准备

2.7.1 应急准备涉及到处理事故以保持防护及安全的能力、发生事故时减轻事故后果的能力、保护厂区人员及公众的健康的能力以及保护环境的能力。必须针对特定的核动力厂厂址制定应急计划。核动力厂营运单位的应急计划必须包括由核动力厂营运单

---

① 对作为实际事件系列后果本来可能发生但由于核动力厂当时的条件而没有发生的潜在的重要事件使用术语"几乎要发生的事件"。

位实施或负责的各项活动，并必须上报国家核安全监管部门审批。

2.7.2 营运单位必须建立必要的组织机构并规定其处理应急的责任。必须包括下列安排：迅速判明应急状态；及时向应急响应人员通告并根据应急状态向厂区人员报警；向国家核安全监管部门和地方政府提供必要的信息，包括及时报告和按要求提供后续信息。

2.7.3 营运单位必须遵循国家有关应急的法规和标准制定和实施应急计划。

2.7.4 应急计划必须考虑到非核危害与核危害同时发生所形成的应急状态，诸如火灾与严重辐射或污染同时发生、有毒气体或窒息性气体与辐射和污染并存等，同时考虑到特定的厂区条件。

2.7.5 必须对厂区人员进行有效的应急培训。必须有手段将在应急时要采取的行动通知厂区内的所有员工和其他人员。

2.7.6 核燃料运到厂区前，必须作出适当的应急安排，在核动力厂首次装料以前必须保证完成全部应急准备。

2.7.7 在核动力厂首次装料以前，必须进行应急演习以验证应急计划。此后必须以适当的间隔进行应急演习，其中的某些应急演习必须由国家核安全监管部门见证。有些应急演习必须是综合性的，并包括尽可能多的有关单位参加。应急计划必须根据获得的经验进行复审及更新。

2.7.8 应急状态时需要使用的仪器、工具、设备、文件和通讯系统必须妥为保管和维护，使之处于随时可用状态，并在假想事故条件下不至于受到影响或失效。

3 人员的资格和培训

3.1 营运单位必须规定执行能影响安全任务的人员的资格和经验要求，并按有关规定报送国家核安全监管部门。必须挑选合格的人员并给予必要的培训和指导，使他们能在核动力厂各种运行状态和事故工况下按照运行规程或应急规程正确地履行职责。承担特定安全重要职能的人员按规定必须持有国家核安全监管部门颁发的证书。

3.2 其职责能影响安全的所有人员在任用时必须进行体格检查，并在以后的工作中按要求定期进行体格检查，以保证其健康状况能胜任所承担的职责。

3.3 必须制定并贯彻培训大纲，以对将要分配到与安全相关岗位上的人员进行培训。培训必须强调在核动力厂运行中安全第一的原则。应利用调试活动的有利条件，为核动力厂人员提供进一步的培训，并使其获得第一手经验。培训大纲的有关文件必须可供国家核安全监管部门查阅。

3.4 营运单位必须保证所有要执行安全相关任务的人员充分了解核动力厂及其安全设施并具有相关能力（例如监督管理能力），以正确地执行其任务并对安全给予应有的注意。

3.5 营运单位必须保证执行安全相关任务的外部人员的资格和培训充分适合其所履行的职责。

3.6 培训大纲必须规定对运行人员进行定期考核及定期再培训。

3.7 核动力厂管理者（厂长或经理）对核动力厂人员的资格负责并必须以必要的资源和设施支持培训部门。中层管理者和值班长必须对其下属人员的能力负责。在决定培训需要和保证培训考虑运行经验方面，他们必须参与意见。管理者和值班长必须保证生产的需要不会妨碍培训大纲的实施。

3.8 根据其工作任务及职责，对各类人员必须制定好相应的初始培训和再培训大纲，培训大纲的内容应当是系统的。培训大纲必须促进受培训人员注意安全问题。

3.9 培训教师必须在指定其负责的领域中具有相应的技术能力

328

和必要的教学技能。

3.10 必须为课堂培训和单独学习提供适当的设施。必须提供合适的培训教材，以促进受培训人员了解核动力厂及其系统。

3.11 必须使用有代表性的模拟装置来进行培训。模拟机培训必须把运行状态和事故工况的培训结合起来。

3.12 核动力厂人员必须接受处理超设计基准事故的教育。对运行人员的培训必须保证他们能熟悉超设计基准事故的征兆和事故管理规程。

3.13 必须制定评价和改进培训大纲的管理程序。此外，必须制定及时改进和更新培训设施和培训教材的制度，以保证培训设施和教材能准确地反映核动力厂的状况。

3.14 必须制定管理程序来保证该核动力厂运行事件的经验以及其他核动力厂的有关运行事件的经验已经纳入培训大纲中。此管理程序必须保证培训是针对事件的根本原因和纠正行动的确定与实施，以防止事件再次发生。

4 核动力厂调试

4.1 必须在国家核安全监管部门批准首次装料后，营运单位才可以首次向堆芯装载核燃料，进行带核燃料的调试。此项批准是在安全分析报告及调试大纲等文件的基础上进行的。调试大纲必须能保证提供建造的设施已满足设计要求并符合安全要求的证据。在运行人员的参与下，调试大纲必须尽实际可能地确认运行规程的有效性。

4.2 调试大纲必须满足营运单位的目标，包括安全目标，并获得国家核安全监管部门的认可。调试大纲的实施情况应分阶段进行审查。在完成对前阶段调试试验结果的评价和监查，并确认已实现了全部目标和满足了全部核安全管理要求之后，才允许进行下一阶段的调试试验工作。

4.3 必须明确地规定调试过程中的权力和责任，并落实到进行工作的人员。必须明确规定和正确管理在调试中涉及的各组（如设计、建造、承包商、调试和运行组）之间的接口。在把部件、系统和有关记录从建造组移交给调试组以及从调试组移交给运行组时，必须按规定进行交接。

4.4 在调试过程中必须有足够数量的各种层次和所有领域的合格运行人员直接参与。

4.5 为了确认运行规程的适用性及其质量，必须验证运行规程以保证其技术上的正确性，并且确认运行规程以保证其在安装的设备和控制系统上的可使用性。验证和确认工作尽可能在堆芯装料前进行。在装料后的调试阶段必须继续进行此项工作。此项验证和确认工作必要时也必须应用于维修规程、监督程序及核动力厂化学规程。

4.6 营运单位必须保证调试大纲包括了验证工作所必需的全部试验，以验证建成的核动力厂满足安全分析报告要求和满足设计要求以及因此能够根据运行限值和条件运行。试验必须按逻辑顺序进行。调试大纲还必须便于国家核安全监管部门选取和释放控制点。不得进行可能使核动力厂进入没有分析过的工况的试验。调试大纲必须保证收集和保存系统及部件的"基准"数据，这些数据对保证核动力厂的安全和后续的安全审评是重要的。

4.7 从调试活动一开始，必须使适当的工作控制和修改程序到位，以保证在实施调试大纲的过程中调试试验的目标得以正确实现。这些程序应可沿用至运行阶段。

4.8 从建造到调试，最后到运行，必须对核动力厂进行充分的监测和维护，以保护核动力厂设备、支持试验工作和始终保持与安全分析报告的一致性。从核动力厂每个系统初始通电和运行开始，就必须保存运行和维修记录。营运单位必须以适当的档案形式保存这些运行和维修记录，保存期限为国家核安全监管部门所认可。

4.9 为了确认核动力厂已准备好堆芯初始装料，必须在装料前预先规定系统、设备、文件和人员的先决条件。必须在安全分析报告和核安全管理要求的基础上明确地陈述这些先决条件，并记录在文件上。

4.10 只有在完成营运单位和国家核安全监管部门认为必需的全部运行前试验，并且试验结果获得营运单位和国家核安全监管部门两者的认可后，才允许进行初始装料。

4.11 只有在完成营运单位和国家核安全监管部门认为必需的全部试验，并且试验结果获得营运单位和国家核安全监管部门两者的认可后，才允许反应堆临界及初始功率提升。

4.12 在调试的各阶段，营运单位必须履行其全部的职能。这些职能必须包括如下的责任：管理、人员培训、辐射防护大纲、废物管理、记录的管理、防火安全、实物保护和应急计划。

5 核动力厂运行

5.1 运行限值和条件

5.1.1 为保证核动力厂运行符合设计要求，营运单位必须制定包括技术和管理两个方面的运行限值和条件。运行限值和条件必须反映最终设计，并必须在核动力厂运行开始之前经国家核安全监管部门评价和批准。运行限值和条件必须包括对各种运行状态（包括停堆在内）的要求。运行限值和条件还必须包括运行人员应采取的行动和应遵守的限制。包含运行限值和条件的有关文件都必须备在控制室供控制室人员使用。

5.1.2 运行限值和条件必须作为营运单位运行核动力厂的一个重要依据。对运行负有直接责任的运行人员必须熟练掌握运行限值和条件，并保证遵守。

5.1.3 运行限值和条件可以分为以下几类：

（1）安全限值；

（2）安全系统整定值；

（3）正常运行的限值和条件；

（4）监督要求。

5.1.4 运行限值和条件必须具有如下目标：

（1）防止发生可能导致事故工况的状态；

（2）如果发生这种事故工况，则减轻其后果。

5.1.5 营运单位必须制定和实施监督大纲以保证遵守运行限值和条件，还必须评价监督结果并存档。

5.1.6 运行限值和条件必须基于对特定核动力厂及其环境的分析，并必须符合设计中所作的规定。每一项运行限值和条件的采用依据必须有书面说明。必须根据调试期间的试验结果作必要的修正，修正必须由国家核安全监管部门批准。

5.1.7 在核动力厂运行寿期内，必须根据经验的积累、技术和安全的发展以及核动力厂的变更对运行限值和条件进行复审。在国家核安全监管部门提出要求，或者营运单位认为必要并经国家核安全监管部门批准时，还必须对运行限值和条件进行修改。

5.1.8 在发生异常事件后，必须使核动力厂恢复到安全运行状态，必要时包括停堆。在核动力厂运行偏离一项或几项规定的运行限值和条件时，必须立即采取适当的纠正措施，营运单位必须对上述偏离和纠正措施进行审查和评价，并按照规定的事件报告制度上报国家核安全监管部门。

5.1.9 必须制定管理程序以保证用文件记录下偏离运行限值和条件的情况并以适当的方式上报，还须保证采取适当的响应行动，包括必要时更新安全分析报告。

5.2 运行指令和运行规程

5.2.1 必须制定全面的管理程序，管理程序包括制订、完善、验证、验收、修改和注销运行指令及运行规程（以后统称运行规程）的规则。

5.2.2 必须根据营运单位的政策和国家核安全监管部门的要求制定全面地适用于正常运行、预计运行事件和事故工况下的运行规程。各运行规程的详细程度必须与该运行规程的目标相一致。在运行规程中提供的指导必须清晰、简洁，并尽可能是已验证和确认为有效的。在控制室和其他必要的运行位置处的运行规程和参考材料必须有清楚的标识并容易获得，同时必须可供国家核安全监管部门查阅。严格地遵守书面的运行规程必须是核动力厂安全政策的根本要素之一。

5.2.3 必须制定正常运行规程，以保证核动力厂运行在运行限值和条件之内。对预计运行事件和设计基准事故必须制定事件导向规程或征兆导向规程。还必须制定应急运行规程或严重事故（超设计基准事故）管理指南。

5.2.4 必须以书面方式明确地规定控制室操纵员和为了安全而指导反应堆停堆的人员的责任和权力。同样，也必须以书面形式明确地规定在导致停堆的异常事件后或为了维修而停堆很长时间后重新启动反应堆的责任和权力。

5.2.5 必须保证核动力厂运行人员对所有运行状态下的核动力厂系统和设备状态是熟悉的和能控制的。只有指定的合格运行人员才能控制或指挥核动力厂运行状态的任何改变。其他人绝不允许干涉运行人员作出有关安全的决定。

5.2.6 必须制定管理措施，以保证在核动力厂所进行的全部工作都是以符合核动力厂安全运行（功率运行和停堆状态）要求的方式计划和执行的。

5.2.7 必须保证口头指令明确易懂。

5.2.8 对于运行人员发现核动力厂系统或设备的状态或条件不

符合运行规程的情况，营运单位必须以书面形式清楚地规定有关人员的职责和联络渠道。

5.2.9 如果需要进行非常规运行、试验或实验，必须要进行安全审查。必须确定专门的运行限值和条件，还必须编制专项运行规程（见2.1.12条）。如果在非常规运行期间违反任何专门的运行限值或条件，必须立即采取纠正措施，而且必须对该事件进行审查（见5.1.8条）。不得进行不必要的或未经充分论证的实验。

5.3 堆芯管理和燃料装卸

5.3.1 营运单位必须负责并组织有关堆芯管理和厂区燃料装卸的全部活动，以保证燃料在反应堆中的安全使用及其在厂区转移和贮存期间的安全。必须制定措施，以保证反应堆所装载燃料的设计和富集度与国家核安全监管部门所批准的相符合。

5.3.2 营运单位必须制定燃料及堆芯部件的采购、装载、使用、卸料和试验的技术条件和程序，必须根据设计要求制定装、换料大纲或堆芯管理大纲并上报国家核安全监管部门。在分批换料后，反应堆启动前和启动时都必须进行试验以确认堆芯性能满足设计要求。必须对堆芯状况进行监测，必要时对装、换料大纲进行复查和修改。必须制定处理有缺陷燃料棒或控制棒的准则和程序，以使一回路冷却剂或气态排出流中裂变产物和活化产物的数量降到最小（某些控制棒缺陷会导致如氚这样的活化产物的释放）。

5.3.3 必须编写燃料和堆芯部件的管理程序，包括未辐照和已辐照燃料的转移、厂区内的贮存和向外发运的准备工作。未辐照和已辐照燃料的贮存方案必须按规定报送国家核安全监管部门批准。

5.3.4 未辐照和已辐照燃料的包装、运输和发送必须符合国家有关法规和适用的国际规则。

5.3.5 所有易裂变材料（包括未辐照和已辐照燃料）的贮存、

辐照和转移必须按要求保存详细的可核查帐目，保存时间至少不短于管理规定的要求。

6 安全重要构筑物、系统和部件的维修、试验、监督和检查

6.1 营运单位必须制定并实施安全重要构筑物、系统和部件的维修、试验、监督和检查的大纲。该大纲在装料前必须完成并可供国家核安全监管部门查阅。维修、试验、监督和检查大纲必须考虑运行限值和条件以及其他适用的核安全管理要求，并且还必须根据运行经验进行重新评价。

6.2 必须确定核动力厂所有的安全重要构筑物、系统和部件的维修、试验、监督和检查的标准和频度，以保证构筑物、系统和部件的可靠性和有效性与核动力厂整个寿期内的设计要求始终保持一致。

6.3 大纲必须包括安全重要构筑物、系统和部件的定期检查或试验，以证明其可靠性，并决定它们是否可保证核动力厂继续安全运行或者是否有必要采取任何补救措施。

6.4 必须根据下述因素确定单个构筑物、系统和部件的预防性和预测性维修、试验、监督和检查的频度：

（1）构筑物、系统和部件对安全的重要性；

（2）其固有的可靠性；

（3）所评定的运行时性能劣化的可能性和老化特性；

（4）运行经验。

6.5 必须根据实际尽快地进行构筑物、系统和部件的维修。必须首先考虑有缺陷构筑物、系统和部件对安全的相对重要性，以此来确定维修的优先顺序。

6.6 营运单位必须制定所有维修、试验、监督和检查工作的规

程。必须根据已制定的管理程序来对这些规程进行编制、审查、批准生效、发布和修改。

6.7 必须实施全面的工作计划和管理制度，以保证维修、试验、监督和检查工作得到恰当的授权并按照制定的规程进行。不同的维修组（机械、电气、仪表和控制以及土木工程维修）之间及与运行组和支持组（防火、辐射防护、实物保护和工业安全组）之间必须建立协作关系。

6.8 工作管理制度必须保证：只有在指定的运行人员的批准下并符合运行限值和条件时，核动力厂设备才能停役供维修、试验、监督或检查。维修后的设备在返回服役状态前必须由受权人员进行检查，必要时进行试验。维修后，还必须对核动力厂的有关配置进行核查并记录在案。

6.9 在异常事件后，营运单位必须重新确认由于异常事件可能受影响的部件或系统的安全功能和功能完整性。必要的补救措施必须包括适当的检查、试验和维修。

6.10 必须记录、保存和分析有关维修、试验、监督和检查的数据，以确认性能符合设计假设和对设备可靠性的预期。

6.11 必须对核动力厂使用的零件和材料的采购、接收、贮存和分发做出安排。进一步的指导见核动力厂质量保证有关规定及导则。

6.12 核动力厂运行管理者必须保证在计划停役和强迫停役期间维修活动的有效实施和管理。必须以书面形式明确规定不同组织机构和人员在停役期间的任务和责任。

7 核动力厂修改

7.1 核动力厂的修改包括：

（1）构筑物、系统和部件的修改；

（2）运行限值和条件的修改；

（3）指令和规程的修改；

（4）上述各项的组合；

（5）组织机构的变更。

7.2 影响到颁发运行许可证依据的安全重要构筑物、系统和部件的修改，运行限值和条件的修改，以及原先由国家核安全监管部门批准的程序和其他文件的修改必须在实施前报送国家核安全监管部门批准。有要求时，任何其他修改也必须事先报送国家核安全监管部门批准。应该按照其安全重要性对修改进行分类。

7.3 涉及到核动力厂配置及运行限值和条件的修改，必须遵守《核动力厂设计安全规定》（HAF 102）的有关规定。特别是不得降低执行全部安全功能的能力。对所有导致核动力厂修改的活动，必须考虑安全和加强安全。这些修改不得降低安全水平。

7.4 营运单位必须制定管理程序，以保证恰当地设计、审查、控制和实施所有永久性和临时性修改。该程序必须保证核动力厂安全分析报告以及适用法规和标准的要求得到满足。

7.5 必须根据核动力厂工作管理制度和合适的试验规程进行核动力厂修改的实施和试验。

7.6 在实施地点和有关控制位置都必须清楚地标明临时性的修改（包括去除联锁、安装跨接线及已被拆除的导线）。必须把这些临时性修改及其在所有运行工况下对核动力厂运行的影响明确地告知运行人员。

7.7 在修改以后，必须在恢复运行以前更新核动力厂运行所必需的全部相关文件（特别是值班运行人员的文件），并且人员必须进行相应培训。

7.8 核动力厂运行管理者必须制定管理程序，以在修改、安装和试验后尽可能快地更新文件。必须明确地分派修订所有文件的责任，这些文件应包含图纸、程序、安全分析报告、运行限值和条件、系统描述、培训材料（包括模拟机教材）、供货商设备手册及备品备件清单。

7.9 与核动力厂安全运行有关的组织机构方面的修改必须上报国家核安全监管部门。

8 辐射防护和放射性废物管理

8.1 营运单位必须制定和实施辐射防护大纲，以保证在所有的运行状态下由于核动力厂的电离辐射（以后称辐射）或由于从核动力厂有计划地释放放射性物质所引起的辐射照射保持在规定的限值以下，并保持在合理可行尽量低的水平。该辐射防护大纲必须满足国家核安全监管部门的安全要求以及符合辐射防护和辐射源安全的有关国家标准。

8.2 辐射防护大纲的编制必须基于对辐射防护的评价分析，并必须包括：

（1）辐射分区和出入口控制，包括关于当地的实际剂量率和污染水平；

（2）在制定预计有放射性危害情况下的运行规程和维修规程时的合作，以及必要时提供直接的帮助；

（3）监测仪表和设备；

（4）人员防护设备；

（5）厂区放射性监测和巡测；

（6）人员、设备和构筑物的去污；

（7）对环境的放射性监测和巡测；

（8）对发运放射性物质的控制，包括固体放射性废物的转移和处置；

（9）对放射性液体及气体释放的控制及监测。

8.3 营运单位的辐射防护职能部门必须具有足够的独立性和足够的资源，以便实施辐射防护法规、标准和规程以及安全工作实践并提出建议。

8.4 所有的厂区人员都有责任实施辐射防护大纲中规定的照射控制措施。因此，必须特别强调对所有的厂区人员进行培训，使他们能了解放射性危害和必要的防护措施。

8.5 营运单位必须通过监督、检查和监查来对辐射防护大纲的正确实施及其目标的实现进行核实，必要时必须采取纠正措施。辐射防护大纲必须随着经验的积累进行审查和更新。

8.6 所有可能受到职业性照射的控制区及监督区人员的辐射照射都必须按有关国家标准的要求进行评价。剂量记录必须按要求保存，并可供国家核安全监管部门查阅。

8.7 辐射防护大纲必须列有对可能受到职业照射的厂区人员进行健康监督的条款，以确认他们的健康适于工作并在出现事故过量照射后提供治疗依据。健康监督必须包括初次体检及随后的定期检查。

8.8 按适当运行实践，必须将产生的放射性废物的活度和体积都保持在实际可行的最小量。必须严格地控制放射性废物的处理和中间贮存，使其符合放射性废物的最终安全处置的要求。

8.9 营运单位必须制定和实施放射性废物管理大纲。该大纲必须包括放射性废物的收集、分类、处理、整备、厂区运输和贮存、以及发运，并必须可供国家核安全监管部门查阅。

8.10 营运单位必须对放射性排出流排放进行安全分析，证明所评定的对公众的放射影响和所受剂量保持在合理可行尽量低的水平。营运单位必须在初始装料前把该分析报告上报国家核安全监管部门。批准的排放限值必须包括在运行限值和条件中。

8.11 营运单位必须制定和实施监测和控制放射性排出流排放的规程。这些规程必须可供国家核安全监管部门查阅。

8.12 营运单位必须制定和实施一个核动力厂附近地区环境监测的大纲，以便评价放射性释放对环境的放射影响。

9 记录和报告

9.1 营运单位必须对安全重要的记录和报告进行控制管理，必须符合核动力厂质量保证有关法规的要求。

9.2 记录的管理措施必须考虑到下述方面：

（1）永久性记录和非永久性记录的分类；

（2）考虑到法规要求的保存时间的规定；

（3）制定更新记录或增补的程序；

（4）接收控制，包括完整性审查；

（5）检索、获取和处置的措施；

（6）贮存措施的适宜性，包括防火及保安的考虑；

（7）记录备份和贮存在分开场所的要求；

（8）记录的保存，包括防止损坏的措施；

（9）用抽样和检查的方式进行定期审查。

9.3 记录管理必须包括下列方面的记录：

（1）设计技术规格书；

（2）安全分析；

（3）所供应的设备和材料；

（4）竣工安装图纸；

（5）制造商的文件；

（6）调试文件；

（7）核动力厂运行数据；

（8）事件和事故；

（9）易裂变材料、增殖材料、放射性材料和其他特殊材料的数量及其转移；

（10）来自维修、试验、监督和检查的数据；

（11）关于修改的历史和数据；

（12）质量保证；

（13）厂区人员的资格、职位、医疗检查和培训；

（14）核动力厂化学；

（15）职业照射；

（16）辐射巡测；

（17）排出流的排放；

（18）环境监测；

（19）放射性废物的贮存和运输；

（20）定期安全审查；

（21）退役文件。

9.4 必须建立有效的文件控制体系和管理制度，保证所有使用的文件是最新版本。某些重要的文件如应急计划同时也应保存在厂区外，以便在发生应急状态时使用。

9.5 营运单位必须按规定向国家核安全监管部门提供有关安全事宜的定期总结报告。异常事件和事故工况的审查报告和记录及各种修改的报告都必须按要求存档，并必须可供国家核安全监管部门查阅。

10 定期安全审查

10.1 在核动力厂整个运行寿期内，考虑到运行经验和从所有相关来源得到的新的重要安全信息，营运单位必须根据管理要求重新对核动力厂进行系统的安全评价。

10.2 对核动力厂进行系统的安全重新评价必须采用定期安全审查的方式。审查策略和需评价的安全要素必须由国家核安全监管部门批准或同意。

10.3 必须用定期安全审查的方式来确定现有的安全分析报告仍保持有效的程度。定期安全审查必须考虑核动力厂的实际状况、运行经验、预期的寿期末状况、目前的分析方法、适用的规定、标准及科技水平。

10.4 定期安全审查的范围必须覆盖运行核动力厂的所有安全方面，还应包括应急计划、事故管理和辐射防护。

10.5 为了补充确定论评价，必须考虑使用概率安全评价（PSA）来作为定期安全审查的输入，以便了解核动力厂各个不同方面对安全的相对贡献。

10.6 根据系统的安全重新评价的结果，营运单位必须实施必要的纠正行动和合理可行的修改，以符合适用的法规和标准。

11 退　　役

11.1 在核动力厂关闭以前，营运单位必须尽早对核动力厂的退役做出适当的安排（包括财政安排），并必须尽早由国家核安全监管部门批准该退役安排。这些安排必须满足核动力厂退役的有关安全要求。

11.2 在核动力厂整个运行寿期内，营运单位必须考虑到最终退役方面的需要。为了有利于计划退役，必须记录核动力厂在修改和维修活动中处理污染的或经辐照的构筑物、系统和部件的情况。

11.3 对退役来说，在处理易裂变材料和处理放射性存留物时，必须采用等同于核动力厂运行时应用的标准。必须制定核动力厂退役安全分析报告，以便为不同的退役阶段提供安全论证。必须仔细审查安全分析报告以便确定退役期间的运行限值和条件、监督及检查要求。采取的措施应该与所评价的风险相称。当进入给定的退役阶段，必须满足相应的运行限值和条件的要求。必须保存诸如描述和图纸这样的记录直至无须执行进一步的安全功能或不存在安全方面的危险为止。

名词解释（略）

核电厂质量保证安全规定（HAF003）

（1991年7月27日国家核安全局令第1号发布，1991年修改）

本规定自1991年7月27日起实施

本规定由国家核安全局负责解释

1 引　言

1.1 概述

1.1.1 本规定对陆上固定式热中子反应堆核电厂的质量保证提出了必须满足的基本要求。

1.1.2 本规定提出的质量保证原则，除适用于核电厂外，也适用于其他核设施。

1.1.3 为了保证核电厂的安全，必须制定和有效地实施核电厂质量保证总大纲和每一种工作（例如厂址选择、设计、制造、建造、调试、运行和退役）的质量保证分大纲。本规定对制定和实施这些大纲提出了原则和目标。各种质量保证大纲所遵循的原则是相同的。

1.1.4 必须指出：在完成某一特定工作中（例如在厂址选择、设计、制造、建造、调试、运行和退役中），对要达到的质量负主要责任的是该工作的承担者，而不是那些验证质量的人员。

1.1.5 质量保证大纲应包括为使物项或服务达到相应的质量所必需的活动，验证所要求的质量已达到所必需的活动，以及为产生上述活动的客观证据所必需的活动。

1.1.6 质量保证是"有效管理"的一个实质性的方面。通过有效管理促进达到质量要求的途径是：对要完成的任务作透彻的分析，确定所要求的技能，选择和培训合适的人员，使用适当的设备和程序，创造良好的开展工作的环境，明确承担任务者的个人责任等。概括来说，质量保证大纲必须对所有影响质量的活动提出要求及措施，包括验证需要验证的每一种活动是否已正确地进行，是否采取了必要的纠正措施。质量保证大纲还必须规定产生可证明已达到质量要求的文件证据。

1.1.7 各部门执行本规定的具体方法（对于整个核电厂和各种工作）可以有所不同，但在任何情况下，都必须遵循本规定所确定的原则，制定详细的执行程序。还必须指出：质量保证大纲必须周密制定，便于实施，并保证技术性的和管理性的工作两者充分地结合。

1.2 范围

本规定对核电厂的厂址选择、设计、制造、建造、调试、运行和退役期间的质量保证大纲的制定和实施提出了原则和目标。这些原则和目标适用于对安全重要物项和服务的质量具有影响的各种工作，例如设计、采购、加工、制造、装卸、运输、贮存、清洗、土建施工、安装、试验、调试、运行、检查、维护、修理、换料、改进和退役。这些原则和目标适用于所有对核电厂负有责任的人员、核电厂设计人员、设备供应厂商、工程公司、建造人员、运行人员以及参与影响质量活动的其他组织。

附录I所列的安全导则是对本规定的说明和补充。

1.3 责任

1.3.1 为了履行保证公众健康和安全的责任，营运单位必须遵照《中华人民共和国民用核设施安全监督管理条例》和本规定的要求制定相应适用的核电厂质量保证总大纲，并报国家核安全部门审核。

1.3.2 对核电厂负有全面责任的营运单位必须负责制定和实施

整个核电厂的质量保证总大纲。核电厂营运单位可以委托其他单位制定和实施大纲的全部或其中的一部分，但必须仍对总大纲的有效性负责，同时又不减轻承包者的义务或法律责任。

2 质量保证大纲

2.1 概述

2.1.1 必须根据本规定提出的要求，制定质量保证总大纲，这是核电厂工程不可分割的一部分。总大纲必须对核电厂有关工作（例如厂址选择、设计、制造、建造、调试、运行和退役）的控制作出规定。每一种工作的控制也必须符合本规定的要求。

2.1.2 整个核电厂和某项工作领域的管理人员，必须按照工程进度有效地执行质量保证大纲（包括交货期长的物项的材料采购）。核电厂运行管理部门必须保证在运行期间质量保证大纲的有效执行。

2.1.3 所有大纲必须确定负责计划和执行质量保证活动的组织结构，必须明确规定各有关组织和人员的责任和权力。

2.1.4 大纲的制定必须考虑要进行的各种活动的技术方面。大纲必须包括有关规定，以保证认可的工程规范、标准、技术规格书和实践经验经过核实并得到遵守。除了管理性方面的控制之外，质量保证要求还应包括阐述需达到的技术目标的条款。

2.1.5 必须确定质量保证大纲所适用的物项、服务和工艺。对这些物项、服务和工艺必须规定相应的控制和验证的方法或水平。根据已确定的物项对安全的重要性，所有大纲必须相应地制定出控制和验证影响该物项质量活动的规定。

2.1.6 所有大纲必须为完成影响质量的活动规定合适的控制条件，这些规定要包括为达到要求的质量所需的适当的环境条件、设备和技能等。

2.1.7 所有大纲还必须规定对从事影响质量活动的人员的培训。

2.1.8 必须定期地对所有大纲进行评价和修订。

2.1.9 所有大纲必须规定文件的语种。必须采取措施保证行使质量保证职能的人员对书写文件的语言具有足够的知识。文件的翻译本必须由合格的人员进行审查，必须验证是否与原文件相一致[①]。

2.2 程序、细则及图纸

2.2.1 所有大纲必须规定，凡影响核电厂质量的活动（包括核电厂运行期间的活动）都必须按适用于该活动的书面程序、细则或图纸来完成。为确定各种重要的活动是否已满意地完成，程序、细则和图纸必须包括适当的定性和（或）定量的验收准则。

2.2.2 从事各项活动的单位，必须制定有计划地、系统地实施核电厂工程各个阶段的质量保证大纲的程序并形成文件。编写的程序必须便于使用，包括所需的专业技能，内容清楚、准确。必须根据需要定期对程序进行审查和修订，以便保证所有影响质量的活动都得到考虑而无遗漏。

2.3 管理部门审查

所有大纲必须规定，参与实施大纲的单位的管理部门要对其负责的那部分质量保证大纲的状况和适用性定期进行审查。当发现大纲有问题时，必须采取纠正措施。

3 组　　织

3.1 责任、权限和联络

3.1.1 为了管理、指导和实施质量保证大纲，必须建立一个有

---

① 在安全导则 HAD003/03、HAD003/06～003/10 中，列有执行本规定这一部分可供采用的方法。

明文规定的组织结构①并明确规定其职责、权限等级及内外联络渠道。在考虑组织结构和职能分工时，必须明确实施质量保证大纲的人员既包括活动的从事者也包括验证人员，而不是单一方面的责任范围。组织结构和职能分工必须做到：

（1）由被指定负责该工作的人员来实现其质量目标，可以包括由完成该工作的人员所进行的检验、校核和检查；

（2）当有必要验证是否满足规定的要求时，这种验证只能由不对该工作直接负责的人员进行。

3.1.2 必须对负责实施和验证质量保证的人员与部门的权限及职能作出书面规定。上述人员和部门行使下列质量保证职能：

（1）保证制定和有效地实施相应适用的质量保证大纲；

（2）验证各种活动是否正确地按规定进行。

这些人员和部门必须拥有足够的权力和组织独立性，以便鉴别质量问题，建议、推荐或提供解决办法。必要时，对不符合、有缺陷或不满足规定要求的物项采取行动，以制止进行下一步工序、交货、安装或使用，直到作出适当的安排。

3.1.3 负责质量保证职能的人员和部门必须向级别足够高的管理部门上报，以保证上述必需的权力和足够的组织独立性，包括不受经费和进度约束的权力。由于人员数目、进行活动的类型和场所等有所不同，因此，只要行使质量保证职能的人员和部门已经拥有所需要的权力和组织独立性，执行质量保证大纲的组织结构可以采取不同的形式。但是，不管组织结构如何，在进行影响质量的活动的任何场所负责有效地实施质量保证大纲任何部分的一个或几个人，都必须能直接向为有效地实施质量保证大纲所必需的级别足够高的管理部门报告工作。

---

① 进一步说明见安全导则 HAD003/02。

3.2 单位间的工作接口

在有多个单位的情况下，必须明确规定每个单位的责任，并采取适当的措施以保证各单位间工作的接口和协调。必须对参与影响质量的活动的单位之间和小组之间的联络做出规定。主要信息的交流必须通过相应的文件。必须规定文件的类型，并控制其分发。

3.3 人员配备与培训

3.3.1 为了挑选和培训从事影响质量的活动的人员，必须制定相应的计划。该计划必须反映出工作进度，以便留出充足的时间，用以指定或挑选以及培训所需要的人员。

3.3.2 必须根据从事特定任务所要求的学历、经验和业务熟练程度，对所有从事影响质量的活动的人员进行资格考核。必须制定培训大纲和程序，以便确保这些人员达到并保持足够的业务熟练程度。在某些情况下，必须酌情颁发资格证书，以证明达到和保持的业务水平。安全导则 HAD003/02 列有执行本安全规定这一部分要求的可行方法。

4 文件控制

4.1 文件的编制、审核和批准

必须对工作的执行和验证所需要的文件（例如程序、细则及图纸等）的编制、审核、批准和发放进行控制。控制措施必须包括明确负责编制、审核、批准和发放有关影响质量的活动的文件的人员和单位。负责审核和批准的单位或个人有权查阅作为审核和批准依据的有关背景材料。

4.2 文件的发布和分发

必须按最新的分发清单建立文件发布和分发系统。必须采取措施，使参与活动的人员能够了解并使用完成该项活动所需的正

348

确合适的文件。

4.3 文件变更的控制

变更文件必须按明文规定的程序进行审核和批准。审、批单位有权查阅作为批准依据的有关背景材料，并必须对原文件的要求和意图有足够的了解。变更的文件必须由审核和批准原文件的同一单位进行审核和批准，或者由其专门指定的其他单位审核和批准。必须把文件的修订及其实际情况迅速通知所有有关的人员和单位，以防止使用过时的或不合适的文件。

5 设计控制

5.1 概述

5.1.1 必须制定控制措施并形成文件，以保证把规定的相应设计要求（例如国家核安全部门的要求、设计基准、规范和标准等）都正确地体现在技术规格书、图纸、程序或细则中。设计控制措施还必须包括确保在设计文件中规定和叙述合适的质量标准的条款。必须控制对规定的设计要求和质量标准的变更和偏离。还必须制定措施，对构筑物、系统或部件的功能起重要作用的任何材料、零件、设备和工艺进行选择，并审查其适用性。

5.1.2 必须在下列方面应用设计控制措施：辐射防护；人因；防火；物理和应力分析；热工、水力、地震和事故分析；材料相容性；在役检查、维护和修理的可达性以及检查和试验的验收准则等。

5.1.3 所有设计活动必须形成文件，使未参加原设计的技术人员能进行充分的评价。

5.2 设计接口的控制

必须书面规定从事设计的各单位和各组成部门间的内部和外部接口。必须足够详细地明确规定每一单位和组成部门的责任，包括涉及接口的文件编制、审核、批准、发布、分发和修订。必须为设计各方规定涉及设计接口的设计资料（包括设计变更）交流的方法。资料交流必须用文件记载并予以控制。

5.3 设计验证

5.3.1 设计控制措施必须为验证设计和设计方法是否恰当作出规定（例如通过设计审查、使用其他的计算方法、执行适当的试验大纲等）。设计验证必须由未参加原设计的人员或小组进行。必须由设计单位确定验证方法，并必须按规定的范围用文件给出设计验证结果。

5.3.2 当用一个试验大纲代替其他验证或校核方法来验证具体设计特性是否适当时，必须包括适当的原型试验件的鉴定试验。这个试验必须在受验证的具体设计特性的最苛刻设计工况下进行。当不能在最苛刻设计工况下进行试验时，如果能把结果外推到最苛刻设计工况，并且试验结果能验证具体设计特性时，则允许在其他工况下做试验。

5.4 设计变更

必须制定设计变更（包括现场变更）的程序，并形成文件。必须仔细地考虑变更所产生的技术方面的影响，所要求采取的措施要用文件记载。对这些变更必须采用与原设计相同的设计控制措施。除非专门指定其他单位，设计变更文件必须由审核和批准原设计文件的同一小组或单位审核和批准。在指定其他单位时，必须根据其是否已掌握有关的背景材料，是否已证明能胜任有关的具体设计领域的工作，以及是否足够了解原设计的要求及意图等条件来确定。必须把有关变更资料及时发送到所有有关人员和单位。

6 采购控制

6.1 概述

6.1.1 必须制定措施并形成文件，以保证在采购物项和服务的文件中包括了或引用了国家核安全部门有关的要求、设计基准、标准、技术规格书以及为保证质量所必需的其他要求。

6.1.2 为保证质量，采购要求必须包括（但根据情况不仅限于）下列方面：

（1）供方承担的工作范围的说明；

（2）根据条例、规范、标准、程序、细则及技术规格书等文件（包括其修订版）对物项或服务所规定的技术要求；

（3）试验、检查和验收要求以及任何有关这些活动的专用细则和要求；

（4）当需要到源地进行检查和监查时，为此目的而进入供方设施、查阅记录的规定；

（5）确定适用于物项或服务采购的质量保证要求和质量保证大纲条款。并不要求所有的供方都要有符合本规定所有条款的质量保证大纲，但采购文件必须根据需要的程序，要求承包者或分包者提出符合本规定有关条款的质量保证大纲；

（6）确定所需要的文件，例如编写并提交买方审核或认可的程序、细则、技术规格书、检查和试验记录以及其他质量保证记录；

（7）有控制地分发、保存、维护和处置质量保证记录的规定；

（8）对处理不符合项进行报告和批准的要求；

（9）把有关的采购文件的要求扩展到下一层次分包者和供方的规定，包括买方便于进入设施和查阅记录的规定；

（10）提交文件限期的规定。

6.2 对供方的评价和选择

6.2.1 必须将被评价的供方按照采购文件的要求提供物项或服务的能力作为选择供方的基本依据。

6.2.2 根据情况，对供方的评价包括：

（1）对供用能表明其以往类似采购活动质量的资料的评价；

（2）对供方新近的可供客观评价的、成文的、定性或定量的质量保证记录的评价；

（3）到源地评价供方的技术能力和质量保证体系；

（4）利用抽查产品进行评价。

6.3 对所购物项和服务的控制

6.3.1 必须对所购物项和服务进行控制，以保证符合采购文件的要求。控制包括由承包者提供质量客观证据、对供方进行源地检查和监查以及物项和服务的交货检验等措施。

6.3.2 如有必要，必须在双方同意的地点，对规定的材料样品保存一段规定的时间并加以控制，以便提供做为进一步检验的手段。

6.3.3 证明所购物项和服务（包括用于核电厂运行、换料和维修的备件和更换件）符合采购文件要求的文字证据必须在安装或使用前送到核电厂现场。这个证据必须足以证明该物项和服务满足所有的要求。文字证据可以采用注明该物项或服务已满足各项要求的合格证书形式，但必须能够证明这些证书的真实性。

7 物项控制

7.1 材料、零件和部件的标识

7.1.1 必须按照制造、装配、安装和使用要求，制定标识物项（包括部分加工的组件）的措施。根据要求，通过把批号、零件号、系列号或其他适用的标识方法直接标识在物项上或记载在可以追查到物项的记录上，以保证在整个制造、装配和安装以及使用期间保持标识。标识物项所需要的文件，必须在整个建造过程中都能随时查阅。

7.1.2 必须最大可能地使用实体标识，在实际不可能或不满足要求的情况下，必须采用实体分隔、程序控制或其他适用的方法，以保证标识。这些标识措施必须能在各种场合下防止使用不正确的或有缺陷的材料、零件和部件。

7.1.3 在使用标记的情况下，标记必须清楚，不能含混和被擦掉。在使用这种方法时，不得影响物项的功能。标记不得被表面处理或涂层所遮盖，否则必须用其他的标识方法代替。当把物项分成几部分时，每一部分都必须保持原标识。

7.2 装卸、贮存和运输

7.2.1 必须制定措施并形成文件，以控制装卸、贮存和运输。这些措施必须包括按照已制定的程序、细则或图纸对材料和设备进行清洗、包装和保管，以防损伤、变质和丢失。当特定物项需要时，必须规定和提供专用复盖物、专用装卸设备及特定的保护环境，并验证是否具备这些措施。

7.3 维护

安全重要物项的维护，必须保证其质量相当于该物项原来所规定的质量。

8 工艺过程控制

8.1 必须按照规定的要求，对核电厂的设计、制造、建造、试验、调试和运行中所使用的影响质量的工艺过程予以控制。当所达到的质量取决于所使用的工艺过程，且不能通过对成品的检查来验证时（例如在焊接、热处理和无损检验中使用的工艺），必须根据有关的规范、标准、技术规格书、准则的要求或其他特殊要求，制定一些措施并形成文件，以保证这些工艺由合格的人员、按照认可的程序和使用合格的设备，按现有标准来完成。对于现有规范、标准、技术规格书和准则尚未包括的工艺或质量要求超出这些文件规定的情况，必须对人员资格、程序或设备的鉴定要求另行作出规定。

9 检查和试验控制

9.1 检查大纲

9.1.1 为了验证物项、服务和影响其质量的各项活动是否符合已形成文件的程序、细则及图纸的要求，必须由从事这些活动的单位或由其他单位为该单位制定并实施关于这些物项、服务和影响其质量活动的检查大纲。必须对保证质量所必需的每一个工作步骤都进行检查。对安全重要的检查必须由未参加被检查活动的人员进行。

9.1.2 如果不能对已加工的物项进行检查或要求附加的工艺监视，大纲必须规定间接控制措施，例如通过对加工方法、设备和人员的监视等。当检查和工艺监视缺一就不能充分控制时，必须同时进行检查和工艺监视。

9.1.3 如果要求在停工待检点进行检查或见证这种检查时，必须在适当的文件中注明这些停工待检点。未经指定的单位批准，不得进行停工待检点以后的工作。如果进行规定的停工待检点以后的工作，则必须在开始该工作之前，以文件形式批准。

9.1.4 必须为已建成的构筑物、系统和部件制定和执行所需要的在役检查大纲，必须对照基准数据评价其结果。

9.2 试验大纲

9.2.1 对于为证明构筑物、系统和部件将能满意地工作所需的所有试验，必须制定试验大纲，以确定试验工作，保证其执行并形成文件。试验大纲必须包括所有需要做的试验，必要时，包括程序的鉴定试验以及设备的鉴定试验、样机鉴定试验、安装前的复核试验、调试试验和运行阶段的监测试验。

9.2.2 必须按书面试验程序做试验。书面程序列有设计文件中规定的要求和验收限值，并包括一些规定，以保证试验的先决条件均已具备，试验是在合适的环境条件下由受过适当训练的人员使用已正确标定的仪表来进行。试验结果必须以文件形式给出并加以评定，以保证满足规定的试验要求。

9.3 测量和试验设备的标定

9.3.1 为了确定是否符合验收准则，必须制定一些措施，以保证所使用的工具、量具、仪表和其他检查、测量、试验设备和装置都具有合适的量程、型号、准确度和精度。

9.3.2 为了使准确度保持在要求的限值内，在规定的时间间隔或在使用之前，对影响质量的活动中所使用的试验和测量设备必须进行标定和调整。当发现偏差超出规定限值时，必须对以前测量和试验的有效性进行评价，并重新评定已试验物项的验收。必须制定控制措施，以保证适当地装卸、贮存和使用已标定过的设备。

9.4 检查、试验和运行状态的显示

9.4.1 核电厂各物项的试验和检查状态，必须通过使用标记、打印、标签、签条、工艺卡、检查记录、实体位置或其他合适的方法予以标识，指明经过试验和检查的物项是否可验收或列为不符合项。必须在物项的整个制造、安装和运行中按需要保持检查和试验状态的标识，以保证只能使用、安装或运行已通过了所要求的检查和试验的物项。

9.4.2 必须制定一些措施，以显示核电厂系统和部件的运行状态，例如在阀门和开关上挂标示牌，以防止误操作。

10 对不符合项的控制

10.1 概述

必须制定一些措施，控制不满足要求的物项，以防止误用或误装。为了保证对不符合要求的物项的控制，在实际可行时必须用标记、标签或实体分隔的方法来标识不符合要求的物项。必须为不符合要求的物项或带有缺陷的物项制定控制下一步工序、交货或安装的措施，形成文件并予以实施。

10.2 对不符合项的审查和处理

必须按文件规定的程序对不符合要求的物项进行审查，并确定是否不加修改地接受、拒收、修理或返工。必须规定对不符合项进行审查的责任和对不符合项进行处理的权限。对已经接受的不符合要求（包括偏离采购要求）的物项，必须通知采购人员，必要时，向指定的机构报告。对已接受的变更、放弃要求或偏差的说明都必须形成文件，以指明不符合要求的物项的"竣工"状态。必须按合适的程序，对经修理和返工的物项重新进行检查。

11 纠正措施

质量保证大纲必须规定采取适当的措施，以保证鉴别和纠正有损于质量的情况，例如故障、失灵、缺陷、偏差、有缺陷或不正确的材料和设备以及其他方面的不符合项。对于严重的有损于质量的情况，大纲必须对查明起因和采取纠正措施作出规定，以防止其再次出现。对于严重的有损于质量的情况，必须用文件阐明其鉴别、起因和所采取的纠正措施，并向有关各级的管理部门报告。

12 记　　录

12.1 质量保证记录的编写

必须在质量保证大纲实施中编写足够使用的质量保证记录。记录中必须有质量的客观证据，包括审查、检查、试验、监查、工作执行情况的监视、材料分析等的结果，电厂运行日志以及密切相关的资料，例如人员、程序和设备的鉴定资料、所作的必要的修正和其他有关的文件。所有质量保证记录都必须字迹清楚、完整、并与所记述的物项或服务相对应。

12.2 质量保证记录的收集、贮存和保管

12.2.1 必须按书面程序和细则建立并执行质量保证记录制度。该制度必须能保存足够的记录，以便提供影响质量的活动的证据和说明物项运行前状况的基准数据；必须为记录的鉴别、收集、编入索引、归档、贮存、保管和处置作出规定。记录的贮存方式必须便于检索，并将记录保存在适当的环境中，以尽量减少变质或损坏和防止丢失。

12.2.2 必须以文件的形式对质量保证记录、有关的试验材料和样品的保存时间做出规定。正确地标明核电厂物项"竣工"状态的记录，必须在该物项从制造直到贮存、安装及运行的有效寿期内，由营运单位或由其指定的部门保存。对于不需要全寿期保存的记录，必须根据该记录的类别规定相应的保存时间。必须根据书面程序处置记录①。

13 监　　查

13.1 概述

必须采取措施验证质量保证大纲的实施及其有效性。必须根

---

① 进一步说明见安全导则 HAD003/04。

据需要执行有计划的、有文件规定的内部及外部监查制度，以验证是否符合质量保证大纲的各个方面，并确定大纲实施的有效性。监查必须根据书面程序和监查项目表（提问单）进行。负责监查的单位必须选择和指定合格的监查人员。参加监查的人员必须是对所监查的活动不负任何直接责任的。在内部监查时，对被监查的活动的实施负有直接责任的人，不得参与挑选监查小组人员的工作。监查人员必须用文件给出监查结果。必须由对被监查的领域负责的机构对监查中所发现的缺陷进行审核和纠正。必须采取后续行动，以验证纠正措施的实施。

13.2 监查的计划安排[①]

必须根据活动情况及其重要性来安排监查计划，在出现下列一种或多种情况时必须进行监查：

（1）有必要对大纲实施的有效性进行系统或部分的评价时；

（2）在签订合同或发给订货单前，有必要确定承包者执行质量保证大纲的能力时；

（3）已签定合同并在质量保证大纲执行了足够长的一段时间之后，有必要检查有关部门在执行质量保证大纲、有关的规范、标准和其他合同文件中是否行使所规定的职能时；

（4）对质量保证大纲中规定的职能范围进行重大变更（例如机构的重大改组或程序的修订）时；

（5）在认为由于质量保证大纲的缺陷会危及物项或服务的质量时；

（6）有必要验证所要求的纠正措施的实施情况时。

名词解释（略）

---

① 进一步说明见安全导则 HAD003/05。

附录 I

核电厂质量保证安全导则目录

HAD003/01 核电厂质量保证大纲的制定

HAD003/04 核电厂质量保证记录制度

HAD003/03 核电厂物项和服务采购中的质量保证

HAD003/07 核电厂建造期间的质量保证

HAD003/09 核电厂调试和运行期间的质量保证

HAD003/06 核电厂设计中的质量保证

HAD003/02 核电厂质量保证组织

HAD003/08 核电厂物项制造中的质量保证

HAD003/05 核电厂质量保证监查

HAD003/10 核燃料组件采购、设计和制造中的质量保证

图书在版编目（CIP）数据

民用核安全设备监督管理条例释义/张穹，李干杰主编.
—北京：中国法制出版社，2007.12
ISBN 978 - 7 - 80182 - 302 - 1

Ⅰ. 民…　Ⅱ. ①张…②李…　Ⅲ. 核工程 - 安全设备 -
监督管理 - 条例 - 法律解释 - 中国　Ⅳ. D922.545

中国版本图书馆 CIP 数据核字（2007）第 187000 号

民用核安全设备监督管理条例释义
MINYONG HEANQUAN SHEBEI JIANDU GUANLI TIAOLI SHIYI

主编/张穹　李干杰
经销/新华书店
印刷/三河市紫恒印装有限公司
开本/850×1168 毫米 32　　　印张/ 11.5　字数/ 224 千
版次/2007 年 12 月第 1 版　　　2007 年 12 月印刷

中国法制出版社出版
书号 ISBN 978 - 7 - 80182 - 302 - 1　　　　定价：88.00 元

北京西单横二条 2 号　邮政编码 100031　　　传真：66031119
网址：http://www.zgfzs.com　　编辑部电话：66032584
市场营销部电话：66033393　　　邮购部电话：66033288